大家记忆

第三届广东文艺终身成就奖
获奖者口述史

南方日报社 / 编著

南方日报出版社
NANFANG DAILY PRESS
中国·广州

图书在版编目（CIP）数据

大家记忆：第三届广东文艺终身成就奖获奖者口述史 / 南方日报社编著. — 广州：南方日报出版社，2024.8
ISBN 978-7-5491-2869-3

Ⅰ. ①大… Ⅱ. ①南… Ⅲ. ①文艺工作者－访问记－广东－现代 Ⅳ. ①K825.7

中国国家版本馆CIP数据核字(2024)第090422号

DAJIA JIYI DI-SAN JIE GUANGDONG WENYI ZHONGSHEN CHENGJIU JIANG HUOJIANG ZHE KOUSHU SHI
大家记忆：第三届广东文艺终身成就奖获奖者口述史

编　　著：南方日报社
出版发行：南方日报出版社
地　　址：广州市广州大道中289号
出 版 人：周山丹
出版统筹：阮清钰
责任编辑：曹　星　黄敏虹
装帧设计：肖晓文
责任校对：朱晓娟
责任技编：王　兰
经　　销：全国新华书店
印　　刷：广东信源文化科技有限公司
开　　本：889 mm×1194 mm　1/16
印　　张：18.25
字　　数：320千字
版　　次：2024年8月第1版
印　　次：2024年8月第1次印刷
定　　价：88.00元

投稿热线：（020）87360640　　读者热线：（020）87363865

大家
记忆

前　言

时代的歌者，文艺的传灯人

五岭以南，会通四海，广东自古是沟通中外的门户要道，钟灵毓秀，俊采星驰，哺育出灿若星辰的文化名人。他们广采博纳、兼收并蓄，形成“以天下为己任”“敢为天下先”等岭南文化精神特质，表现出强烈的时代精神、现实关照、平民情怀。

岭南文化向来以敢于创新、大胆突破而享誉中国。新中国成立后，从欧阳山《三家巷》、陈残云《香飘四季》，到关山月《江山如此多娇》、黎雄才《武汉防汛图》，改革开放后的《涛声依旧》《情满珠江》《英雄无悔》……一代又一代的岭南文艺名家紧跟时代，贴近生活，创作贡献了一批批紧扣社会脉搏、抒发人民心声、脍炙人口的精品力作，在中国文艺经典序列中闪耀着鲜明的岭南人文之光。

文艺是时代的号角。新时代广大文艺工作者学习贯彻习近平总书记在文艺工作座谈会上的重要讲话精神，坚持以人民为中心的创作导向，努力创作更多无愧于时代的优秀作品。广东扎实推进文化强省建设，岭南文艺创作再次呈现百舸争流、百花竞放的繁荣景象。

为进一步营造崇艺尚德的社会风气，中共广东省委宣传部、广东省文化和旅游厅、广东省广播电视局、广东省文学艺术界联合会、广东省作家协会于2022年联合组织第三届广东文艺终身成就奖评选活动，王佳纳、王静珠、叶春生、宁根福、刘选亮、汤小铭、林墉、赵宋光、祝希娟、黄伟宗、黄树森（林蓓之）、黄俊英、黄培（黄壮谋）、董智勇等老艺术家获奖。这些获奖老艺术家焚膏继晷、俾夜作昼，全身心投入时代洪流，在各自领域中建树丰硕，以精彩的艺术实践，走出了一条立足时代、扎根人民的创作之路。

在中共广东省委宣传部指导和支持下，南方日报社启动“大家·记忆——广东文艺名家口述史”系列报道及图书编纂工作，对14位获奖者进行独家专访（已故者访其亲友）。该项目旨在以文图、视频采访及报道结集出版的形式，总结岭南文艺名家从艺心得，让文化薪火相传，进一步推动广东文艺高质量发展。

“文章合为时而著，歌诗合为事而作。”为时代放歌，使文艺创作拥有坚硬骨骼。一切轰动当时、传之后世的文艺作品，必然站在时代高处，观照火热生活。电影艺术家王静珠常年奔走于工厂、火车站，挖掘改革大潮中的新人新事；著名画家汤小铭数十年如一日，在肖像画创作中刻画民族精神图谱；电影艺术家祝希娟从大银幕息影后，投身特区，拓荒出一部部反映改革开放的影视精品；戏剧家王佳纳年近八旬仍活跃于舞台，挖掘战“疫”画卷中的动人点滴，汇集成一部部新作……

为人民抒怀，让文艺创作血肉饱满。为人民的文艺，才有旺盛生命力，才能为民族凝魂聚气。民俗学者叶春生用30年时间踏遍岭南山山水水，写就岭南民间文艺经典之作；舞蹈家刘选亮扎进海南山区30年，与黎族同胞同吃同住，拾取散落民间的舞蹈瑰宝；著名画家林墉深入异域写生，开拓岭南人物画霸悍美学风范；影视制片人董智勇把镜头对准改革开放时代普通家庭的家长里短，打造“长寿”电视剧《外来媳妇本地郎》；文艺评论家黄树森耄耋之年走遍广东大地，牵头主编《广东九章》，系统研究岭南地域文化；文化学者黄伟宗、曲艺表演艺术家黄俊英、粤剧艺术家黄壮谋、杂技艺术家宁根福、音乐理论家赵宋光等，老而弥坚，与时俱进，让传统艺术走向当代、走进年轻人，让岭南文艺绽放新生……

文艺担负着立德树人、铸魂培根的使命。“要把满足人民精神文化需求作为文艺和文艺工作的出发点和落脚点。”回望14位第三届广东文艺终身成就奖获得者的艺术历程，其正是习近平文化思想的具体实践，是文化高质量发展的生动阐释，是“以道统艺，由艺臻道”的鲜活示范。即便如今已届耄耋之年，他们仍孜孜以求，四处奔走，著书立说，扶掖后进。他们是艺术的探路者，时代的歌咏者，更是岭南文艺薪火不可或缺的传灯人。

因此，我们以文字与视频的形式，记录下他们的所思所想、人格风采、人生印记，旨在为研究者和社会大众留存一份珍贵的史料，为他们的形象、故事和成就，赋予声音、温度和色彩，让他们的精神与艺术追求代代传承，成为岭南文化历久弥珍的宝藏。

目录

大家记忆

王佳纳

用舞台记录广东

人物简介

王佳纳，女，汉族，1945年10月出生，一级导演，著名戏剧艺术家，话剧、戏曲、音乐剧及影视导演，从事文艺工作58年。代表作品有：话剧《同船共渡》《浪淘碧海》《泥巴人》《十三行商人》《西关女人》《古井巷》；音乐剧《地铁一号线》《周璇》《恐龙王国》《小美人鱼》；戏曲《青春作伴》《大明长城》《浴火凤凰》《等郎妹》；影视剧《最后一星期》《开心廿四味》等。曾9次荣获中宣部“五个一工程”奖，4次荣获文化部“文华导演奖”，荣获全国话剧导演“金狮奖”，多次荣获中国戏剧节、中国小剧场展演、中国艺术节导演一等奖。在中国世纪大采风二十周年庆典中，被授予“中国当代德艺双馨艺术家”称号；在第四届华语戏剧盛典荣获特别贡献奖。荣获全国先进工作者称号，获第三届广东文艺终身成就奖，享受国务院政府特殊津贴。

采访王佳纳导演那天，她的嗓子尚未痊愈，声音有些沙哑，但她仍然坚持做完这一次采访。她说："你们约了好几次，都因为我身体的原因延后了，我也感到很抱歉，这次就不要往后拖了。"我们把设备调试好，口述就开始了。我在一旁加上了自己的手机录音。在口述结束之后，直至现在，每次遇到困惑、迷茫时，我都会打开自己的手机听一听王导说过的话。

她笑看高峰，也直面低谷。对于一生众多的奖项、掌声和鲜花，她平平淡淡地说："拿奖这方面我现在不太在乎。爸爸在的时候，我蛮在乎的，每次获奖，我就很'俗气'地拿着拍张照，把奖杯（状）拿给我爸爸。我爸爸会很高兴。"对于早年在工作、学习和生活上的曲折，她视其为后来成为一名导演的土壤和养分。类似的低谷，他人可能会视为伤痛，而她内心仍然充满温暖和阳光。

戏内即是戏外，台上便是人生。她说每部戏都有她自己。如果不懂王佳纳，就去看她的戏吧。那些故事和人物是坚韧、包容、正能量、充满人情味的，就像《东江紫荆红》里面的东深供水工程建设者，就像《巨轮出海》中的船厂领路人。

每个人都是一本书，一部小说

每个人都是一本书，是一部小说。我的一生也蛮奇特的，大家都说我是一个奇特的人，把自己一生的时光放在舞台上。家庭的影响是很大的。其实我从小家里是非常富裕的，我父母亲都是法国留学回来的博士，家里开了个药厂。家境比较殷实，有网球场，有大花园，有司机，有厨师，反正（还有）好几个保姆，相当富裕。我是在这么一个环境下长大的，小时候养尊处优惯了，也很懒，什么事都有人管。

我爸爸挺好的，让我三岁学钢琴，五岁学芭蕾。这种家庭熏陶是有益的。他并没想过我长大后要搞文艺，因为我们家大多是理工科，姐姐、哥哥、弟弟全是厂长、工程师这一类职业，几乎都是党员。但艺术教育是潜移默化的，多少年以后，我对音乐的感觉，对舞蹈的感觉，对形体的感觉都很深刻，这对我帮助很大。

后来我们家境况一落千丈，姐姐、哥哥相继离开家，家里一下子一贫如洗，全靠我妈妈一个人的工资在那儿撑着，和弟弟、妹妹一起过日子。

但是我这一生遇到的贵人特别多，可能是因为我性格还可以吧。读高中的时候我的功课几乎是全班前三名，也不太用功，主要是上课听讲。当时我体育也很好，我跳高在全市得过名次，短跑也很快，所以有体育学校曾经想招我。文艺也很好，当时上海有文艺学校来招生，来找我，最后没去成。再后来上海戏剧学院招生时，虽然我没学过，但我还是去考了。之后接到上戏的通知，要到我的学校去了解情况，班主任和校长都为我说好话，我这才进了上戏。

毕业以后，我的功课成绩很好，但是工作分配时，让我到江西的农村去了。当时我们班很多人分在上海电影制片厂。此后，我从做农民开始，从最底层开始，在公社宣传队、县文工团里工作的这些经历，都成为我以后当导演创作时的宝贵财富。生活是挺苦的，但我仍一步一步往上走，走到省里（江西省）。后来有个学校的一位老师生病了，没人教书。学校的负责人就跟我说：“哎，王先生，你来教书吧。”

大学毕业时的王佳纳

我带的这届学生即将举行毕业公演时，我准备给他们排一个戏。但团长说没有资金支持，那布景怎么办？于是我带着学生到工地去捡东西，车胎、铁架子……用这些“废品”硬是搭了一个舞台布景。人家看完便说：“哎呀，很超前。”他们以为我很现代，其实是因为没有钱。结果正式演出后很轰动。

那时全国都还不知道迈克尔·杰克逊是谁，但是我知道，我有些香港的亲戚朋友，从他们那儿了解到的，我排的那个戏里就用了他的经典舞蹈（帽子机械舞）。我让学生去跳他的舞，来看的人都说：“哇，这么先进的。”引起轰动之后，当地的电视台也好，别的单位也好，就经常找我去导戏。那时我才30多岁吧。再后来，全国都知道我以后，我几乎每个戏都能拿奖，30多岁就拿了很多全国奖项，也曾有过我的6个戏同时在北京演出的情况。政府还为我成立了工作室，为我开了研讨会。政府为个人成立工作室，我是第一个。我也不太计较什么，经常拍戏也没劳务费，也没有署名。有些戏一开始是别人排了后觉得不行又让我来接替的，我也无所谓，后来我还被评为劳模。

我获过9次中宣部“五个一工程”奖，这是我一开始没有想过的，没想到我能有那么多的荣誉。当时排《同船共渡》，他们团里请了4个导演，全部都是北京有名的导演。我没有名气，给了我一个最小的地方来排戏。但我碰到的作者比较好，是沈虹光，她写的剧本很不错。最后四台戏同时演出，我那台大家都说好看。可能是因为我把我的人生写在里头了。

其实，每一部剧都有我自己的影子在。《同船共渡》到上海戏剧学院演出的时候，掌声20分钟不断，后来这部戏还拿了“五个一工程”奖，拿了文华大奖。第一次到北京演出，我也还有点忐忑，很多知名的演员都来看戏，就有点紧张，结果没想到反响那么好。大概从那时候起，北京就知道我，称我为十大女导演之一，那时我40岁左右。

后来，每年我就不断地有戏过去，每次都得奖。我也好奇怪，有的戏我认为并不怎么好看。我觉得应该写自己，包括自己向往的，自己困惑的，自己悲苦的，自己追求的，使每部戏都是你自己。可能因为这一点，才让导出来的戏变得打动人吧？要真诚，要真实，我如果找不到跟自己相同的点，我就不排这个戏。

在人生之路上，我的感悟就是人要做到三个“自”：自强、自律、自尊。尽管人生这部书有起有伏，但也要不惧跌宕，尽力去讲好自己的人生故事。从幼年时优渥的生活环境，到学生时代家里的变故，再到后来考学、工作的阻碍，中间有一道道坎，但最后都迈过去了。这离不开帮助过我的人，让我从“那么倒霉”到“那么幸运”。但我总结自己的人生之路，很多困难的破解还得益于自己的性格和信念——也就是这三个“自”。

广东有太多好故事要讲

我后来选择在广东工作，和广东文艺的发展氛围有很大关系。

我妈妈是广东人。虽然她没有教过我广东话，但我觉得广东很宽容，很多外来的人在这里发展就靠自己努力工作。广东人比较低调，我喜欢。有人跟我说：“你那么厉害，但我看你好像很随便，要求也不高。”确实是的。现在有些导演要住小洋房，要住别墅，要带保姆，要这个那个，我就比较随意。在广东的生活很舒畅，人与人之间关系很简单，邻居之间也是，所以我很喜欢。

我有好些剧都涉及岭南文化，比如《盛夕楼》中的早茶文化。之前有个“德中同行”的活动，我们排了一部音乐剧叫《地铁一号线》，改编自同名德国音乐剧，这部德国音乐剧曾经被翻译成多种语言在全球传播。最初，德文翻译者李健鸣找到我，说有这么一个戏。那时，我们的地铁建设还处在初级阶段，我看了剧本觉得剧情好贴切啊。我们的地铁里也有各种人物形象，这是完全可以被中国化的故事。所以我就排了这部戏。我们在中文版本里加入了一些具有岭南特色、中国元素的细节，以此来拉近和中国观众的距离。后来这戏到上海演出时反响也蛮好，德国人看了也蛮称赞的。

广东人很勤奋、实在、低调，一方水土养育一方人。而且广东临近香港、澳门，对于一些外来的事物接受得快。

岭南文化一直比较低调。广东有很多历史我以前是不知道的，到了广东这边排戏我才知道。每排一个戏，我就知道一段广东历史。比如，当年厅里有个领导推荐我去看看关于十三行商人的故事，了解后我才知道粤商原来这么厉害的。又例如客家妹，我排过一个剧叫《等郎妹》，讲的就是客家女人的那种忍让、伟大。包括我排过的《西关女人》，当时我们到西关去考察了解，就发现了广东的时尚文化。这些都让我感觉到广东很不错，包括商业、

《大明长城》剧照

文化、历史。

如何通过挖掘岭南历史资源来宣传广东文化，我印象较深的是粤剧《大明长城》和《浴火凤凰》。粤剧《大明长城》挖掘了岭南历史名将袁崇焕的史绩，粤剧《浴火凤凰》讲的是叶挺将军及其夫人李秀文的故事，结合了岭南地区的红色资源。

《大明长城》起初是东莞一个街道的文化馆来找我排的。对于袁崇焕，我看了他的历史才知道这个人的不凡之处。一个东莞人，是个文官，后来居然变成武将。我参观了他的墓地，有个在那里很多年的守墓人，我觉得挺不容易的。袁崇焕在广东人心中，是一个伟大的人，也是一个很传奇的人，蛮触动我的。

《浴火凤凰》这部戏讲的是叶挺，但我当年主要是写他夫人。他夫人是东莞人，她身上体现了中国女人的传统。她嫁给他以后，辉煌的时候跟着他，落难、坐牢的时候也跟着他。我觉得我用叶挺的一个侧面故事反映了中国女人的美德。叶挺的故事被创作了很多次，只有我这部戏，他家里人说："承认，这是叶挺。"当年因为这部戏，街道的文化馆拿了13个奖。大家都说："想不到一批几乎是业余的人，拿了13个大奖。”

在江门，我导演过一部剧叫作《大道无疆》，是归国华侨的题材。在排《大道无疆》之前，我真不知道有陈宜禧这么一个人。他60岁回国，把一生的积蓄用来造铁路。这在之前是没有过的。前期采风，我们到陈宜禧老家去看，了解到他把老家的田地和美国所有东西都卖掉了，把全部钱用来修铁路。但因为清末的时候，清政府一塌糊涂，一个这么爱国的华侨抱着伟大理想回国，结果一切破灭了，这个人最后是疯掉了，是个悲剧。当时演的时候，我记得最后陈宜禧发疯的那场戏，他的朋友拉着板车带着他，他还以为是火车，说：“火车开咯！”

当时北京来的专家看了都很感动。我了解了一下华工的历史，有一条横贯美国的铁路全是由他们造的，很多华人把血汗都流在那儿，造了条铁路，把工钱都寄了回来。我们中国人，我们广东人就是那么爱国，再有钱，一定要回来建设家乡。但陈宜禧这个人在那部剧之前没怎么被谈起过，全国不知道，广东人也不知道。太低调了，我觉得有好，也有不好。人家不了解你，真的不了解。我们当年很想到美国去演给华人看，让他们知道，华人立过那么大的功。

广东很宝贵的历史文化资源还有“海洋文化”和“海上丝绸之路”，这些题材都可以用到文化艺术创作里。我一直想做关于阳江“南海Ⅰ号”题材的戏，把这个故事讲一讲，连本子都写好了。“南海Ⅰ号”是很好的题材，再加上它有展览馆，剧可以就在展馆边上演出。人家来参观，一看，多好的文化呀。还有南沙的妈祖庙，我也想在那儿做演出，南沙还有一个海边的邮轮俱乐部，可以将它们融合一体打造。

我们排过关于东深供水工程题材的粤剧《东江紫荆红》、关于广州造船厂企业改革题材的《巨轮出海》。广东作为改革开放的前沿阵地，数十年来类似这样的重点工程，或者经济建设成就有很多，给创作者留下了很多素材。我们要把艺术创作和时代题材有机结合。

对此，我有着满腔热情。排《东江紫荆红》的时候，我去参观东江供水工程。想想当年的情形，那么艰难的时候，还一心想着供水给香港同胞喝。我去采访最早的一批东深供水工程建设者，这些老人是最受苦的人，也是最吃得苦的人，我看了很心疼。由于地势原因，要让水倒流才能流到香港去。很难啊！但是很多香港人并不知道。做这个题材的时候，我就说一定要到香港去演，让他们看看那一代人造的这个工程。

《巨轮出海》这个题材，一了解，觉得广东人太伟大了。企业改革的时候，很多老国营厂的领导都走了，然而我们广东的船厂领导一个都不走。“留下来，我来找活路。”他们这样说。几个领导就出去找生意啊，到香港去。据说有一个书记在人家门口等了一个礼拜——就在街上，坐在门口。靠这样才要来的活儿。他们引进了集装箱生产线，一下子养活了厂里所有的人。工人们有活干了，都复工了。船厂赚了钱，又开始造世界级的巨轮。没有人帮我们的忙，都是我们自己造的。亚丁湾的护卫舰也是我们广东造的。广东的工业那么厉害，人那么好，在艰难的时候，那些老党员、工人都没有走；船厂的领导、工人都团结在一起，太伟大了。广东故事如果没人讲，以后就不会有人知道。

现在我就想跟澳门、香港的有关部门联合起来做一些事。我最近谈了一部音乐剧，是跟澳门一起做的。这些剧通过港澳走向国际可能更便利，更容易把广东故事、广东人物宣传出去。恰逢现在建设粤港澳大湾区，这是多好的一个平台！

向年轻一代推广戏剧

我的艺术之路起源于童年时看过的儿童剧。小时候，我们家对面就是儿童剧院。当年看戏很便宜，一毛五一张票。星期六、星期天我一有空就去看一场。这种教育很重要。后来我报考上戏，虽然没学过相关专业知识，但还是考上了，就是因为戏看得多，所以这对我还是有影响的。我认为儿童剧一定要做，国外就很重视戏剧教育对小孩成长的影响。

我跟澳门的艺术机构谈过，我想成立一个儿童剧团。这个剧团专门排戏给小孩子看，让他们接受教育：美学教育、戏剧教育。我自己做过的一些儿童剧也都很好看，像《小美人鱼》《孟母说》。我想把中国的故事都变成儿童剧，这是蛮有意思的事情。我想把安徒生童话也做成系列儿童剧，对经典童话进行创新。我还想把所有的英雄、伟人的少年时代排成儿童剧，比如袁崇焕的少年时代、孙中山的少年时代、叶挺的少年时代，等等。这样一来，儿童剧既有红色题材的，又有国外经典、中国古典题材的。小孩子就应该多多接受这些教育，免得天天沉迷玩手机，总要有个途径把他们从网络里“拔”出来，儿童剧就是有益的尝试，能让他们参与到现实活动中来。

我喜欢导演这个职业，爱这个职业。我的人生大概就是这么走的。人家说：“你越老越厉害，现在怎么一年排八台戏。”我想，其中一个原因是不太爱跟人家讲价钱，第二个是东西还可以。虽然年纪蛮大了，但我其实是一个心里不安分的人，跟外表可能不太一样，我喜欢很新的东西。我导演过粤剧《决战天策府》，是根据网游《剑网3》改编的，现在想想也蛮有意思，是一次创新。

那次是粤剧界的彭庆华找到我，他说：“我有一个戏，你能帮忙吗？没有钱，是改编游戏的一个戏。”我说可以。他说：“我请了好些个导演，他们都说搞不了。”我说：“我可以试试看。”

我不玩游戏，但我也去导了戏。我们把戏里所有的服装都做成游戏里的同款样式。一开始，我排了一个5分钟的片段，先做了次实验——我们去参加了一场在展览馆里举办的Cosplay表演秀。现场坐满了年轻人，没座位，只能坐在地上看。我问他们多少钱一张票，他们说600块一张票。我想，那么贵的门票，坐地上看都愿意？到了开场的时候，演员们穿着游戏里的服装，往台上一走，台下就兴奋得不得了了。我排的那5分钟片段是翻着打的戏，轰动全场。我一看观众的反应，觉得完全可以排全剧了。我跟彭庆华，还有游戏公司，一起写了一个本子，就开始排。里面的打戏会用威亚吊在空

《决战天策府》剧照

中对打，好看。

刚开始排这戏的时候，粤剧界的同行骂我，说王佳纳搞什么，这不是粤剧。我也不管，我知道会被骂。等到这戏演出的时候，来的都是年轻人。一下子，粤剧观众的年龄段从五六十岁到二三十岁的都有了，此次很惊动粤剧界。看戏的人，有的是坐飞机来的，有的是拉着行李箱，下了高铁直接到剧场的。

当时我觉得做了一件比较好的事——向年轻人推广粤剧。上演的时候，最贵的票卖得最快，他们都穿上汉服来看。演员签名签了两个小时，看戏也是两个小时。这在粤剧界已经很久没有出现过了。

后来这戏到北京演，服务员问我："这是什么戏啊？怎么排队的人那么多？"当时连我自己都没有票，朋友来问，我只能从"黄牛"那儿买票给朋友进去看。我觉得，想要把粤剧这一古老的文化、传统的文化做给年轻人看，就要改，要有变化，要尝试各种不同的东西。后来这批年轻的观众一直跟着这个戏走，也跟着彭庆华的戏走——只要是他演的粤剧都来看。甚至有人把这个戏看过二十遍，这是我没想到的。

我们很缺有眼光的文化商人

新时期的广东文艺经过数十年的发展，现在还在不断地进步。

以前，基本上每部戏上演，我都会在过道上看上厕所的人多不多，看什么时候观众进厕所比较集中，这表明这段时间的戏不好看。哪场戏出现观众玩手机的情况，我就知道这场戏不好看，我一定改掉它。细节上我会想办法，会动脑子。有个领导看了我的戏，跟我开玩笑说："戏的内容另说，但在表现形式上你花样比较多，搞到人家不敢上厕所，哈哈。"想要一个好的演出效果，细节上我就老改，不能总让演员在对话，不能只有在那儿讲话。你要用好各种形式、套路，感观要好看，要精彩，要感人。我的戏基本上都有流泪的情节，观众都会哭的。我喜欢能让人动情的戏，形式上要比较好看。

《十三行商人》剧照

我排的《十三行商人》进京演出的时候，我就说过：“我想走市场的路，这是我们必须要走的路。”然而蛮难走，我走了那么多年，但我仍然认为市场化这条路是一定要走的。这次我跟澳门的艺术机构在一起，也谈到让广东话剧进市场这个话题。其实让话剧走产业化这条路，就是一定要让老百姓喜欢，能卖得出去。继续努力吧！

广东话剧的崛起是呼唤文化商人的。广东是一个重商地区，如果广东文化商人这个群体能成长起来是很好的。我排过音乐歌舞剧《周璇》，这部戏邀请了明星参演，也带动了粉丝市场。现在我们缺的就是文化商人。我们能生产，我能用很低的价格来生产一部好的作品，但没有人去推销，没有这样的商人。有眼光的文化商人真的很缺。

广东文化商人这个群体如果能够形成，那就不得了。我们广东现在很缺真正的文化商人，没有那种到处看戏、找作品，然后找到好的导演，大家约好一起来推市场的商人。上海这样的商人很多，广东很缺，实际上广东是个有经商传统的地方。

我的戏，社会面是广阔的

艺术理念上，我注重三个“真”——真实、真情、真诚。真实是艺术的生命，哪怕一台戏具体剧情是虚构的，具体人物是虚构的，但演出来不能让观众觉得“假”。因为艺术创作来源于真实的生活，所以真实感也是艺术作品的优秀品质。真情是艺术的灵魂，一台戏，要以情动人、以情感人，以情化人，而不能冷冰冰地讲道理，那样就丧失了戏剧的功能。真诚是艺术的可贵品质，没有真诚，不管是导演，还是其他主创人员，都创作不出来能打动人的戏。在创作过程中，要用心、用情、用力去处理每一个细节，像雕刻师一样，慢慢打磨。

其实，真的演戏，就要演一些人民关心的问题。我的戏里社会面是广阔的，像《又一春》讲老龄社会，《青春作伴》讲大学生村官，《古井巷》讲犯罪青年和警察的故事，《孟母说》讲学区房、小孩的教育等。

我看到老年人目前面临的问题，所以排了个《又一春》，全写老年人的生活。老人的问题要解决，生孩子的问题也要解决。人越来越喜欢丁克，或者不结婚，也是个问题。我的孙女21岁了，我问："你谈过恋爱没有？"她说："没有呀，奶奶。"我说："你奶奶21岁谈过好几次了。你怎么连恋爱都不谈？那怎么行啊？"可能现在的小孩都在跟手机谈话，不出去跟人交往，我很害怕。我周围好多很优秀的女人，没有结婚，不谈恋爱。我说："那么多好男人你不谈？"我觉得好奇怪，难理解。这是一个社会大问题。类似这样的社会面问题，我觉得要反映。

我还做了很多反贪的红色题材剧目，像廉洁文化剧《钱瑛》《警钟》，还有东莞的"主题党课剧"等。

我晓得人性，所以我的反贪戏都很好看。我最早做的一部反贪戏叫《警钟》，写一个被枪毙的公安局局长。我去搜集资料，公安局的人都不让我看档案材料，因为这个局长以前对他们都特别好。也就是说，贪官的脸上没有写着"贪官"和"恶毒"。所以，他不能一开始就是个坏人。我就从这个人物最早、最好的时候开始写，这么一步步写下来。最后被枪毙的时候，他说："给我一双球鞋，我年轻时候那双黄颜色的鞋。"这个细节给我触动很大，这鞋是走向刑场的时候穿的。我就从鞋这个细节开始写这个人。他穿着球鞋，一开始是怀着保卫祖国的理想的，后来他慢慢地开始穿高档皮鞋，到临死的时候又穿回那双球鞋。这就是从人性出发。

这部戏上演的时候很轰动，有人感慨："我没看过这么好看的话剧。"因为这个戏不是很刻板。假如你查办的对象是你的好朋友，因为他贪污，那你也会有内心斗争，也会难过，但是经过斗争，就会意识到——我必须铁面无私。这个过程在戏里演绎得非常精彩。我排这类戏的时候想到的是，一定要找到人物心里真正的活动，不能一味地坏蛋就是坏蛋，不是的，人都有一个演变过程。

在舞台上这么多年，看过一些戏剧评论，其实戏剧评论要能指导舞台实践才好。真正的理论研究，导向很重要。我们因为经常去看戏，也会评戏。我经常告诉自己，真正好的评论员对一部戏：第一，先肯定他们好的地方；第二，指出他们不足的地方；第三，一定要帮他们想办法，解决问题。你别只是骂，谁都会骂，关键是你怎么解决这个问题。

我排过很多戏，很难说哪部戏是我最喜欢的。每一部戏都有我喜欢的地方，因为说的都是自己。其实，我觉得我的职业很幸福，可以说我平时所没说的话，想我所要想的东西，我觉得很开心。生活中有些东西可能人家看不到，但是我看到了，就反映到舞台上。

我认为好的作品就是要贴近生活，要有人情味和烟火气。我的生活里不是只有舞台上的聚光灯，更有着大半辈子的柴米油盐。你想，我一个人带着儿子长大，烧菜、做饭、洗衣服、带孩子都是我在做。这种琐碎的家务事我以前做得太多了，我非常不喜欢做家务。广场舞我也不喜欢跳，麻将也不喜欢打，除了在网上买衣服，没有什么爱好。

但不等于我没看到老百姓，我的边上都是老百姓，都是些日常生活琐碎的事。曾经有一次，过春节的时候，一群离了婚的、没结婚的女人在我家住。人家说，我家是“单身汉俱乐部”，就在我家过了一个春节。她们说，不敢回家，怕爸爸妈妈问，然后那个假期每天都在我这儿过。大家一块儿吃，一块儿玩，一块儿谈话。她们跟我说：“我们过了一个愉快的春节，没有想念家了。”每个女人经济上一定要独立，对吧？你不能靠别人，只有靠自己。我说，我就是最好的例子。现在想想我也蛮傻的，每次都是净身出户，人家说我好奇怪。一直到现在，我第一个老公的家里人对我很好，有天他们家里人全都来看我的戏了。前夫的家里人对我很好，离了婚也蛮好，大家都蛮好。有时候性格决定命运，我不太在乎那些事情。

门类不同，但艺术相通

我最初是一名演员，后来转做导演。做演员做到一定年龄后只能演老太太了，而且演员很被动，有时很想演这个角色，但人家不选我。要是让我演另外一个角色，我就觉得不舒服。当导演以后，我觉得很舒服，我能控制整个戏的过程。其实做导演的人一定要数理化好，你没想到吧？不少好的编剧也是数理化好的，学计算机的。我的数理化就比文科好。很多演员改当导演的时候，有个坎过不去，就是他把握局部的可以，把握全剧就不行。数理化好的话，人的逻辑思维能力就很强。导演整个戏，逻辑思维很重要，因果关系怎么样，总的架构什么样，你一定要想好，这样数理化好的人就有优势。

我还当过表演教员，跳过芭蕾，唱过快板，一路走下来我其实一点都没变。支持我走完这个过程的动力，还是爱好。当演员我也喜欢。只要那灯光一起，大幕一开，我就生活在另一个世界里，我觉得很幸福。有人问："你有什么爱好？"其实在排练厅就是我最大的爱好，一群人在那里研究角色的心理，等等。我记得排《西关女人》的时候，几个主角都是女的，每个人把自己的经历讲出来，然后编进剧本里，这很有意思。

话剧、粤剧、音乐剧、影视剧我都做过，艺术是相通的。类别不一样，但其实它的内容是一样的。潮剧我一点都听不懂的，山歌剧我也听不懂的，但内容一样。如果我不懂它的语言，却能看懂它的戏，那这部戏就成功了。切换得最厉害的是影视，电影、电视剧，我都拍过。最近我有个网剧还入围了一个国际奖项。

在室内拍《广州人家》的时候，我以前也没拍过，反正看看就会了。我先看，学习了一周我就上手了。而且那些技术人员会协助你，你一说开机，他们都会摆好设备的，对不对？再过了一周，我就开始拍。自己没接触过的类别还是要学的，胆子大就可以了。我那时候胆子也蛮大，不会的东西照做。有一两年我在做配音，配音工作当时也没干过，但是我找好了技术人员，就照干。所以我拍电视剧的时候，只要几个摄像，技术上他们会帮我想办法的。

排戏的时候，也发生过团队里意见不一致的情况，我还跟作者大吵过。我排《还金记》的时候，为了本子，作者跟我大吵。我说："莎士比亚的本子我都要改，不要说你的本子。"后来演出很成功，他又跟我关系很好了，也没有什么委屈。

我也有不少学生。我特别喜欢年轻人。只要到我的团队来，我有时候很重要的角色都会给他们。有一次，一个演员从来没演过主角，我给了她女一号。她有一段台词是痛哭流涕，同时要说台词的，她怎么也说不出来，我就好凶啊，把她压在那儿说话：“说！说台词！”她含着眼泪，因为压得很疼嘛，这才说出来那段台词。我说：“对了，你就这样演。”她说：“王导，你那次把我压得好疼啊！”我说，就是要这种感觉，疼的感觉，被压迫的感觉。她演女一号演得相当好，那是她第一次演。

在广东龙川，我们还排过一部山歌剧《娘·酒》，给到我的演员团队基本都是业余水平，我跟这支团队在一起磨了半年，终于把剧排了出来。一开始我觉得演员业余到了极点，排练的时候累得很。但当时龙川很想做这部戏，我还是把活儿接下来了。我就帮他们抠戏，反正一点点地抠。我觉得我本事蛮大，业余的能搞成专业的。有很多年轻人在我这儿，以前没有演过戏的，经过一两个戏，就能演女一号的都有。

我训练演员蛮厉害，这方面我挺有办法，只要你用功。很多人在我这儿后来都成了很好的演员。我带过的学生有拿过电影金鸡奖的，也有当了导演的，都还发展得蛮不错。我还有一批退休的国家一级演员在帮我教。这些老演员真好，有时新演员一个动作做不好，十几个老演员轮着演一遍给这个演员看，直到把年轻人教会。这帮老演员跟我志同道合，在我边上帮忙，很棒。

最近，我拿了广东文艺终身成就奖。我说：“哎呀，我还要干的呀，你不要给我终身好吗？好像已经到了终点一样。”他们大笑。拿奖这方面我现在不太在乎。爸爸活着的时候我蛮在乎的。每次获奖，我就很“俗气”地拿着拍张照，把奖杯（状）拿给我爸爸，我爸爸会很高兴。爸爸走了以后，我就都无所谓。只要开心，东西好就OK了。当年在班里，我觉得自己经历最曲折，现在却觉得自己活得最好，可能因为人的坚持还是蛮重要的。

在我的导演生涯中，我认为自己是个不太用功的导演。我不太用功，但又十分感性，善于感受聚光灯下的喜怒哀乐，表达布幕拉开之后的世间冷暖。我不太用功，常常是临门才起脚，但我爱听大家的建议。这对我每一部戏的不断完善，越改越好起到重要作用。同时，我算是一个比较低调的导演，低调务实才能吸引来一起做事的人。

我把一生献给艺术舞台，艺术上肯定也有得有失，而我能做到的就是得到时不骄傲，失去时不气馁。只有不怕失败、失去，才能登上更高的艺术台阶。

（撰文：张淳）

大家印象

工作着是美丽的

王佳纳导演15岁考入上海戏剧学院表演系，从学校毕业以来已在戏剧舞台上度过了将近60年的漫长时光。六十载一个甲子，但王佳纳的人生观里有自己的时间概念。用她的话说，一个人无法决定自己的生命长短，但却能决定它的厚度。她说，人生其实只有三天：昨天、今天、明天。这句话倒颇有禅意。她是一个不回头看成绩的人，一个努力做好当下每一项工作的人，一个对未来充满了期待与希望的人。这样的人，永远年轻。

王佳纳当年从上海戏剧学院毕业后，被下放到江西农村一个公社去做公社宣传队员，对一个立志以艺术为生命的人，这已经是最底层了。但她觉得这是人生的基础。以此为基础，她一步一个脚印成长为一个享誉中外的戏剧导演，屡获中国戏剧最高奖项——文华大奖、文华导演奖、中宣部“五个一工程”奖、广东文艺终身成就奖。问她原因，她说，她热爱生活，她也感谢生活。

戏剧是造梦的艺术，而真实是艺术的生命。在王佳纳看来，无论演员还是导演，只有用最真的心，才能在舞台上造出最美的梦，以此来感染、打动观众。为了艺术的真实，气质优雅大方的她只要一说起戏，会瞬间变身为陌生人眼中的“疯子”。排戏的时候，剧场里人人“怕”她。无论你是国家一级艺术家还是群众演员，抑或只是负责搬运道具的场工，只要她认为剧本里的某处情节不合理，表演上的某个动作不到位，或某件小道具摆放的位置不对，她都会立即指出来，给出意见要求你进行修改调整。但如果你改了一次又一次，还迟迟达不到她要求的艺术效果，她往往会发脾气骂人。同她合作多年的人都知道，但凡王佳纳导演发脾气骂人时，戏一定是在哪个环节上达不到她的要求卡住了。跟她合作过的人，或轻或重都被她骂过。但事后他们说起曾经挨骂的经历，却总是心怀感激并再三向她致谢。因为王佳纳导演的骂，带给他们的不是羞辱和贬低，而是精进和提升。为了纠正青年演员的一个小动作，她可以在排练厅忍痛让演员在她的脚背上用力踩上7次。为了帮资金短缺的制作单位省钱，她可以跟场工一起翻仓库，翻新废旧道具，化腐朽为神奇。她还多次自掏腰包替经费紧张的剧组向那些青年演员发放劳务费，以解他们生活上的燃眉之急。在剧组里，青年演员们都叫她“王妈”。

近年来，王佳纳从广东省艺术研究院国家一级导演的职位上退休之后，逐渐开始把精力放在跟民间表演团体和非科班出身的业余青年演员的合作上，并在短短几年内执导出了以“小茶楼大社会”的独特视角反映现实生活的话剧《盛夕楼》、聚焦广东造船业发展历程的话剧《巨轮出海》、表现乡村教师用一根跳绳帮一群农村少年挥舞出梦想的话剧《七彩绳话》等十几部叫好又叫座的舞台剧作品。只有培养、挖掘更多的戏剧人才，才能更好地向大众推广戏剧艺术。这是王佳纳选择成为一个戏剧人的初心，也是她延续艺术生命，让她的戏剧生涯比舞台更纵深、广阔的秘籍所在。

人生漫漫，唯热爱可拥抱岁月。工作着是美丽的。我们看到的是，一直活跃在戏剧舞台上的王佳纳导演，岁月不老！

——**秋月**（策划、编剧）

王静珠

用鲜活的电影语言记录时代潮流

人物简介

王静珠，女，汉族，1935年10月出生。电影艺术家，从事文艺工作71年。代表作品有电影《梅花巾》《阿混新传》《女人街》《少年犯》《白粉妹》《特区打工妹》《龙出海》等，电视连续剧《破烂王》《岭南春秋》等。在电影《阿混新传》中担任责任编辑，该片曾获1985年第五届中国电影“金鸡奖”特别奖；在电影《少年犯》中担任联合编剧、独立监制人，该片获第九届中国电影“百花奖”最佳影片奖。获中国电影文学学会颁发“中国电影编剧终身成就奖”。获第二届、第四届广东省鲁迅文艺奖，第三届广东文艺终身成就奖。

笔者初见王静珠老师是在2020年9月。那时，《南方日报》策划推出“我的特区故事”系列访谈，王静珠是该系列报道必不可少的重要受访者之一。

20世纪80年代，在珠江电影制片厂任文学部电影文学编剧的王静珠与丈夫——著名演员、导演张良掌镜走深圳，在这块改革开放的热土上创作出《特区打工妹》《女人街》《岭南春秋》《逃港者》《龙出海》《白粉妹》等多部脍炙人口的影视作品，用鲜活的电影语言向全国观众展现了敢闯敢拼的广东。她因此也收获了“鲁迅文艺奖”“百花奖”等多个文学、影视大奖，为南派电影创造了一个又一个“高光时刻”。

“我目睹了广东这块神奇土地的变化，改革开放的发展给了电影创作无数的影响和激情。”接到笔者的采访邀请时，时年85岁的王静珠用手机逐字逐句敲下了这段动人的文字。

受访当天，王静珠与她的长子张海楠一同前来。坐在轮椅上的王静珠鹤发童颜、笑容满面，一身白色西装外套搭配红色内衬和红色胸花，更显精神矍铄、知性干练。

谈起她痴爱一生的电影，王静珠思如泉涌，滔滔不绝：从年轻时曲折追梦，到南下广东圆梦；从在深圳创作的所见所闻，到大胆创业的心路历程……种种细节她都清晰记得，描述得活灵活现。她特地拿来了许多当年创作的珍贵笔记和老照片，还在笔记本上手写了大段回答提纲。于是，原定一个小时的采访足足谈了两个多小时，并留下了一段珍贵的采访影像。

张海楠告诉笔者，母亲的身体已不如前，因此近年谢绝了所有的采访。此番《大家记忆——第三届广东文艺终身成就奖获奖者口述史》的采写，张海楠授权笔者从《痴爱一生》一书中摘取内容——这本出版于2013年的回忆录，是王静珠前后花了五年的时间亲笔所著。书中用生动细腻的笔触回顾了她丰富热烈、跌宕起伏的人生路，字里行间凝结了对故乡的深情、对电影的浓情、对爱人的痴情。

“世上唯有岁月只出不进，所有生命要用来爱。”王静珠用行动对这句人生感悟作了生动注脚。

我家世代都是苏州人氏，家乡的文化氛围特别浓郁，尤其是我家附近的苏州北局，以“小公园”为中心，四周几乎都被电影院包围。大约从我读小学四年级起，放学以后我常去一个地方，那就是北局的大华电影院。那里虽然规模小、地理位置差、门面简单朴素、座位最少，但是上映的新片特别多，海报也特别大。我常去那里还有一个不可告人的目的，就是冲着大华电影院放映场内的那八扇大窗。

当时有个比我年长的邻居姐姐，带我去那里趴着窗沿，拽着窗户的铁栏杆，掀开厚厚的黑布窗帘一角，就这样看完了一部电影。从此我被电影深深地迷住了，无数次地做着关于电影的梦。后来电影院经理看我这个小姑娘这么喜欢看电影，就让我每周免费看一场电影，还送给我零食，我喊他“寄爷”（苏州话“干爹”之意）。那时我对电影的兴趣爱好已经上升到了对电影的“幻想”，又从“幻想”上升到了“理想”。我似乎觉得自己是为电影而生，于是一直寻找通向电影殿堂的路。

我有个好同学叫吴珍，她酷爱美术。一天，她哀求我陪她去报考苏州美术专科学校。这座学校占据整个沧浪亭，又是由油画名家颜文樑先生亲任校长，足见此校在苏州高校中的地位。苏州美专虽然学费昂贵，但是生源很广，江苏、浙江、上海的“贵族学生”报考者极多。我刚开始对这所学校并不感兴趣，没想到偶然看到墙上一则“通告”：苏州美专首创“电影动画科”，今年招收新生。我看到“电影”二字，激动得连报考条件等都没看清，就喊着要马上报名，吴珍还借钱给我交了报名费。

万万没想到，在我报名之后，许多困难接踵而来。“电影动画科”是培养制作电影动画人才的，主要先培养绘画的技能，因此美术基础是最主要的，而我并不是一个有美术天分的人。我要先渡过入学前进行美术基础考试的难关，还要熬得住学习期间在美术课堂中的寂寞。当时我为自己做了一个通盘的考虑：争取考上这个专业是我目前通向电影大道的唯一出路，我只有借助这唯一通道，才可以从家门口直接通向电影单位，即使不能直接通往，起码也可以作为一个跳板、一座桥梁，才能走到电影的彼岸。直到今天，我仍为自己当时的智慧和正确的推断而自豪。随后，我就以超人的毅力恶补美术基础，顺利拿到了录取通知书。

但是“美专”学杂费昂贵，而且我家离沧浪亭较远，学校强调学生必须寄宿，因此住宿费、伙食费又是一笔大费用。那时我家正处于十分艰难的衰落阶段，父亲失业在家，家中基本上以变卖旧货为生，我妈为了让我圆电影梦，忍痛变卖了她的红宝石戒指，为我付了一年学费、住宿费等。为了减轻家里负担，一个学期后，我自作主张向教务主任提出改成走读生的要求，每天要走路近一个小时上学。后来，我在老师和同学的支持下申请了奖助金，才得以完成学业。

当年毕业后，我之所以能进八一电影制片厂，是因为我们赶上了好年代，遇到了翻身当家作主的新中国时代。我毕业那年的学生属于新中国成立以后的第一届高校毕业生，所有高校毕业生全部由国家统一分配工作，我被分配到了北京八一电影制片厂。1952年，八一电影制片厂刚刚成立，全部人员包括前电影处的“老前辈”们以及从各地军区文化部抽调的“精英分子”，一共才60余人，我是当中年龄最小的一个。

我们14个同学全部被分配在一个美工车间里，是一个独立的动画组，又属军事教育片室领导，具体就是为军事教育片服务的，整天和“笔头”“地图”打交道，利用动画技巧为军教片做“图解式”的解说。

那时我们还接到了一个光荣又艰巨的任务：给八一厂设计一个片头，也称厂标。在没有电脑只靠手绘的时代，要让八一军徽在银幕上“大放光芒”不是件容易的事。经过几十次的试验和试拍后，那个黑白相间的光芒终于成功了。此后八一厂出品的影片在放映的时候，只要八一军徽在庄严的《解放军进行曲》中一转动，在荧幕上大放光芒，大批解放军官兵就会掌声四起。这个厂标是我们这14个年轻人共同努力下诞生的杰作，也寄托了我对八一厂的浓浓思念之情。

1956年8月，北京的天桥大剧院举办全国话剧汇演，我们八一厂参加的剧目是苏联话剧《家庭问题》，我在这个戏里扮演了重要角色，我个人还得了表演一等奖。后来我观摩全国话剧汇演时，还拖着两条改不了黄颜色的发辫。那天我拿到了一张楼上的坐票，上到阶梯过半时，发现被前面的人挡住了，我仰头随意望了一下这人，这人也正低头望着我，这一“对视”竟把我们两人都惊呆在那里了。这人身穿军装，无疑是某部队文工团的，第一眼见他，大盖帽下那张脸上两个深深的酒窝立刻把我吸引住了，他两眼不大，却生得如此动人，似能说话一般。我曾见过无数追求者的眼神，却从没有见过这般令我不知所措的眼神。

这是我和张良第一次见面，没想到命运为我们做着安排。那天，八一厂内在“标准放映间”首映新片《董存瑞》，厂内工会骨干分子与摄制组主创人员召开座谈会，我是被指定的发言人之一。看完片子我发表了一次激情的观后感，那时我心中只有董存瑞的光辉形象，完全忘记了那天在剧场遇见的陌生人，直到发言后我一直望着张良，我的“感觉”才复活了，想起了那次的对视。

后来我才清楚，张良当时是沈阳军区话剧团的演员，这次来是因为八一厂决定把他们团演出的话剧《战斗里成长》搬上银幕拍成电影故事片。他是随剧团来八一厂的，厂里已经决定由他扮演戏中主角赵石头。我们俩那段时间在厂里时常能碰见，彼此心里对对方都有一些细微的感觉，但我俩从未打过招呼，也许是怕别人说闲话，也许是彼此有意假装“淑女”和“君子”。

那时候，全国各大报纸都在宣传和赞扬《董存瑞》这部影片，刊登了对张良表演上的赞赏，他顿时成为全国的新闻人物、知名人物，一下子拥有了全国成千上万的影迷和追逐者。我从他和别人交谈的神态口气中，已经看到了他骄傲的苗子露了头，我突然感到假如没有人及时提醒他，将会使他走到十分危险的边缘。正当那时，张良突然得了肺结核，被送回沈阳治疗了，当我知道他的病情时，他已经离开北京了。我对他忧心忡忡，尤其是听到有些老同志说他“快晕得不知自己姓什么了”的时候。于是我想了很久很久，决定要给他写一封信，要写一封既有爱护又有严厉批评的、同志式的意见书。我心想，这封信正是我对他为人、对他感情的考验。

我的日记还记录着当时收到张良给我回信的日期——1956年6月24日，他写了四张字很密的信，再三地感谢我对他敲响警钟，他说他将永远记着我，并且也希望我永远这样地关心他。他还在信中向我诉说了好多所谓被称为“名人”的苦恼……张良的回信让我对他产生了很大的好感，我觉得他为人忠厚、坦诚。他信件的字里行间透露着他那颗对人、对党真诚的心，同时也掩饰不了他对我的好感。从此，我们两个人的通信就这样开始了。翌年6月，张良休假从沈阳到了北京，我俩见面终于袒露心扉，确定恋爱关系。那年我不到23岁，张良不到25岁。

我和张良这一路走来经历了很多艰辛和磨炼。我们第一次经历的命运之灾是在1957年，张良受到了批判，被派去支援北大荒的建设。但是这动摇不了我要跟随张良的心，那时我主动向组织申请去支援北大荒工作。虽然我如愿到了北大荒，但是我和张良工作的地方相距甚远，只能继续通信联系。那几年在东北，我当过火车站播音员、《农垦报》记者，下过农场，当过齐齐哈尔糖厂工人，进过北大荒文工团。1960年，在王震将军的帮助下，我终于从北大荒回到了北京，与张良在北京相会。

1961年我与张良结婚成家，当年11月我们的大儿子海楠出生，产后不久，我在八一厂老领导们的关心下调回了八一厂，张良的事业在婚后也有所起色。1962年，他主演的生活喜剧《哥俩好》获得了第二届“百花奖”最佳男演员奖，同时还受到了周恩来总理的亲切接见，风头一时无两，后续参演的影片也获得不少好评。

在1967年，我们家再次经历艰难考验。就在我们的二儿子海洋出生没多久，张良被打成“漏网右派”人员，当时我患上了贫血症，一家人被迫搬到一个不足十平方米的鸡鸭棚里生活。不久后，张良被派回东北农村进行劳动改造，为了一家人能在一起生活，我放弃回苏州原籍地，主动申请跟随张良到了辽宁省本溪县小市镇。在当地领导的关怀下，我们留在了小市镇上生活。张良在木材加工厂工作，天天搬木头，一次意外，他右手骨折了，原本困难的生活更是雪上加霜。1970年，我生下了女儿海霞，我身体本来就弱，又因过度劳累患上严重的胃炎，幸好得到了单位领导的照顾，先后到苏州和北京养病，病情才有所好转。

在北京养病期间，我在好友的帮助下求助时任八一厂政委的彭勃，希望他帮忙尽快启动对张良的复查工作。在彭政委的督办下，我们一家五口离开东北，重回北京生活。不久后，张良得以平反，他的党籍、军籍和待遇都得到了恢复，我也恢复了工龄和职务待遇，我们一家恢复了平静幸福的生活。

和广东结缘

当年张良平反以后，我们两口子谈论最多的话题是：怎样夺回失去的年华？我俩的口号是：减去10年再干！当时放在我俩面前的主要问题是工作地点的选择。一是耐心等待八一厂恢复军籍，恢复张良电影演员的身份。从当时八一厂的形势来看，要回八一厂工作，也许会是一个漫长的等待。二是当时远在广东的珠江电影制片厂已委派了两名代表前来北京找张良，珠江电影制片厂表示了邀请我俩去电影厂工作的诚意。由于我俩急切地想早日投入工作，因此很快地选择了后者。

拖家带口前往广州落户创业，这个决心无论从当时或者是今天来说，确实需要极大的勇气。我记得当时八一厂有位领导关切地对我们说："千万不能去广东呀，那边天气炎热，语言不通，又没有亲朋好友投靠……"但是这一切都没能挡住我俩想急切工作的那份报恩之心。在1972年年底、迎接1973年初春的时候，我俩拖儿带女踏上了这陌生而翠绿的南国热土。

后来实践证明，我们到广州是幸运的，许多意想不到和曾经幻想过的事情，都在这个时期实现，这就是幸福。

来广州打拼的时候，张良已年近40岁，如果仍在荧幕上扮演年轻人，镜头会暴露出他的年龄。这一切信号都告诉他："你必须转行了。"改行干什么？张良还是演员的时候，已经对导演工作做了一些准备，也一直在业余时间阅读这方面的书，拍摄中也一直"偷师"学习，他给自己定的奋斗目标就是当电影导演。他向厂领导提出，是否可在演戏的同时学习导演业务？在陶金导演的新片《斗鲨》中，他第一次在扮演角色的同时，兼任了副导演工作。

当时珠影投拍的故事片甚少，可供投拍的好剧本就更少了，所以厂内的专业导演们都在等"饭"吃，一旦有个可以投产的好剧本，个个导演都去争夺。我俩苦思冥想，怎样才能转变这个被动的局面呢？唯一的办法就是自己要拥有一个可供投拍的好剧本。说实话，我就是从那时起，从张良的身后走到了他的身旁的，是形势需要才让我鼓起勇气和他并肩作战的，从此造就了我这个编剧。

电影《梅花巾》是我和张良电影创作起跑线上的处女作，它倾注了我俩全部的心血，包含了许许多多的艰难困苦，甚至委屈。我为什么选择苏州题材作为我的创作切入点呢？一是熟悉，二是热爱。我是土生土长的苏州人氏，我对家乡的一切情爱，早已孕育在我的血液中。我要写苏州的"四美"，就是园林美、评弹美、刺绣美、梅花美。我对家乡的音、色、桥、水都熟悉，而且有着强烈的记忆，因此，我方能在笔下产生象征苏绣艺术的白梅形象和象征评弹艺术的红梅形象。我们把故事的主要情节都放到有苏州特色的园林中去展开。例如红梅之父从海外回来重游的故地，就是苏州的拙政园。我把主人公石磊和红梅相遇的戏放在狮子林，把解放后的相逢放在香雪海。

我甚至还在影片中“走了点私心”。当然，这个“走私”的原则是要符合此情此景的融洽和需要。我把主人公石磊写成苏州美术院校的学生，把他放在我的母校苏州美专的沧浪亭中去展开他的学生生活，把我当年画素描的教室搬上了荧幕，表示对家乡母校的怀念。

电影剧本《梅花巾》的创作是一个艰苦的过程，不仅因为这是新课题，而且选择苏州的民间艺术为主题，历史太厚重，太难概括。我逐渐认识到，原来我对家乡的认识还很浅薄，因此，我和张良决定再次老老实实地回到生活中去学习和采访。我俩重返江南，重游家乡故地。再次深入苏州刺绣研究所翻阅资料，广泛地走访苏州刺绣界的老前辈，听他们讲身世，记录他们的口述，还多次走访苏州评弹界的老前辈们，熟读他们的评弹开篇，记录他们的历史。

我的记录本写完一本又一本，满满地、重重地压在自己的肩上，我们俩在小小的阳台上写作，讨论来研究去，你改一稿我又改一稿的，磨来磨去，还自己给自己出了个难题——红梅、白梅被追跑后被错抓的那场戏。编剧必须先把路线搞清楚，这才构成误会的可能性。我和张良就在水泥地上铺上几张报纸，趴在地上画着路线图，以求证两姐妹因跑错了方向而造成误会的必然性。那天碰巧有八一厂老同志来我家探望，看到我俩趴在地上工作，惊叹不已。他回北京对老同志们笑谈说：“没见过这么写剧本的，两个人都写疯了……”

在做《梅花巾》编剧工作时，我的身份还是珠影科教纪录片室的动画制作员，整个编剧工作也都是在业余、节假日和漫长的夜里去完成的。《梅花巾》整个拍摄工作全部都在苏州进行，我的创作工作完成后，按电影厂的规定，我的任务完成了，自然就没有随从拍摄的权利。我只能老老实实地回到动画车间中去埋头工作。我每天心系苏州的拍摄，每夜通过书信和张良联系，在书信中交换各种意见。我把《梅花巾》电影的成败当做张良是否可能改行的一次考证，是他能否敲开导演大门的一块敲门砖。

那天，电影《梅花巾》要在珠影厂内的标准放映间放映

“完成拷贝”，我也受邀参加了。电影开映了，我心中对比着剧本和电影之间的差距，静心地对比着每段戏，衡量这一幕比剧本加分了多少？还有我一直担忧的事，就是张良能不能把握住苏州的风土人情……灯亮了，我这才发现自己泪流满面。这泪表明了我对丈夫的满意，这泪也使我坚定地走在创作路上。我的电影情结在此时得到了极大的满足，同时更坚定了我这一生追求的电影梦。这是我第一次看见自己的作品被拍成电影后的真实感觉，那份激动真是无法形容。

在几个电影剧本的创作过程中，电影《少年犯》的难度最大，流的泪水和汗水最多，但是它带给我俩的荣誉也最多。关于《少年犯》拍摄前后的故事实在是太多太多，我至今记忆犹新，几乎可以出个专辑。

那年，我带着一个电影剧本的腹稿从广州到北京去补充采访。某天，由于一位公安干部的建议和邀请，我完全出于好奇，踏进了这所坐落在北京远郊的少年犯管教所。这是我生平第一次听到“少年犯”这个词，第一次走进高墙里边，第一次见到被关押在这里的数百成千的少年犯，我第一次见到这样青春年华的犯人，当我看见这些剃了光头、穿着黑色棉衣的少年列队走过我身旁的时候，我望着这一双双失落的眼神，内心不禁颤抖。

当天，我去了一间女少年犯宿舍，大家列队在炕沿下鼓掌向我表示欢

《梅花巾》剧照

迎。我刚站定，突然被一女少年犯紧握住手。她对我号啕大哭，对我喊了一声“妈妈”。这喊声似哭似诉，我不敢松手。我问：“你为什么这样哭？”她趴在我肩上抽泣，伤心万分，说：“我看见你的眼，就想起了我妈妈。”她泣不成声，我的心顿时被哭声一下子收紧了。我抚摸着她的脸，心想：他们既是害人者，又是受害者。没想到这女孩的一声哭叫竟重重地拨动了我的心弦，又重重地拨乱了我的创作计划。我好像突然领悟了一个问题——这里是被电影工作者遗忘的角落，我要救救这些孩子们，他们才真正需要我向社会呼吁。

《少年犯》海报

随后，我和张良的采访工作跨越了大江南北，从广州到山东，到辽宁，又到北京，最后一站到了上海。在上海市郊的少年犯管教所里，我去参加了每月一次的“家长接见日”，我站在一旁，望着充满亲情、充满悲切的一幕幕动人场景，我的手绢湿了，我的每行泪水都化为行行文字，化成了后来电影《少年犯》中的电影镜头。

电影《少年犯》终于拍摄结束。这部影片从开机典礼开始就引起了全国各大小报记者们的关注，不断报道着我们拍摄中的各种花絮，几乎每天报上都有这部电影的各种新闻，如《张良大胆使用少年犯扮演少年犯》《镜头上的泪水，张良导演请少年犯自己作曲演唱》《导演累倒了，少年犯在床旁表决心》《录音棚里，少年犯对着王阿姨喊妈妈流泪高唱》等。全国观众都怀着极大兴趣，盼等着这第一部反映青少年犯罪的影片上映，但是对广大的记者来说，他们更多地在等待另一件奇迹的发生。

因为张良导演在开机典礼时许诺：“等电影拍完之后，我一定要把这些跟着我一起拍电影的孩子们，对他们每个人在拍摄组的表现，为每人写出一份鉴定书，根据每个孩子的表现，提出减刑甚至当场释放的奖励。”这个承诺分量很重，我们深感重负，流着泪写着一份又一份的减刑报告。恰在《少年犯》电影首映式的前一天，这些报告得到了司法部和上海劳改局的批复落实。当导演在会上宣布时，全场掌声四起。

今天，当我再次回忆起这些孩子们的时候，我还是牵挂不已。他们都已为人父、为人母了，但愿他们和他们的孩子们健康幸福。

我和张良导演特别关注改革开放题材，创作了《特区打工妹》《女人街》《龙出海》等多部具有新时代特色、岭南特色的南国都市片。

广东是改革开放的排头兵，我们能在这么一个环境中见证和参与这场伟大的变革，应该说这既是一个机遇，更是一种责任。改革开放的种种变化，对于我们电影工作者来说，不仅是前所未见的新鲜事，更是可遇不可求的影视题材。作为南国电影人必然首先关注本地区在改革大潮中的新人新事，那时我和张良都有一个心愿，一定要做好“深圳特区建设”这一重大题材。

我记得第一次去深圳是1983年，一下火车就好像走到了一个大工地。天是黑的，地也是黑的，扑面而来全是灰，工程建设的响声惊天动地。我亲眼见证了什么是“深圳速度”，也目睹了万千外来建设者热血拼搏的身影。我在火车站看见了一对十八九岁的女孩子，拿着行李在火车站坐着。我问她们：“要去哪里？”“去深圳。”“干什么去？”“打工去。”“你们过18岁了吗？”“快了。”其实有的人还没有过18岁。她们为了摆脱家乡的贫困，18岁就出来找工作。这群人盖起了高楼大厦，付出了自己的心血，把自己的青春献给了深圳。

于是我决定要写写“打工妹”这个改革开放以后才有的人群。我们写《特区打工妹》的过程相当艰苦。我们第一次去松下的大厂，那里有大量女工，但是一开始不让参观。我和张良要去看，不让看，大门关着，说从来不接待记者。一次阻挠，两次阻挠，就是不让看。我还被看门的狗追，摔伤了腿。后来这家外资公司高层的翻译人员认出了张良导演，才请我们进去看。我们就进去看，那些孩子们都在那里打工，在流水线上工作，连上厕所的时间都没有。这些真实的场景，后来在影片《特区打工妹》中被一一还原。

《特区打工妹》海报与剧照

写《特区打工妹》的时候，我特别表达了一种“盗火者”精神。年轻人去深圳特区打工是要去学习、去“盗火”，要把“圣火”带回去建设家乡，这才是脱贫致富的出路。这种“盗火者”精神，不仅推动了深圳特区40年蓬勃发展，也鞭策着我在艺术创作的道路上好学进取、自强不息。

转型“下海”，当女老板

1988年，我做了一个让许多人惊讶的决定：放弃“铁饭碗”，独身“下海”当女老板，成立了全国影视行业首家剧本公司——广州市王氏影视业剧本有限公司。

1988年的冬季，是我生命中变化奇特的一年，是难忘的一年，也构成我人生精彩的一页。我决定“下海”这事并非心血来潮，而是受到了广东改革开放经济大潮的影响而逐渐形成的。我非常明白“下海”意味着什么：意味着我从此砸了“铁饭碗”，从此我断了每个月的工资收入；意味着我们的五口之家从此只能依靠张良一个人的工资收入来养家糊口了；意味着我从此就不是珠影厂的文艺干部了，从此我就是一个私营老板了。更可怕的是，如果我“下了海”不会游，也许我就有可能“葬身大海”，这确实是件非同小可之事。

要创业，首先遇到的是棘手的注册资金问题。我找到了以前采访过的工商局局长，我跟他陈述了注册资金的困难后，他想办法给我们灵活解决：王氏公司的注册资金只要2万元，3年免收王氏公司的工商管理费，再上报税务部门免收王氏公司3年税，支持我们先把公司创办起来。从此，广州市多了一个拥有“穗私0001”牌照的女老板。我真的要感谢改革开放的好时代，感谢执行改革开放政策的好干部。

对于王氏影视业剧本有限公司的经营，我试水了很多大胆的创新。我提倡剧本可以作为商品流通于电影市场，扭转编剧的作品仅允许本厂使用的现状，反对电影剧本作品仅属某一个电影厂的专用权。打破一个电影厂的编剧只能附属一个电影厂内的旧体制，提倡编剧拥有对外投稿的权利，成为真正的自由职业。提倡剧本“按质论价”，取消稿酬统一制。我还坚持提倡以社会融资或个人集资等方式投资电影经济，提倡以社会融资或个人集资等方式投资电影，经济上独立经营，自负盈亏，党政领导机关有审查权。

我公司的办公场所就设在珠影附近颇为高档的影星宾馆606号客房内。为了节省开支，我聘请专业制片方面的电影人才时都采用临时聘用制。凡是来公司工作的人都要签署聘用合同书，责权都写得清清楚楚。审稿人和会计是兼职的，这样就可以按劳取酬，减轻公司负担。我公司还聘用了三位重量级人物任常年艺术顾问。另外，我还有一个相当强大的企业顾问团，他们都是中国电影界的顶级人物，都是电影界卓有成就的事业家、艺术家，他们都对改革开放充满热情。

公司成立第二个月，我就开始去寻觅生财之道。我找到了一个用影视广告养活剧本的办法，而且我还通过了工商局“电视台代理播放权”审批，这是个“无本买卖”。要是能正常按时收回企业播放费，那电视台就可以支付我公司10%—15%的代理费。这个电视台代理播放权使我很快有了收益，而且很快就“脱贫致富”了。

当我赚到了第一桶金的时候，第一件想做的事就是实现我在开业典礼上的承诺，邀请国内一些有作为的电影编剧来广东走一走，看一看，让他们吸收一些改革开放的新鲜空气。

1990年，这个活动由王氏公司独家举办，因此就定为“90作家采访团”。这次活动的全部往返路费以及采访行程内的食宿费用全部由王氏公司负责。“90作家采访团”成员的申报表由广电总局总编室发文到各电影厂，再由全国各大电影制片厂推荐成员填表申报到王氏公司。公司对参加的成员提出了三大要求：一是作者本人曾荣获过国家级奖项或其他奖项；二是作者本人从未到过广东或近六年内未曾到过广东；三是对创作改革开放题材有兴趣并有创作计划。

整个采访活动就从广州做起，首先由市委宣传部部长亲自向大家作了广东改革开放后突飞猛进的形势报告，再去看看雄伟的广州体育馆，再转转广州的文明小街小巷，听听个体户们的自述。之后，采访团又到了深圳，去了当时甚为神秘的沙头角。采访团一路走一路听，从深圳的小渔村到世贸的高楼大厦，再去改革开放的先进小村南岭村，去听听带头人、全国劳模张伟基村长是怎样带领村民脱贫致富的；再去深港汽车公司了解他们是怎样打通香港的运输大道的，又到著名的深圳市小汽车出租公司，听带头人吴炯声给大家讲述他的创业经过……采访团受到社会关注，广东乃至全国大报都报道了采访团的行程，每到一处采访团都受到了热情款待。

经过十二天的采访，大家看见了中国历史上从未发生过的人和事，他们的记录本和相机都是满满的，各个满载而归。回到王氏公司召开的总结会上，大家都发表了感言，他们激昂地谈改革，谈见闻，谈感想，谈对王氏公司的赞赏和感激……他们的激情言语让我感动得几度落泪。

我的一生，其实就做了两件事：第一件，我选择了电影，爱上了电影。为了电影，我心甘情愿历尽千辛万苦，却始终对中国电影痴心不改。第二件，我选择了爱人张良。我一生只爱一个人，为了爱张良我跟着他走南闯北，这几十年跟着他宛如坐上一架“过山车”，忽高忽低……几十年有欢笑也有哭泣，直到今日颐养天年。

回忆过去，岁月已逝，个人的命运永远和国家命运紧密相

王静珠与丈夫张良

连，每一个时期都带给我珍贵的记忆。2005年，我和张良去中央电视台录制《艺术人生》时，主持人现场问我："两老如此艰难地走来，您有什么感受？"我当时回答："正因为我俩的人生中经历了这些喜、怒、哀、乐，尝遍了酸、甜、苦、辣，所以才构成了我俩的一段完整的人生……"这是我对人生的理解，我对过去的一切保持了一份感恩之心，我永远觉得过去的一切，是我俩拥有的一份财富。我是个幸福的女人，因为我的丈夫是我的至爱，电影事业永远是我的至爱，我已经年过八十八岁了，但是那份热恋和痴爱永远没有变。

（撰文：毕嘉琪）

（部分内容摘自王静珠《痴爱一生》）

大家印象

与张良“情爱不老”，对电影“痴爱一生”

2005年，我写的回忆录《情爱不老》出版。2013年，爱妻王静珠的长篇回忆录《痴爱一生》出版。一个是《情爱不老》，一个是《痴爱一生》，遥相呼应，也是我们一生的真实写照。

王静珠一生痴爱电影事业，还痴爱一个人。我与她相爱一生，经历了无数风雨，走过高峰低谷，始终不离不弃，相守相伴。她不仅是我老伴，还是在我改行后事业上的搭档、一起战斗的战友。

王静珠是新中国培养的第一代女性电影艺术家，也是改革开放后第一个创办剧本公司的女性影视编剧，新中国第一位女性独立制片人。电影创作时，她秉承“深入生活、感受生活、提炼生活”的信条。在改革浪潮中，王静珠更是以“盗火者”精神，敏锐展现时代变迁。影视制作上，她成立了全国影视行业首家剧本公司，盘活了影视制作的产业链，孵化出《龙出海》《岭南春秋》等多部影视佳作，歌颂改革开放的巨大变化。

大半生的艺术实践，王静珠走出了一条立足时代、扎根人民的创作之路。用锐意进取的精神，开辟文艺发展的广阔道路；用发自内心的热爱，传递生生不息的文艺薪火。

2010年，在授予我“首届广东文艺终身成就奖”的颁奖会上，我激动地说：“我要把这个奖项给我的爱妻王静珠，感谢她在半个世纪里，在性命攸关时刻，给予我的舍命相助。”我看见会场上很多人站起来为她鼓掌，很多人的眼里还滚动着激动的泪水。我向我的老妻致敬！余下岁月，我坚信，我俩还会互相围着转！

——**张良**（王静珠丈夫，著名导演、演员）

我的母亲王静珠是一位令人肃然起敬的女性。对待爱情，她专一执着，无论我的父亲张良当年是如日中天，还是在政治运动中被打入社会底层，她都不离不弃，甚至不惜以命相随。对待家庭，她坚定地维护着它的团圆，即使身患重病，也不肯长久分离。对待命运，她积极抗争，把未来掌握在自己手上。对待事业，她有自己的梦想和追求，不断开辟着新的领域，与我父亲互相鼓励，彼此成就。

父母从小对我的言传身教，深深影响着我，引领我立志接棒，走上电影创作的道路。二老相伴一生的传奇经历，更让我悟出许多人生真谛：一是做人要踏踏实实，勤勤恳恳。无论经历怎样的苦难，坚强乐观都是安身立命之本。二是爱情要坚贞不移，互相扶持。无论经历怎样的起落，美满家庭都是最重要的支撑。三是事业要不懈追求，齐头并进。无论经历怎样的挫折，努力工作都是彼此成长之道。

——**张海楠**（王静珠长子、珠影导演）

张良老师和王静珠老师堪称银幕“神雕侠侣”。因扮演董存瑞蜚声影坛的张良老师调入珠影后转型做导演，王老师亦从八一厂美工转型为编剧，联手编导了《梅花巾》《少年犯》《特区打工妹》等经典电影。二老痴爱一生，电影佳作频出，双双获得国家级和省级终身成就奖，真是珠联璧合，相映相辉，羡煞人也。

——**王垂林**（时任珠江电影集团党委书记、董事长）

几年前就含泪读完了《痴爱一生》，这两天重温，依然激动不已。老一辈电影艺术家的情怀，人民的文艺工作者的故事，会成为我们一代又一代人传承的力量。致敬张良老师！致敬王静珠老师！我们的榜样！我们的偶像！

——**江平**（中国夏衍电影学会会长，国家广播电视总局电影局原副局长，中国电影股份有限公司原总经理，国家一级导演）

叶春生

广东民间文化保护的先行者

人物简介

叶春生，男，汉族，1939年10月出生。民间文艺家（民俗学），从事民间文学工作59年。被誉为岭南民俗学派的主要倡导者和建设者，为《中国民间文艺家协会70年学术史》所收录的37位访谈人中唯一入选的广东学者，曾经连续三届担任中国民俗学会副理事长。出版学术专著超50本，代表作品有《区域民俗学》《岭南俗文学简史》《简明民间文艺学教程》《岭南民间文化》以及《广东民俗大典》等。成立中山大学民俗研究中心，创办《民俗》新刊，后发展为《民俗学刊》，在此基础上编辑出版《文化遗产》。曾获“南粤优秀教师”称号，中国民间文艺山花奖·学术著作奖，第二届、第八届广东省鲁迅文艺奖，第三届广东文艺终身成就奖。

《大家记忆》的口述史记录，本来就是一场与时间赛跑的比赛。叶春生教授多年来深居简出，由于身体一直欠安，只好婉拒了口述史的面谈，改以书面形式完成采访，并通过叶老的夫人、学生，乃至学生的学生配合完成。

采访过程中，特别感谢叶老的夫人张玉娥老师，学生中国民俗学会副会长兼秘书长、中国社会科学院研究员施爱东老师，中山大学中文系教授、民间文学与民俗学教研室主任蒋明智老师，华南理工大学新闻与传播学院教授、广东省民间文艺家协会副主席储冬爱老师，以及徒孙蔡奕贤老师。没有几位师长的支持，特别是他们数十年如一日对叶老生平事迹与学术成果的翔实记录和整理，这次口述史采访恐怕难以如此顺利完成。

这场“比赛”也难免经历种种遗憾。2023年11月26日，叶老以84岁高龄辞世，未能与大家共同见证《大家记忆》的出版，成为一件无法弥补的憾事。这份最后的口述史记录，寄托着后学对前辈名家深深的缅怀与敬意。

叶春生教授是“岭南民俗学派”的创立人，生前荣膺“南粤优秀教师”称号，可谓“桃李满天下”。叶师门下的本科生、硕士生、博士生不计其数，并在中国社会科学院、中山大学等多所高等院校和学术机构开枝散叶，硕果累累。这场师徒合力完成的口述史“接力赛”，无疑是对先生毕生从事的民俗学事业最好的告慰，足证“岭南民俗学派”已然树大根深，薪火相传。

正如施爱东老师所言：“作为一位沉潜乡间田野的民俗学者，叶老或许没有惊天动地的伟业，他的思想和学说却能借助学生、借助文字，穿越时空而流播天下。”先生千古，风范长存！

20 世纪 50 年代的中山大学民间文学

我的家乡云南河口，是一个民族杂居区。在当时人们心中那是个蛮荒之地，保留着原生态的生活。在这座神奇美丽的小城中，赶集的时候可以听到很多民族的语言。在无形中，我学会了一些壮语、瑶话、越南话，各民族的民俗风情在我幼小的心灵中留下了深刻的印象。我是从小就爱上了这个事业。我的母亲是沙人（壮族支系），外祖母家位于坝洒乡，那里是沙人聚居区，人们常以“沙歌”叙事言情，我的舅舅在谈恋爱时，喜欢唱“鸭伴”（沙人情歌），常在家里编唱，有时还手舞足蹈，每一首歌谣都生动有趣，在我心中埋下了兴趣的种子。还有一位芙嫂，她是歌场最会唱歌的歌手，出口成章并且能够连唱几十首，时常根据她自己的人生经历编出新内容，叫我久久沉浸于其中，并将我带进了歌谣的王国。另外，我有一个同族的哥哥，叫招北恩，他对民间文学也很感兴趣，我曾在1928年成立的“中山大学民俗学会”会员名单上找到了他的名字，他也对我有一定的影响。我在我的家乡领略到了民间文学的魅力，之后我又重新回到这片蛮荒之地中去寻找民间文学知识。1964年我从中山大学中文系本科毕业时，就以“‘歌头’的艺术”为主题写成《歌头初探》，后发表于《民间文学论丛》。

我1959年考入中山大学中文系学习，1964年考入北京师范大学跟随钟敬文先生学习民间文学。我在中山大学中文系读本科的时候，是谭达先老师为我们上民间文学课程，他为民间文学发展作出过很大贡献，任何事都亲力亲为。他后来50多岁了还去香港读博士，著述非常勤奋。但在当时他给我们讲的，主要还是民间文学，对于民俗学只是传达了一个模模糊糊的概念，学术界很多人对民俗学也不了解。我从报考研究生开始，就立志要研究民俗学、民间文学，发扬中山大学的民俗研究传统。我研究生毕业以后先去内蒙古，后来又在信宜县工作了十年，但我始终没有忘记最初的理想，走到哪里都在当地搜集民间故事、传说等。1978年如愿回到中山大学，开始了职业的民间文学研究和教学。

在1953年9月到1954年7月这个学期，有位名叫胡毓寰的教授和谭达先老师一起开设了民间文学课，1955年这位教授就退休了，那之后中山大学的民间文学研究事业都是由谭达先老师一个人在做。谭老师本身也是“国立中山大学”中文系毕业的，1951年开始在中文系任教，1980年申请前往香港才离开中山大学的，我记得他在1954—1956年期间还曾去到北京师范大学民间文学进修班跟着钟老学习过。后来给我们开设了“中国人民口头创作”课程，当时上谭老师课的学生前后有四五十人，当然不是每个人每次都去。他的课最大的特点是内容丰富翔实，所讲内容皆有根有据。另一个特点是每次上课他都背一大摞书放在讲台上，课前课后任同学翻阅，也以此说明他所讲内容均有出处，书上都能查到。有次上课他还提到在1958年7月，他同全国第一届民间文学代表一起受到了毛主席的接见。我1978年回到中大后，谭老师还开着民间文学课，他的每次课我都去旁听，想要向谭老师学习吸取更多经验。他每次带学生出去进行调查，我也跟着一起去，多在广州周边调查。

谭达先老师最令我印象深刻的是他对于民间文学那股热情和执着。我记得当年谭老师有时还会去市二宫和文化公园讲民间文学，当时那里有固定的说书位置，他会背着很多书去，把书摆放在桌子上任来人翻阅，自己则讲民间文化趣事，吸引不少市民来听，我也曾去听过几次，他讲得非常有趣生动。他1980年到香港以后，我们经常有书信来往。我知道他在香港的初期条件是十分艰难的，因为那边不承认他在内地的学历文凭和过往的教学经历。为了生活，他只能选择继续在香港大学攻读硕士和博士研究生，在59岁的时候顺利拿到博士学位。但那时他依然坚持着他的民间文学志趣，前前后后写了50多本民间文学著作，像《中国民间文学概论》《广东民间谜语选注》都是在这时期完成的。之后他每次回来广州，都会背着一大包书，基本都是与民间文学相关的。1991年，他移居澳大利亚与儿女团聚，还花了很大一笔钱把他的民间文学图书全运过去，足见他对民间文学的热爱之情。他在澳大利亚住不惯，后来很长一段时间住在深圳，我多次请他回来给硕士生和博士生讲课，每次他都会讲到自己在香港如何攻读博士学位，为了省钱和节约中午的时间，他中午不吃食堂，买一些面包放在书包里，中午就在洗手间就着自来水吃面包。

从《民俗》辑刊到《文化遗产》期刊

我是1978年重新回到中山大学中文系，进入写作教研室，从1980年上半学年开始为本科生开设民间文学选修课以及写作课。当时特地赶写了《民间文学论纲》以供学生上课参考，这本论纲就是后来被多所大学作为民间文学教材的《简明民间文艺学教程》的雏形。在民间文学课堂上，我常以民间趣闻趣事活跃气氛，学生积极性都很高，选修民间文学课程的学生逐渐增多。在上课过程中，我特别强调田野调查，鼓励学生们走入田野，去搜集第一手的民间文学知识。

1987年，我用自己在刊授中心任职的酬金，自费设立了“振兴中山大学民俗奖”，奖励在民俗学和民间文学学习中表现突出、刻苦钻研、致力民俗调查和民间文学搜集整理的学生。还将学生们优秀的民间文学作业自费刊印成书，这就是1986年7月出版的《民俗》辑刊，没有刊号，只是内部印刷的教学用书，同时我也寄赠给许多业界同行。我们这一辈的民俗学者如刘锡诚等人，都还保存着我的那些小册子。施爱东也是那个时候选了我的民间文学课程，从此走向了民间文学研究的道路，但他当时的作业没有得奖。其他还有朱雄全、张继焦等，都选修了这门课。我还鼓励学生成立了一个“中山大学民俗学社”，朱雄全、张继焦都曾担任过民俗学社的社长。

我创办《民俗》辑刊的初衷是将当时学生们的优秀作业保留下来，绵延我校萌发于半个多世纪前的民俗学研究事业。当时在给学生开设民间文学课程时，大家都颇为踊跃，很喜欢这门课程。每年寒暑假，都有一批学生，利用回乡的机会，深入村寨渔村采风问俗，做了很好的田野调查练习。还有三批同学，跋涉到云南搜集毕业论文的材料。这些都是极其宝贵的民间文学资料，如果只是检查完作业就丢在一边，未免太过可惜。于是我自费将它们刊印成书，并请钟敬文先生题写了书名。《民俗》辑刊共出了五期，2001年3

2006年，叶春生在云南西盟佤族调研采风时和当地群众合影

月印出了最后一期，它是改革开放后中山大学民俗学恢复后早期发展的见证。第一、第二期虽间隔一年，但都顺利刊行，到第三期因为多方原因被迫中止，从1989年到1998年，稿件保留了长达9年，直到1998年12月才得以付梓，后来又分别于2000年和2001年出版了第四、第五期，这些是广东天一广告有限公司的老总郭承辉无偿帮助制印的，当时施爱东在他的公司打工，跟他一说，他很支持。这些小册子每期只印500本，大部分供教学使用，也有一部分寄赠给了全国各地的业界同行。

许多社会人士，甚至一些政府人员，都对我们这项事业非常支持。在编排体例上，到第三期后，刊物的目录体系、民间文学的题材分类更加细化。比如，我们把故事类细分为人物故事、普通故事和新故事等。五期《民俗》的刊行受到社会各界人士的好评，许多同行和朋友纷纷来信，祝贺中山大学民俗学传统的恢复。

编印《民俗》辑刊的时候，中山大学民俗学还处于刚刚起步阶段，由于时代及其他现实条件的制约，《民俗》辑刊的刊印还是受到很大限制。而《民俗学刊》不一样，它是由中山大学民俗研究中心主办的，在2001年11月问世。这是一本纯学术的辑刊，《民俗》主要刊载民间文学作品，《民俗学刊》却只刊载学术论文和学界消息。相比于《民俗》辑刊，《民俗学刊》的发行得到了中文系领导和多方企业家的资金支持。我们秉持“关注民众，贴近民生，再创辉煌”的理念面向全国征集稿件。我们办刊，更多的是想为民众生活服务，反映民众的心理、愿望、呼声，帮助他们提高文化素养，发展生产，提高生活质量，使民俗文化与现代经济文化一样得到传承和发展。

从内容上看，《民俗学刊》具有鲜明的时代特性。首先是国际化，我们积极与国际文坛交流接轨，从第二辑开始设置了中英文双语目录，方便国内外学者检索；连续刊登国际民俗学界研究的动态简讯，开设域外民俗学栏目；在第六辑中还设了“日本民俗学专集”，含6篇翻译文章。其次是对区域民俗的关注。《民俗学刊》总计刊出了20篇“区域民俗学”的论文，其中有关岭南区域民俗的就占了7篇。后来，中文系领导还对我们的两大特色研究方向——民俗学和戏曲研究进行了调整融合，因此还派生了戏曲民俗研究的新方向。

还有一个很重要的方向，就是对民俗文化产业、应用民俗学的关注。中国加入世界贸易组织后，在经济全球化背景下，第三产业发展势头高昂，以文化为核心竞争力的旅游业和文创产业成为服务行业的重要部分，而民俗文化作为一个民族文化中最接近民众生活、最能反映民族独特品格和地区不同生活文化的标志性符号，自然成为重点开发利用的方向。学者们也开始思考将民俗学成果与民众现实生活、经济文化的开发利用结合起来的效度和可持续性发展的问题，比如邓启耀的《传统文化处境中的现代民俗文化产业》、于芳等人的《观光与民俗文化保护》等论文，都从不同方面讨论了新时期经济发展对民俗文化的利用。

在现代社会发展前进潮流中，传统文化的生存及其在社会发展中可扮演的角色等问题在当时备受关注。2001年12月20日，为对这些问题进行集中讨论，我们和中国民俗学会联合举办了为期三天的“现代社会与民俗文化传统”国际研讨会，这次研讨会也是向我的老师钟敬文先生致敬的一个贺寿会，48位国内外学者聚集中山大学，研讨了新时期民间文化传统与现代化的问题，会议的主旨是“关注民众，贴近民生”，想要更好地推动我们的传统民俗文化为新时期的文化建设和社会经济建设服务。

《民俗学刊》自2005年6月出至第八辑后，就更名为《中国非物质文化遗产》。从大气候的角度上看，这一变化主要是为了顺应世界文化发展保护潮流以及国家文化保护政策。进入21世纪，经济全球化浪潮打破了国际间以往相互隔离的壁垒，它在为多数国家带来巨大经济效益的同时，也在一定程度上使得区域间发展模式趋同，独特性逐渐磨灭。以中国为例，在西方文明不断涌入的过程中，民众面对陌生的文化模式多是茫然的，他们迫切想要向内寻找本土文化的独特符号以标明自身独立存在的意义。民族自豪感激励着人们开始保护优秀传统文化，这种保护热情在2001年我国的昆曲艺术被列入首批“人类口头和非物质遗产代表作”名录之后，更加高涨。从小气候来说，是因为“东家”变了，过去的《民俗学刊》，主要是我利用自己的个人影响力，向社会支持者筹集出版资金，后来杂志影响越来越大，民俗学在中山大学中文系学科格局中的地位变得越来越重要，中文系领导决定由系里划拨资金，由中山大学出版社支持出版，同时能够兼顾其他学科的发展需求。

“非物质文化遗产”这一概念所包含的内容，早就包含在民俗学的研究

叶春生和西北傩舞的演员在一起

范围内，不过时代发展的东风将它们重新整合在“非物质文化遗产”这面大旗之下。受非物质文化遗产保护热潮的影响，民俗学受到了空前的重视，日渐成为显学。为此，2002年，我们在中文系两大传统优势学科的基础上整合成立了中山大学中国非物质文化遗产研究中心，并且于2004年11月被确立为教育部人文社会科学重点研究基地，中心设有三个主要的研究方向：一是民俗学研究，二是王季思、董每戡二位学者开创的戏剧戏曲研究，三是为适应新的需要而设立的非物质文化遗产保护研究。由于学术领域扩大了，已经不再局限于原来的民俗学，所以将《民俗学刊》更名为《中国非物质文化遗产》，由中山大学中国非物质文化遗产研究中心主办，前后共出版了四辑。由于我们的学刊办得好，影响大，在国家新闻出版局（现国家新闻出版署）拿到了正式刊号，所以，从2007年11月开始，我们启用《文化遗产》这一新刊名，这也让中山大学民俗学事业的影响力更上了一层新台阶。

研究机构与丛书编辑

中山大学最早成立民俗组织机构应该是1985年，一方面我自筹经费编印了中山大学新《民俗》辑刊，同时指导当时的本科生朱雄全成立了中山大学民俗学社，还聘请了广东省民研会《天南》杂志的领导，人类学系的梁钊韬教授、容观夐教授等专家担任民俗学社的顾问。这一社团虽归属于中文系，但面向全校招纳成员，社员以中文系、人类学系学生为主，也有其他学科的学生，约有30人。现在在中国社会科学研究院民族学与人类学研究所工作的张继焦以及在云南大学任教的马京，都是当时的社员，民俗学社的活动扩大了民俗学在全校的影响力，我们的民俗事业后继有人了，这一点是让我非常欣慰的。

还有一个就是后来的中山大学民俗研究中心。2001年3月5日，我基于中山大学悠久的民俗学研究历史和蓬勃发展的前景，以及我们当时所取得的一些成绩，在校学术委员会上提出成立民俗研究中心的请求，顺利通过。民俗研究中心的成立，是对我们前期工作的最大肯定，更激励着我们继续前行，它为中山大学民俗学发展提供了更高一级的平台。前面也谈到，民俗研究中心成立后，我们开始发行《民俗学刊》，扩大了中山大学民俗学在学界的影响力，这是中国民俗学发展史上绚烂的一笔，同时也意味着我们走上了中山大学民俗学研究的复兴之路。

2002年，我带领学生一起重新出版了《中山大学民俗学丛书》。这套丛书原版出版于20世纪20年代，是“国立中山大学”时期民俗事业发展的结晶。1927年11月8日，《国立中山大学语言历史学研究所周刊》第一次刊出了有关“民俗学会刊行丛书”的消息，随后在中山大学的一批学者——顾颉刚、容肇祖、钟敬文、杨成志等就着手编纂中国民俗学史上第一套民俗学丛书——《中山大学民俗学丛书》。丛书的第一本是1928年3月出版的由杨成志、钟敬文合译的《印欧民间故事型式表》，到1930年5月出版最后一本《祝英台故事集》，三年间共出版了37种39本图书，计220多万字。这一工作直至1930年结束，其中包括被誉为“中国民俗学开山之作”的顾颉刚的《孟姜女故事研究》《妙峰山》，以及钱南扬的《谜史》、娄子匡的《绍兴歌谣》，还有《苏粤的婚丧》《台湾情歌集》等，这些都是当时重要的民俗学学术研究成果，也是中国民俗学的珍贵史料。但一直到21世纪初，这套书却是四散飘零，有的甚至流失海外。作为中山大学的民俗学者，应当承担起重新搜罗整理的责任，使先辈的心血不至付诸东流，同时也希望能为今后对民俗学感兴趣的后人们开启一扇窗，帮助他们走进往昔充满生机的民俗世界，体悟先辈的民俗研究理论与方法，进而承续我们中山大学民俗研究的传统和精神。

2001年12月22日，在“现代社会与民俗文化传统”国际研讨会闭幕式上，我代表中山大学民俗研究中心向学界同人宣布了我们即将进行的一项重大工程——重新搜集、整理、出版《中山大学民俗学丛书》。2002年初开始，我们借助一切可能有用的渠道，搜寻海内外多家图书馆。其中令我印象比较深刻的是，有一本儿歌集，大陆怎么也找不到了，后来是我的一位已经毕业的硕士彭伟文，她在日本读书期间发现了这本书，但是，按照图书馆复制规定，馆藏的珍本是不能整本复印的，只能复制一半，后来的另一半，是一位中国台湾学者看到我们在网上发布的消息后，从台湾给我们复印过来的，所以这本书真是多方合力而得。整套丛书的搜集整理工作历时一年有余，终于在2003年初将全部书稿集纳齐备，我的所有研究生利用休息时间，一个字一个字自己录入，然后交换校对，最终整理出来，后来由黑龙江人民出版社以《中山大学典藏民俗学丛书》的名义重新出版。这套丛书分上中下三册，大32开，内附有原书插图及有关说明。民俗学丛书的出版凝聚了中山大学三代民俗学人的心血，实现了凿井人的心愿，也为我们开启了一条承续之道。我和我的学生们后来也继承着中山大学民俗学会关注民众的传统，秉持“一为学术，二为文艺，三为民生”的理念，出版了《俗眼向洋》《岭南圣母的文化与信仰》《岭南民俗事典》等系列著作，为该套丛书注入新鲜血液，也希望这套丛书能够一直承续，绵绵无绝期。

对“区域民俗学”的提倡与践行

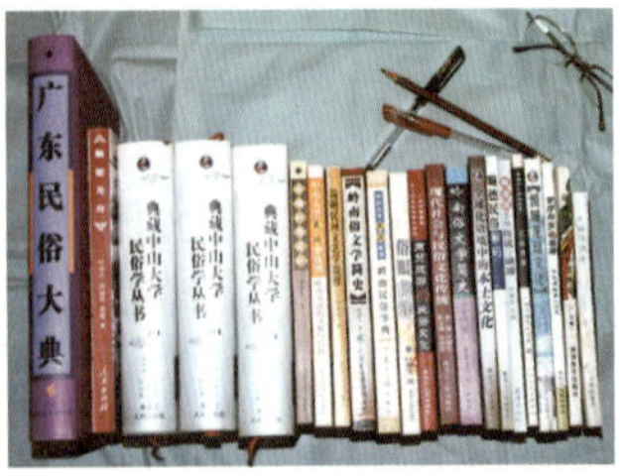

叶春生部分作品

我对“区域民俗学”的提出和践行都是以“岭南”为切入点进而扩展到全国的。俗话说：“百里不同风，千里不同俗。”这里“百里”与“千里”的空间距离，就是区域的概念。中国幅员辽阔，社会整体发展不平衡，各地区间在政治、经济、文化上都有差异，这些差异必然会对民众的思想、行为、生活习惯产生一定的影响。而民众的生活理念、他们奉为人生哲学的固有模式，也会对政治经济政策的制定、主流文化的导向有所左右。我提倡“区域民俗学”，就是旨在研究特定区域内由于人文地理的原因而形成的具有共同特点的民俗事象的成因、特征、功用、关系等。我编写了《区域民俗学》一书，这是当时全国唯一一本介绍区域民俗学的著作。

已故的著名民俗学者王文宝先生最早将我们这一民俗学群体命名为“岭南民俗学派”。“岭南”是我著作中的一大关键词。1986年我出版了《岭南风俗录》，其中收录了岭南特有的风俗130多则，并解释了这些风俗的来源、含义及其特性；2000年出版了《岭南民间文化》，从口承文艺、有形民俗、心意现象三方面讨论了岭南民间文化的特征及演变；2001年出版的《岭南民俗事典》收录岭南民俗词目975条。我也带着我的学生四处走访，对广州部分区域的民俗进行了搜集整理，如《广府民俗》《珠海民俗》《顺德民俗》，直至今日，由我个人写就或和他人合作的岭南民俗相关论著约有32种。

在我看来，“岭南民俗学派”最大的特征就是重视田野，以田野调查为基础展开研究。田野调查是第一性的，是民间文学知识的来源。对于我们民俗学者而言，“田野”就是我们的家。只有走进田野，我们才能汲取养分，才能得到“活”的材料，民俗学的本义就是“来自民间的学问”。民间文学不是死的，不是书本上的教条理论，作为民俗学者，在开展田野调查时，一定要自己亲力亲为，深入其中亲自体验，这样才能体会到其中真正的意义。我在北京师范大学跟随钟敬文先生读书的时候，老师就特别强调田野调查，并一直将其作为学术信条教诲我们。他早期在潮汕平原搜集整理《疍歌》《客家情歌》等时行走在田野上的足迹为我提供了效仿的榜样。同时，我们到民间去考察、搜集素材，还要严格恪守现实观察原则，遵守精确记述的科学原则，忠实于原形，在整理时也一定要慎重。还有就是“参与调查”，这要求调查者深入到被调查的社群中去，与他们共同生活，从生活方式的参与，进而到文化心理、民族意识的参与，这样得到的材料才真实可靠，研究才有坚实的基础。

后来我在搜集整理《广州的故事和传说》，撰写《岭南民俗事典》《岭南民间文化》时，都以此为原则。我自1964年起从事民俗研究60多年，跑遍了岭南的山山水水，接触到各种各样的人物。我尤其关注一些“特型”人物，比如寺庙住持、老中医、老渔民、风水先生等，他们自幼生长于岭南，是岭南风俗文化最权威的解码人。我从他们身上学到的东西，远比搜集到一些精彩故事和民俗事象还有价值，那是书斋里永远学不到的真正的民俗学。总的来说，我们搞民俗学的人，就得扎根在民间，田野就是我们的知识源泉。研究民俗学离不开田野作业，它能帮助我们取得第一手资料。深入异地他乡做田野调查诚然是辛苦的，但是只要我们能在其中有一点收获，能流传于后人，那也是值得的。

民俗学也是经世致用的。首先，民俗作为民族文化的一部分，是与民众生活联系最紧密的，它是民众生活中经过千百年陶冶沉淀下来的，最能体现一个民族、一个地区的民众精神和心理特点的一部分，表现了民间的智慧、知识和经验，它具有能够表达一个地区独特精神文化的特质。因此民俗文化研究须得关注民众，去反映民众的心理、愿望、呼声，帮助他们提高文化，发展生产，改善生活，才能实现其意义。

再者，就民俗学本身而言，它不只是一种学术、一种文化，还是一种技能，在现代经济社会的发展中可以转化为生产力，可以在旅游经济的开发中创造巨大的经济价值。以民俗文化为核心打造标志性文化观光符号早已成为旅游开发的主要模式。以肇庆的旅游文化开发为例，肇庆当地与龙有关的地方很多，新兴的龙山、龙母庙、鼎湖山等，我早在20世纪80年代就提议可以将这些资源整合进一条旅游线路中。这条旅游线路后来搞得很成功，在2004年，当时龙母庙的收入就已占县财政收入的60%。就岭南而言，作为对外开放的先行区，优越的地理位置推动商品经济的发展，对社会文化生活和心理产生了深远的影响，促成了岭南人偏重商业、追求经济发展的倾向。同时，外来文化、新鲜事物的不断涌入、交流，使得岭南文化形成了开放兼容的特点。我们努力推动民俗文化与现代社会发展相结合，促成其由传统到现代、由民间资源向商旅产品的转化，就是要将民俗学的理论拓展与现代化实践相交融，强化民俗学的入世意识，扩大学科的社会影响。

最后，从民俗文化本身的发展来说，我们在推动民俗文化与时俱进的同时，也是民俗文化再发展再创新的过程，当然必须得保持其自身的本土文化特质，这个过程我将它称为“活保”。在市场经济背景下，民俗与旅游文化开发相结合，如果开发者对传统民俗文化意义理解准确，能够对其加以有效利用，那么一方面，在经济的发展中输入文化成分，流露出更多的人文关怀，可以提高景点的文化品位，产出民俗文化本身以外的价值，提高区域经济效益，同时通过这样的方式，可以增强民族自豪感，民众认识到我们民族有这么多宝贵的东西，就可以增强爱国爱乡的情感，增强民族的凝聚力；另一方面也延续了民俗的命脉，让它一代一代地传承，永葆生命力。我们民俗工作者的任务就在于通过研究，帮助决策机构寻找一个契合点，既展示民俗的魅力，又助旺旅游市场；既弘扬文化，又振兴经济。

“岭南民俗学派”作为中国现代民俗学的一个地域流派，是对区域民俗学理论的成功践行，其重要意义更在于启发人们进一步认识到，对中国文化的宏观解读，离不开对各地域文化进行具体而微的历史考察。多年来，我和我的学生们一直秉持“立足岭南，放眼全国”的研究视角，想要将以区域为研究主体的方法推广到更广阔的领域。

我在中山大学任职20多年，从1993年9月开始招收民间文学研究生，2006年退下讲台，期间共带了50多个博士和硕士研究生。第一届有施爱东和徐霄鹰两位学生，我为他们开设了“民间文学概论”和“经典作家论民间文学”两门课程。施爱东毕业后留校，成为我的学术助手，帮助我做过很多事，包括编辑刊物、出版图书、申报博士点，以及作为“大师兄”协助管理我后来招收的研究生，等等。徐霄鹰也留校了，但是不在中文系，在对外汉语培训中心。1999年，中山大学获准招收民间文学专业博士研究生，成为继北京师范大学之后第二所招收民间文学博士研究生的高校，我的第一届博士有三人：施爱东、徐霄鹰、蒋明智。

他们中的大多数现在仍继续奋斗在民间文学的田野上，把我们中山大学民俗研究的传统发扬光大。比如，施爱东现在在中国社会科学院文学所工作，蒋明智和朱爱东在中山大学任教，储冬爱和刘兴东在华南理工大学任教，朱雄全在中央民族大学任职，还有其他许多的学生，都在各个高校或者研究机构，为中国的民间文学、民俗学发展作贡献，他们都令我感到非常欣慰。

与广东省民间文艺家协会的合作

我和广东省民协的合作很多，因为民协的领导知道我是研究民间文学的，就邀请我去参加或者是指导一些民间文化活动。我和广东省、广州市民协领导罗学光、萧卓光关系很好，经常一起到广东各地采风。大概是2000年的时候，我们在现在的广州南沙区黄阁镇，发现了古老的麒麟舞。当时大家都很激动，组织专家团队对当地的麒麟舞进行艺术指导，并且动员他们代表广东省参加中国首届广场民间歌舞大赛。后来这支队伍在比赛中获得了“山花奖”，这是中国民间文艺最高奖。当时“麒麟舞”还未被列入《中国民族民间舞蹈集成》，中国舞蹈家协会秘书长刘春香看完表演之后大为赞赏，称它“填补了民间舞蹈的空白”。黄阁麒麟舞获奖后在广东省引起了很大的轰动，几乎所有的电视台都去报道麒麟舞。黄阁镇的居民发现自己早已习以为常的舞蹈表演竟能有如此大的影响力，对其更为重视。在当地政府和广东省民协的指导下，他们围绕麒麟舞开展了各种文化活动，比如“麒麟文化节”“麒麟舞大赛”等，邀请湛江、汕尾、中山、东莞各地的麒麟舞队前来比赛，以黄阁为中心带动了全省“麒麟文化”的发展，提高了传承群体发展“麒麟文化”的积极性。其中最突出的应是东莞樟木头镇的村民，他们看到黄阁镇“麒麟文化”兴盛后备受鼓舞，立志也要将樟木头的麒麟舞发展起来。于是，他们在2003年举办了中国首届麒麟舞大赛，共有来自香港、澳门、山西、河南、浙江、云南等8个省和地区的21支民间麒麟参赛队在樟木头镇进行大巡游。其中两支少数民族的麒麟舞队给大家留下了深刻印象，分别是青藏高原的藏民族麒麟舞《天降吉祥》和云南彝族的《特色麒麟舞》。“麒麟文化”是我参加广东省民协活动中关注的重点对象之一，我和学生合作，先后于2002年和2004年编写了《黄阁麒麟文化》以及《中国麒麟文化》两本书。

当时和广东省民协组织开展的类似活动还有很多，比如2005年在汕尾举办了首届泛珠三角民间艺术节，泛珠三角地区9个省份加香港、澳门两个特别行政区共21支队伍参加比赛。2006年我们在广州番禺举行了中国首届民间飘色艺术展演，2008年举办了第二届。广东省民协在当时来说应该是全国各地民协组织中活动办得较多而且办得不错的。

我们和中国民间文艺家协会合作开展活动也很多。中国首届麒麟舞大赛就是由中国民间文艺家协会组织、广东省民间文艺家协会和樟木头镇协助承办的。2004年，我们加入了由中国民间文艺家协会发起的“中国民间文化遗产抢救工程”，我是广东省抢救工程专家委员会主任。当时和大家一起深入村落，到很多地区进行调查，记录各地的民间故事、风俗或者民间工艺美术等内容。关于广东的民间工艺还出版了四册《广东民间工艺精品集》。

也是在这个过程当中，广东省民协率先开展了“古村落”认定工程。我们把中国民协的认定标准与广东的实际情况相结合，拟定了一个基本标准。比如花都的塱头村就是我们去考察的，他们村有很多明清时代流传下来具有岭南建筑风格的古屋，布局规整，保存都比较完善。在认定完成以后，我们请时任广东省书法家协会主席题写“广东省古村落”，做成牌匾举行挂牌仪式。当地村民都感到很光荣。挂牌当天，整个村落张灯结彩，村民们敲锣打鼓地庆祝，许多在外务工的村民更是特地回来参加这个仪式。当时在结束基本调查认定以及资料收集工作后，我们总共命名了100余座古村落，编撰出版了“广东省古村落”系列丛书，同时建立了中国民间文化遗产抢救工程资料数据库。

关于古村落认定，我印象比较深刻的另外一件事是2009年认定花都狮岭镇为“广东省盘古文化之乡”。在当地居民提出命名为“盘古文化之乡”的要求之后，罗学光主席曾经先后做过几次调查，但难以决定是否能给予命名，于是他就邀请我一同前去调研。去到当地，我了解到狮岭镇每年农历八月十二日都会在盘古王庙庆祝“盘古王诞”，当地还流传着“盘古王伏龙降狮”等一系列传说，他们还自发修建了一个盘古王公园，盘古文化在当地深入民心，具有很大影响力。我就跟罗学光说，可以把狮岭镇认定为“广东省盘古文化之乡”，没问题。

在参加民协这些活动的过程中，我和我的学生朱钢、储冬爱等也经常能够借机深入各地进行调研，这对我们帮助很大。民间文化是我们取之不尽的学术源泉，与民协的合作是一种互利互惠的、双赢的学术合作。

（撰文：杨逸）

走千山万水　做“活的学问”

叶春生教授是我的博士生导师。叶师在教学中很重要的一点是强调田野作业，另一个是他的岭南文化情结。后来有人将叶师及其弟子的研究称之为“岭南民俗学派”，这不无道理。像我的博士论文就是《龙母的传说与信仰研究》，徐霄鹰的博士论文是《唱歌与敬神》，施爱东的博士论文是《中大民俗学史研究》，储冬爱的博士论文是珠村的七夕民俗研究，等等，不一而足。这些岭南民俗搜集整理和研究的论文，不自觉地形成了一个流派，就是“岭南民俗学派”。如今，叶师培养的50多名博士和硕士，大多留在了广东的高校、党政和企事业单位工作，可谓薪火相传、后继有人。叶师前后出版了50多本著作，近80岁还笔耕不辍，对民间文学充满了热爱和依恋。叶师所走的道路虽然不平坦，但他以进取精神、顽强毅力和毕生精力，在民间文学、民俗学研究、学科建设和人才培养等方面，取得了巨大成绩，成为中大百年民俗学史上卓越的传薪者。

叶师在教学过程当中很重视田野作业，我们读博士的时候跟他跑了很多地方。我总觉得，叶师不只是一个研究家，他本身也是个传承者。他在岭南的堪舆文化研究方面，有很多贡献，有人说他是“岭南堪舆第一人”。不管怎么说，他是堪舆文化高手。他的堪舆文化怎么来的？他经常提到，常去寺庙拜访那些高僧、方丈、住持，他认为这些人是民间文化的代表者。他对他们说：“我给你讲一个故事，你过一招给我。”他的堪舆知识就是这么学来的，像滚雪球一样，这里学一点，那里学一点，再综合成自己的东西，所以他能成为岭南堪舆的一个大家。这与他善于在实践当中，向这些民间文化的传承人学习，是息息相关的。

20世纪90年代末，到处有人来请他，我们做学生的也跟着跑。这是难得的接近民众、了解民俗风情的方式。所以，我们现在还保持着这种传统，一有时间，就往外面跑。在跑的过程中，你可能会发现问题。民俗学是“活的学问”，你只有不断去跑，才能把握住日常生活跳动的脉搏。叶师曾写过一本岭南民俗与旅游的书，特别注重民俗和旅游的关系。后来叶师还去挖掘古村落，挖掘番禺黄阁的麒麟舞。叶师无论是在学术研究方面，还是在实践方面，尤其在把学科与应用相结合方面，做得十分突出。

叶师指出，“区域民俗学”很重要的就是民俗的地方性。比如说“春节”是中国最大的一个节日，可是各个地方的春节习俗都不一样，可以看出民俗具有很强的地方性。所以我们在做研究的时候，就要把这种地方性给揭示出来，这就是区域民俗研究的理论出发点。叶师提出来的区域民俗学和他所领导的岭南民俗学派，其实是一致的，只不过在理论上就更加提升了，引领我们在民俗学调查、课题申报、学术研究和出版方面，一定要注重民俗的地域色彩，抓住地方性民俗，不要去做大而全的东西，而是通过田野作业的形式“解剖麻雀”。现在我们也要求学生下田野，找到一个确切的村落或者社区来做深入的田野调查，然后把这些实践与理论结合起来。这种学术传统就是从叶师区域民俗学开始提倡，然后一脉相承的。

最后我想总结一下：我觉得，叶师对民间文学和民俗学的热爱，从16岁开始，始终不渝；第二个就是他的坚持，在社会工作中无论遭遇什么，他都不消沉，没有停歇过对民间文学、民俗学的研究工作。另外，他始终与这个时代保持一致。不论是学术研究，还是社会实践和与民众的联系，他都能与时俱进，这对我们的影响是深远的。他经常跟我们说：“不能只做书斋式的学问，如果你光做这些学问，不和老百姓交朋友，不和老百姓打成一片，不去关注民生，不去参与社会，这个学科可能就要落伍了。”我们正是在他的这些精神的感召下，积极参与社会，参与社会也是我们中山大学民俗学的一个良好传统。我们要积极去推动地方文化建设，把民俗文化传承弘扬、创新发展。这种使命感要求我们将学术研究与人才培养、学科发展、学术传播和社会服务紧密结合起来。我相信，叶师开创的民俗学新局面一定会薪火相继、代代相传！

——**蒋明智**（中山大学中文系中国非遗研究中心教授、博士生导师、民间文学与民俗学教研室主任、书法研究所所长）

宁根福

中国杂技从『技』到『艺』的托举人

人物简介

宁根福，男，汉族，1950年9月出生。杂技艺术家（节目编导），从事文艺工作68年。曾任中国杂技家协会副主席、广东省杂技家协会主席。代表作品有《飒爽英姿女儿红——女子大跳板》《银色畅想——女子抖轿子》《星光灿烂》《东方天鹅——芭蕾对手顶》等，主持出品中国第一部杂技剧《天鹅湖》。获第二届中国杂技“百戏奖”终身荣誉奖、蒙特卡洛国际马戏节“特殊贡献奖”，被中国文联授予首届“德艺双馨艺术家”荣誉称号。杂技剧《天鹅湖》获全军文艺汇演剧目奖及杂技创作一等奖、国家舞台艺术精品工程“十大精品剧目”奖、中宣部“五个一工程”优秀剧目奖、中国杂技金菊奖剧目金奖和最佳导演奖、英国皇家曼彻斯特戏剧奖最佳国际剧目奖，获第三届广东文艺终身成就奖。

宁根福的一生，是寄情杂技艺术的一生。他常说："我这一生只做了一件事，那就是杂技。"从5岁学艺、7岁登台，到率团三次拿下杂技界的最高荣誉"金小丑"奖杯，再到开杂技剧的先河，他遍尝学艺艰辛，突破种种藩篱，打破人们对杂技的刻板印象，让杂技一次次登上更高的艺术殿堂。

在同业人士眼中，他是出了名的"拼命三郎"，曾顶着急性胰腺炎发作的病痛带团驰骋国外赛场，躺在担架上指挥团员训练。他有着军人的钢铁意志、硬朗作风，又有着艺术家的独到眼光。在长期带团征战国外的过程中，他广泛吸收各国艺术所长，很早就树立了先进的市场运营意识。

他发掘吴正丹与魏葆华两棵杂技苗子，一出"肩上芭蕾"技惊四座。这个既美丽优雅、又惊险刺激的节目，震惊了世界杂坛。在2002年，他着手创作杂技剧《天鹅湖》，不仅巧妙地将"肩上芭蕾"这一节目融于其中，更大胆地以东方传统艺术来表现西方经典芭蕾舞剧。这个大胆的尝试收获了极好的市场反响，上演三年便取得了4700多万元的演出收入。这在当时是演出市场的巨大成功，体现了宁根福过人的市场眼光。

改变人们对"杂技无非就是杂耍"的成见，这是宁根福的杂技梦。在《天鹅湖》之后，广东杂技界又涌现了《西游记》《笑傲江湖》《化•蝶》《天鹅》等叫好又叫座的口碑佳作。广东杂技人在前辈取得的成绩上，不断再创新高。宁根福的梦想，已然照进现实。

艺术人生感悟：一生只做"杂技"这一件事

我这一生只做了一件事，那就是杂技。5岁学艺，7岁登台，从小备尝学艺的艰苦。9岁被选进铁道部杂技团，我成了一名吃"国家饭"的人。13岁那年，我有幸进入战士杂技团，穿上了心爱的军装，在这个被誉为"艺坛楷模"的文艺团体一干就是40多年。

我在舞台上一路实践，一路成长。从艺60多年来，我先后当过学员、演员、分队长、副团长、团长，直到带领一支杂技队伍驰骋在五大洲“疆场”，向世界展现中国艺术杂技的崭新面貌。

我这一生只有一个梦想，那就是把杂技变成一门艺术。杂技本身就是一门艺术，但在以前，常被别人称作“杂耍”，没什么地位。为什么？因为那时杂技的艺术含量、艺术品位不高，单纯追求技巧表演，满足于“台下有个响，台上有个亮”“上台一招手，下台鞠个躬”。再加上练杂技的都是穷苦人家的孩子，没什么文化，常受人歧视。

随着眼界的开阔，我发誓要让这门艺术重新焕发青春，推出精品，创出品牌。为了实现这个目标，我从未厌倦过、泄气过、停步过。几十年来，我当过“尖子”、当过“底座”（杂技术语，上面表演者为“尖子”，下面支撑者为“底座”），从一名小组长一直干到团长。多少拼搏多少起落，庆幸的是，我和我的团队登上过国内外所有杂技艺术竞技赛场的顶峰。

当学员时，就当个好学员，不怕吃苦，拼命练功；当演员时，就当个优秀演员。我从“尖子”到“底座”，演过多种行当，节目获奖，个人立功；任团长17年，46个节目获126个奖项，10台杂技主题晚会获奖9项，杂技剧《天鹅湖》获国内外众多大奖。

我觉得人不应该听天由命，一切都在于自己，努力了，不可能的事会变成可能。即使在追求过程中失败了，也能得到经验和教训，会变成前进道路上的“铺路石”。对于有的人，一个荣誉足可以荣耀终生，但对于我来说，每一次获奖都是一个新的起点。

《天鹅湖》剧照

命运之神眷顾了我。杂技艺术之花，一直在我的前行道路上争相怒放。天道酬勤，我从一个无知的孩子，成长为国内外重大赛事的杂技评委。回想起这一切，我感到无比幸福。从外在因素讲，这是党和军队培养教育的结果，是各级党组织关心爱护的结果。从内在因素上讲，是性格在起作用。我这人个性倔强，认准了一个目标就不回头，这么多年来，一直为了让杂技完成从“技”到“艺”的跨越而不懈奋斗，让杂技能在最神圣的艺术殿堂，与其他所有艺术表现形式比肩而立。

不过，性格过于倔强，有时却不起积极作用，“一根筋”，不懂得退一步海阔天空，就会宁折不弯，做事没有回旋余地。之所以没倒下，概因守住了一条法则：“上不愧党，下不愧兵。”如果说，普通人要讲公德，共产党人要讲党性，艺术家要讲良心，那么作为这三种人的综合体，我认为我的行为处世还算正派。

愿得此技长报国。这一生，于杂技事业，我无怨无悔，无愧于心。

“打”出的坚韧性格

我曾看过一篇文章，大意是说：逼迫成习惯，习惯成自然，自然成性格，性格决定命运。

这个逻辑仿佛就是从我身上总结出来的。小时候，因为家里穷，我五岁便跟着父亲练杂技，全靠“撂地摊”卖艺赚钱维持生计。父亲很严厉，对我和我的兄长要求异常严格。练功的时候，我们谁也不敢偷懒。

有一次，正值数九隆冬，外面漫天飞雪，父亲催我们起床练功。还只有5岁的我，无论怎么喊，躲在被窝里就是不出来。父亲把我从被窝里一把抓起来，好一顿打。

我就是这么被“打”出来的。被逼得多了，也就习以为常了。习惯就是这样逐步养成的。正是有了这样的习惯，冬练三九，夏练三伏，除了生病起不了床，练功从来没间断过。

长期的刻苦训练，不仅让我有了一技之长，而且锻造了我不怕打、不怕压、不怕任何艰难困苦的性格。这种性格，对于我数十年的成长，是一种积极因素。

师恩如山，君子乾乾

9岁那年，我和大哥根生被招到中国铁道部杂技团当学员，从山东来到了北京。没想到，待了不到一年，团里要精简人员，哥俩只能留下一个。哥哥从艺时间长，技艺较为娴熟，团里想把哥哥留下。

眼看10岁的我就要下岗，不满30岁的老师李秀英于心不忍。她找到团领导，说根福这孩子是练杂技的一块好材料，无论如何得把他留下来。团领导不表态。之后几天，性格倔强、从不求人的她腿跑细、嘴磨薄，仍无济于事。尽管领导也知道我是个穷孩子，一旦离开杂技团，回去连生活都难以保障，但就是不松口。伤心的李老师搂住我哭了，她恳求领导："把我的名额让给根福行不行？反正我也教不了几年了。"

就这样，李老师含泪告别了舞台，告别了心爱的杂技事业，在那个特殊的年代里，她再也没能找到一个合适的职业，从此成了家庭妇女。少不更事的我，目送恩人离团的那一刻，跪对苍天，立下誓言："这辈子练不好杂技，誓不为人！"

20多年之后，1983年的春天，当时已是战士杂技团副团长的我与妻子肖春临专程来到北京，探望恩人李老师。老师的家几经搬迁，无从查找。我四处寻找，多方打探，终于找到了她的下落。见到朝思暮想的恩人，我激动不已，师徒相拥而泣。

人生漫漫，路有千条，可紧要之处往往只有一步。这一步抓住了，也许一生顺遂；这一步要是抓不住，很可能步履维艰，命运多舛。当年倘若不是李老师舍己为人，我这一生又当如何？

从"尖子"到"底座"

就这样，我继续留在北京，更加发奋地训练。

1963年，我13岁，又迎来了命运的一个转折点。北京开庙会，我在公园表演《木砖顶》，一天至少要登台七八次。台下几个穿军装的观众注意到了我。他们来自广州，领头的是战士杂技团时任团长于波，紧随其后的就是家喻户晓的相声大家唐杰忠，他当时是战士杂技团的业务助理。

他们向我们哥俩递出了战士杂技团的橄榄枝。看见盖着彤红大印的通知书，我如获至宝，喜不自胜。

来到广州，我穿上了一身心爱的军装。穷苦孩子感受到了党的阳光雨露。吃饭有肉，晚上睡觉有温暖的被窝。我练起功来更加刻苦，为练好一个动作，常常半夜偷偷爬起来。“摇肚杆”“双杠飞杆”“肚杆挂脖旋转”“双杠脖支单杆”……这一串杂技高难动作，就是在没日没夜的训练中磨砺而来的。

杂技界有句俗语：“根基不牢，地动山摇。”作个简单的解释，两个演员对手顶，在上面的那个就叫“尖子”，在下面的就是“底座”。我们平常看杂技表演，一般都注重“尖子”的表演，原因是“尖子”旋空作业，看上去惊险，脚踏实地的“底座”常被忽视。然而一个杂技节目的成与败，关键还在“底座”。

我当过“尖子”，后来专攻“底座”。为了筑牢根基，我跑步、跳绳、压沙包，日复一日地苦练，才练就不动如山的“底座”功力，可以负重200多公斤，动作依然干净利索。几年后，我开始登台演出，参演了《顶碗》《木砖顶》《车技》《钻地圈》《抖轿子》《对手顶》《大跳板》等许多节目。

20世纪70年代初，香港纪录片《杂技英豪》风靡全国。我在影片中和搭档蔡荣华表演《举杠》。“单手举杆”当时是国内杂技界的一项创举，给许多观众留下了深刻印象。演出的照片还被挂在北京中国杂技家协会艺术走廊上。后来，我又练出一人扛三人的“双扛脖支单杆”，再度成为全国首创。

从“技”到“艺”，刻不容缓

1983年，承蒙组织信任，我成为战士杂技团副团长，1990

宁根福的绝技之一——“单手举杆”

年升任团长，成为战杂第一个杂技演员出身的团长。1991年，中央军委授予战士杂技团“艺坛楷模”荣誉称号，作为全团的坚实“底座”，我深感肩上责任重大。

传统杂技积淀深厚，技术过硬，但在艺术业界还缺乏认同。有一次颁奖会上，一位芭蕾舞节目铜奖获得者，不愿与杂技金奖获得者同台领奖，这件事情深深地刺痛了我。

我意识到，提升杂技的艺术美感、文化内涵、社会认同，已是一项迫在眉睫的任务。纵观世界杂坛，从杂技艺术，到艺术杂技，融“技”于“艺”，才是未来的发展方向。

我花了很多心思向姊妹艺术门类学习，吸收各种营养，取人之长，为我所用。在国外比赛时，我观察其他国家的节目，是如何在舞台上注入新的艺术手法；在日本访问演出期间，我专门到著名的宝冢歌剧团观摩，看人家是如何将古老的歌伎艺术向富丽堂皇的现代艺术演进；到德国，看西方现代歌剧如何以恢宏壮丽建构超时代观念。

如今，杂技艺术已日趋成熟，要想上档次，要在世界文化艺术殿堂占有一席之地，要让别人承认它是高雅艺术，就必须创新。如果突破不了传统束缚，老是跟在别人屁股后面跑，最终只能“死路一条”。在这方面，我给团里定下的标准是：你有我新，你新我奇，你奇我特，你特我绝。无新不出台，无精不参赛。

十年拿下三樽“金小丑”

在我担任团长之前，战士杂技团已经斩获国内外许多大奖，唯独缺了蒙特卡洛国际马戏节“金小丑”奖。这个奖是国际杂技比赛的最高奖，被称作“马戏界的奥斯卡奖”。我决心用三年到五年的时间拿下“金小丑”奖，除却这块心头之痛。

我找来历届获奖节目的录像资料，认真琢磨。在诸多的获奖节目中，我发现俄罗斯的节目更注重内涵，朝鲜的节目更注重惊险，加拿大太阳马戏团的节目则更强调场面的壮观。这些节目一个共同的特点，就是在关注美感的同时都非常强调创新。

杂技要发展，必须创新。创新不是仅仅停留在提高技巧难度，或在形式上做些小文章，而应该在表现时代审美上下功夫。

一个节目，不仅要有技巧性，而且要融艺术性、观赏性、趣味性于一体，重视剧场效果和社会价值取向。从过去简单化、雷同化的编排手法，向赋予主题和情节的整体节目的方向发展。通过节目的艺术构思吸引观众的目光，摆脱传统的束缚，达到具有现代审美意识的质的飞跃。

三樽“金小丑”奖杯

传统节目《顶碗》，过去一直是在地上顶。20世纪50年代，这一剧目被艺术家们搬到了板凳上，后来发展为双人对顶。战士杂技团决定对节目进行新的尝试。

新编排的《双顶碗》，从技巧、表演形式及创意都取得了重大突破。1993年，在第17届蒙特卡洛国际马戏节上，《双顶碗》一举夺魁，首次问鼎“金小丑”，圆了几代战士杂技团人的梦。

第一樽“金小丑”奖得手5年之后，1998年，由13名英姿飒爽的姑娘表演的《飒爽英姿女儿红——女子大跳板》再夺“金小丑”。再时隔3年，2002年1月，由魏葆华、吴正丹用青春和活力演绎的《东方天鹅——芭蕾对手顶》热情拥抱“金小丑”。

10年间，我和战士杂技团苦苦征战，连中三元。三樽“金小丑”记录着战友们艰辛求索的轨迹，记载着战士杂技团一段辉煌的历史。

女子大跳板，闯出新路子

要创出一条新路，是需要勇气，需要冒险的。所谓“无限风光在险峰”，要想成就一番事业，就要敢于负责、敢于承担后果。

拿到第一座“金小丑”后，针对团里的松懈情绪，我告诫大家：“荣誉是保不住的，我们没有退路，只能不断地超越自我，只能不停地去拿第一。”

我们1998年拿第二次“金小丑”的节目《飒爽英姿女儿红——女子大跳板》，实际上从1989年就开始投入训练了，用了9年时间反复磨合、锤炼。

大跳板是个刚性十足的节目，从来都是由男性主演，我想让姑娘们也试一试。本来想寻求一种突破，可许多人私下议论说，宁根福为了荣誉，不惜以演员的生命作代价。说就让他们说吧，我相信自己的设想不但理论上行得通，操作上也具有科学性。

当天性秀美的女子以力量为依托表现情感时，所展示的不仅仅是步入男子所垄断的艺术领域这一表层意义，更重要的是，这种集秀美和阳刚为一体的力量之美，是其他形式难以企及的。

有了理论的指导，我在抓这个节目的编排上，把动态的舞蹈和静态的造型、恢宏的音乐与高难度的技巧有机地融合在一起，使之律动中有技巧，技巧中有造型。

那一段时间，我顶住压力，加班加点排练《飒爽英姿女儿红——女子大跳板》，准备参加法国明日世界杂技节。可能是好事多磨，刚到巴黎，我的胰腺炎就犯了，在一次指导训练时，当场昏倒，全团的人都吓坏了。把我抢救过来后，他们准备放弃比赛。我说什么也不同意，我说只要我还活着，我们就要参加比赛。我就让人把我放在一块木板上，硬是躺在那指导演员们排练了3天。没想到我们这个节目在这个大赛上获得了金奖。

《飒爽英姿女儿红——女子大跳板》节目照

东方女性英姿“征服”摩纳哥

受国家文化部派遣，我率《飒爽英姿女儿红——女子大跳板》节目组，参加摩纳哥第22届蒙特卡洛国际马戏节。摩纳哥世界杂技大赛，是国际杂技界公认的世界第一大赛场，有“杂技奥运会”之称。无论参赛节目的水平，还是演出设施条件都是世界一流的。

为迎接摩纳哥的大赛，我们又专门用了7个月时间进行封闭式训练，一招一式都不放过，力求十全十美。大赛之前，为了保证适应场地、环境、气候、时差等各种因素，就预先安排《飒爽英姿女儿红——女子大跳板》节目组提前两个月前往德国斯图加特市举办的圣诞马戏节，实战演出了43场。而后又提前20天抵达摩纳哥的演出场地，进行适应性训练。

经过9年的训练，我们将以往男演员表演的“后空翻五周”“立柱五节人”“单拐直体旋两周”“360度上双跷三节人”“两周坐单臂高椅”等一系列新、难、美的高难度技巧揉进了这个节目当中，全部由女演员来完成。

为了能确保完成这样高难度技巧动作，参加节目演出的14位姑娘以及她们的教练，夏练三伏，冬抗严寒，坚强地忍受和战胜了扭伤、摔伤带来的痛苦。

在这个节目中，姑娘们熟练地运用着高难度的杂技演出技巧，在跳板上翻飞起舞，一会儿似斑斓彩蝶轻歌曼舞，一会儿像矫健雄鹰振翼高飞，将端庄秀美、矫健内敛的东方女性英姿风采，演绎得淋漓尽致，令人信服，创造出了浓郁的东方艺术的特有魅力，众多媒体一时间交口称赞。

当姑娘们在赛场上优美流畅地完成一系列高难技巧动作时，评委与观众受到极大的视觉冲击。比利时评委竟然不顾技术分只有10分的限制，给我们的姑娘们打出了12分。

8个评委中，包括摩纳哥亲王兰尼埃三世在内的6个评委，给我们打出了20分的满分。当摩纳哥亲王兰尼埃三世宣布我们的《飒爽英姿女儿红——女子大跳板》获得了第22届蒙特卡洛国际马戏节最高奖——“金小丑”奖的话音刚落，我们节目组所有的人都止不住流出了热泪。

“肩上芭蕾”横空问世，震惊世界杂坛

早在《飒爽英姿女儿红——女子大跳板》走红的时候，我就有了一种

危机感：再好的节目也不可能一直演下去。《飒爽英姿女儿红——女子大跳板》已经演了好几年了，如果再没有一两个独具创意的节目出台，接下来日子怎么过呢？

这个节目拿了“金小丑”后，老演员退役的退役，上学的上学，演员队伍一时间呈现出青黄不接的态势。我横下一条心，拧紧一根筋，要解决人才队伍这个难题。

杂技，说到底不就是人体艺术吗？离开人谈杂技，那是缘木求鱼。新艺出新人，新人推新艺。人才是杂技之本，任何时候都不能本末倒置。

恰在此时，魏葆华、吴正丹这对辽宁体操队的运动员从电视上走进了我的视线。

1997年，他们在南京全国技巧锦标赛上获冠军，同年9月，他们代表国家队前往英国比赛获铜牌，二人的体操生涯画上了句号。吴正丹正式选择了退役，魏葆华另寻职业，正待工作安排。

得知二人情况，我一天一个电话。魏葆华没有问题，关键是小吴。刚停训不到两月，吴正丹的体重一下子增加了20斤。姑娘铁了心不再练功，并且已联系好上体育学院进修的事。一次又一次接到我打的电话，16岁的小姑娘有些不耐烦了，对着电话哀求我：“宁老师，请不要再给我打电话了，说破天我也不会去。”

“肩上芭蕾”在摩纳哥获得“金小丑”奖

我说，孩子，大伙都很想念你们，如果有时间，你们可以考虑来广州玩玩，来往机票和食宿费由我给你们出，难道你们就不想见见老朋友吗？

精诚所至，金石为开。1998年2月28日，魏吴二人双双来到战士杂技团。吴正丹很快将自己的体重减掉20斤，魏葆华也把状态调整到最佳。他们经过“包装”之后，不久便随团到德国商演。

演出期间，小吴突发奇想，想把芭蕾舞的动作结合到自己的节目中来。听说要把芭蕾舞的动作嫁接过来演对手顶，有人持反对意见，说：“土不土、洋不洋，四不像。”我不然，我说：“行不行，试试看。”

得到我的首肯，吴正丹便让家人从国内寄了一双芭蕾舞鞋，利用演出间隙开始练芭蕾动作。回国后，我专门请来广州芭蕾舞团的老师辅导吴正丹。有一天，我们爱动脑筋的高副团长说："光在地上走几步芭蕾舞步，意义不大，要上身、上肩可能会好看。"

一语道破天机，这个节目之所以有后来的成功，除了团里上下的大力支持，还有高副团长的这句话给了我启发。吴正丹、魏葆华为了摸索"身上哪儿可以站人"，几乎把背上、肩膀上、腿上、手上都试了个遍。最终，决定在肩上起舞。为此，他们两个人没少受伤。

2002年1月17日，《东方天鹅——芭蕾对手顶》参加摩纳哥"金小丑"奖的角逐，被安排在四场演出的首场上演。魏葆华、吴正丹在高雅优美的音乐伴奏声中，完美展现了舒展流畅的杂技芭蕾和细腻精湛的高难技巧。他俩所运用的"肩上足尖转体360度"的全套组合，技巧、技艺浑然一体。优雅准确的肢体语言，将杂技与芭蕾对接得十分到位。

《东方天鹅——芭蕾对手顶》这一节目，以崭新的高难技巧，纯美典雅的表演形式和独特的艺术风格，演示了演员的深厚功力，尤其是杂技与芭蕾对接的表演形式的完善性、观赏性超出人们的想象，从而引发摩纳哥赛场的巨大轰动。

作为评委，我能十分清楚地观察到紧挨着的包厢里，摩纳哥亲王兰尼埃三世、公主斯蒂芬妮和王储阿尔贝当时的兴奋之情。他们眼神交汇，激动地聚在一起交谈，然后不约而同地起立为《东方天鹅——芭蕾对手顶》的完美表演鼓掌。

全场观众纷纷站起来了，现场响起长时间的掌声、欢呼。这一刻开了蒙特卡洛国际马戏节举办26届以来，在首场比赛的上半场还未结束时，全场观众全体起立欢呼的先河。

面对当时场内雷鸣般的掌声、口哨声、跺脚声，面对眼前形成的排山倒海般的欢呼巨浪，我想，世界上每一位献身杂技事业的人士都会感到十分振奋。因为，世界马戏杂技艺术大家庭中，增添了一个全新的杂技艺术品种。

同时作为一名中华儿女，我感到无比激动和自豪，因为博大精深的中华文化艺术孕育出的东方高品位杂技艺术，征服了世界杂技的最高殿堂——摩纳哥。此刻，我心中对战杂第三樽"金小丑"的到来，已不存怀疑。

力排众议，编排杂技剧《天鹅湖》

“肩上芭蕾”被誉为“优雅的杂技、惊险的芭蕾”。这个节目如此大受欢迎，让我兴奋不已。然而，这种兴奋很快就退去了，剩下的是更为深刻的思考。

在带队伍出国演出与参赛，把我们的杂技节目推向世界文化发展前沿的同时，我也一次又一次面对现代文化对传统文化、国际文化对本土文化的挑战。杂技本体有天生的局限性，比如从前翻两三个跟头，如今可以翻一二十个，虽然是进步，但这只是追求数量上的发展，这种路会越走越窄。

尤其是20世纪80年代，在中国武汉受训的几个加拿大杂技演员，回到加拿大后组建了太阳马戏团，凭借现代艺术理念和市场运作，十年间竟然发展为世界杂技界首屈一指的品牌，其演出规模和收入居然超过了整个中国杂技演出市场的总和，这给了我极大的冲击。

《东方天鹅——芭蕾对手顶》在摩纳哥获得“金小丑”奖后，从摩纳哥去柏林的路上，我突发奇想，如果能把这个节目改编成一台大型的杂技剧，能否获得艺术和市场的双重肯定？

我向随团出访的北京军区导演赵明、军区文化处处长苏玉光，及当时受聘于德国皇家芭蕾舞团的刘军等人谈起创作杂技剧《天鹅湖》的设想，没想到竟然引起了大家的共鸣。一路上，几个志同道合的人你一言我一语地议论着，杂技剧《天鹅湖》的最初创意就诞生了。

杂技剧《天鹅湖》剧照

柴可夫斯基的芭蕾舞剧《天鹅湖》诞生以来，已有100多个不同版本的改编，但还从没有人想过用杂技的形式来表现。当时有很多不支持和不理解的声音，有人担心毁了杂技，有人担心“四不像”，有人直言“痴人说梦”，就连我的好友、著名作曲家张千一都托人带信，劝我改排《梁祝》好了，他可以帮助重新配乐。但我坚持认为，杂技是没有语言的艺术，要想和世界艺术接轨，《天鹅湖》可能要比《梁祝》更能吸引世界观众的目光。

前期的困难是难以想象的，人力、财力、技术等问题有时把人折磨得发疯。编排陷入困境时，我恰好参加了一次全国政协会议。就自己当前的处境跟一些演艺界名人交谈时，没想到鼓励我的占多数。他们有人非常肯定地对我说，排杂技剧《天鹅湖》是个好主意，不过要注意去掉剧中多余的东西，尽量把它编排得场场都精彩。

专家的支持，让我更有底气。我力排众议，将杂技剧《天鹅湖》的编排一直进行到底。

正因为有了这段经历，我对“创新就意味着从无到有，一切革新都会招致孤立，它需要有一种能抛弃人所共知的事情的决心和勇气”这段话的理解更深了。

可以说每个节目的成功，都是一个创新的过程，每个节目的背后，都有一个曲折坎坷的故事。但是，如果遇到困难就退缩，不敢闯，不敢冒，那么注定一事无成。

传承中创新，让杂技与芭蕾完美融合

既然用杂技来表现世界经典剧目《天鹅湖》，那就必须坚持一个原则：按照剧情发展，对杂技节目进行大胆取舍和拼接，既呈现争奇斗艳的杂技节目，不丢失杂技的本体，又不损害《天鹅湖》作为经典剧目的高雅和唯美；既完成杂技技巧，同时又合理地体现剧情主干。

既然是“剧”，首先就要选择“剧”的创意。我们为《天鹅湖》赋予了一个全新的故事：一位美丽的少女在森林采撷鲜花，却被黑鹰变成天鹅；欧罗巴大地的一位王子在梦中看见了少女的不幸，便远涉重洋寻找少女，在战胜了艰难险阻之后，终于如愿。在他经过的西方和东方的土地上，各种惊绝高超的杂技紧紧围绕着剧情展开。

我们一方面以杂技为体，以芭蕾为用，将原有的金牌节目《东方天鹅——芭蕾对手顶》作为核心延展贯穿全剧。因为这一金牌节目，曾经多次在国内外杂技比赛中获得金奖，已经在国际杂技界和国内外观众中有很高的评价和较强的影响力。这样的节目融于剧中，可以起到定海神针般镇住全篇的作用。

另一方面，我们也在原来深感难以下手的一些重要剧情片段着力，一个个地解决难题。比如，对芭蕾舞原剧第二幕中时间、空间都占有相当分量的“群鹅之舞”，由于杂技演员都没有练过芭蕾，我们想到用滑冰来代替，定制了长长的舞裙遮盖住演员脚下的溜冰鞋。这样的编排较好地保持了原剧“群鹅之舞”明快飘逸的风格，让“杂技芭蕾群鹅舞”的舞台形象站稳了脚跟。

在处理原芭蕾舞剧经典的“四小天鹅舞”时，导演组独出心裁，大胆地选用四只倒立起舞的青蛙，替代了四小天鹅的形象。表演当中，将杂技顶功技术的难度加大，令其由静态演化为动态。实际演出当中，这一段全新的杂技技术以幽默灵动的表演得到了国外观众的认可，每次演出都获得热烈的掌声和喝彩。

我们将原剧第三幕中“宫廷选妃”的情节，改编为“鹰穴寻爱”，让魔术表演在这一情节当中大显身手，既贴切又神奇。同时还让蹦床、小车技、球技、双人独轮车技、艺术软功等众多杂技技巧表演在这一情节中恰如其分地展示。

因为在我看来，杂技要包括滑稽、魔术在内才够完整。虽然有反对的声音认为芭蕾若增加了滑稽和魔术，就降低了其高雅的品位，但经过实践，我认为将魔术的魅力与滑稽的巧思融入《天鹅湖》的剧情，是成功的。

导演赵明曾对我感慨：“这真是一次非常艰难的排练。柴可夫斯基的音乐是全剧最重要的部分，你无法改变它，只能在它的框架下达成自己的目的。可是，要让所有的元素都在音乐中得到统一，就必须首先让杂技演员听懂音乐，这无疑是件非常困难的事情。”

编创过程对杂技团原有的许多金牌节目都进行了脱胎换骨的改造，让这些节目在杂技剧《天鹅湖》中获得新的灵魂。赵明出构思，杂技团的几位编导再把这些构思设计成精妙的杂技和魔术绝活，使其与柴可夫斯基的音乐和谐互动，浪漫、惊险和高雅相得益彰。

吴正丹和魏葆华的招牌节目“肩上芭蕾”，当然是杂技剧《天鹅湖》的主基调。“肩上芭蕾”作为一个小节目，仅仅需要6分30秒，但排《天鹅湖》全剧，要坚持2小时零7分钟。对于他们，这已经不再是技巧的问题，而是巨大的体能消耗。这两个优秀演员以惊人的毅力和精湛的技艺，最终折服了所有观众，震惊了世界杂坛。

市场反响空前，国际巡演火热

有了正确的理论指导，经过近半年紧张的编排，2005年12月23日，这台几乎倾注了我全部心血的杂技剧，在上海大剧院公演。首演在上海歌舞剧院，在张国勇院长指挥该院70多人的交响乐队现场伴奏下进行。交响乐为杂技演出现场伴奏，这样的形式在国内也是首创。

演出大获成功。有位老艺术家看后，非常动情地对我说："没想到，历经三千年锤炼的中国传统杂技，破茧为蝶一样脱胎换骨，第一次真正承担起抒情叙事、表达故事情节的功能。这部剧使得充满中华民族勇敢、智慧和丰富想象力，体现东方古老而又神奇魅力的杂技艺术获得了新的生命力。"《人民日报》也发表评论，称《天鹅湖》引发了一场杂技革命。

国内演出得到市场的正向反馈后，我又带着人马长驱直入俄罗斯。2006年3月，《天鹅湖》在莫斯科克里姆林宫大剧院上演，5500个座位不够坐，又加了500个座位。演出引起了巨大反响。

有人说，在得到圣彼得堡观众的认可之前，这部剧仍然不能算成功。芭蕾舞剧《天鹅湖》的故乡就在圣彼得堡。如果我们能在圣彼得堡演出成功，就可以拿到通向世界巡演的通行证。

国际巡演第二站就定在圣彼得堡。连续多场演出，4000个座位的圣彼得堡十月革命大剧院场场爆满。杂技剧《天鹅湖》征服了圣彼得堡。

之后，这部剧在日本、德国、乌克兰、白俄罗斯、英国、瑞士等国轮番上演，都取得了圆满成功。欣赏到这一精美剧目的观众，没有不夸赞的。

艺术创作与市场运作"双线"并重

一个艺术作品，往往需要站得远一些，经过时间的沉淀，才能更好地总结其得失成败。作为主持并参与杂技剧《天鹅湖》的出品人、策划人和编导，我认为该剧在艺术创作、市场运作等方面取得的突破，在当今仍然是有借鉴意义的。

如今是个“酒香也怕巷子深”的时代。从《天鹅湖》起步阶段，我们就一致认定，要选择能将这部剧送进国际高端艺术市场的强有力的合作伙伴。这个伙伴应该熟悉国际艺术市场信息，拥有广告媒体策划宣传的专门人才，具有丰富的艺术市场经营营销经验，同时还要有打造大剧作的魄力和实力。

我们邀请了实力雄厚、声誉良好、经验丰富的文化企业集团——上海城市舞蹈公司加盟，按照市场运作模式，采用制作人、出品人商业合作的方式合作。前期该公司的身份主要是投资者，后期身份主要是经纪人，负责杂技剧《天鹅湖》国内外媒体广告宣传及市场运作。

上海城市舞蹈公司果然以其市场运作实力，将《天鹅湖》推向了国际高端艺术市场。至2008年底，该剧已经在国内外演出200多场，观众达40万人次，演出收入4700多万元。

在国内上海大剧院演出20场后，主办方应各界要求又加演

《天鹅湖》剧照

一场，共21场。这个数字改写了当时国内各类院团和剧目在上海大剧院演出的纪录。在此之前，这个纪录最多不超过10场。

在票价方面，在上海大剧院的最高票价是680元，在北京保利剧院的最高票价是1280元。在俄罗斯的最高票价是8000卢布（约合人民币2500元）；在日本东京果园大剧院的演出最高票价为10 700日元（约合人民币750元），大剧院不仅加座，还卖出了站票。

不管是国内还是国外，《天鹅湖》都在当地最著名的剧场演出，而且票价都达到了当地演出市场的高位。以这几点为标志，可以说，这是中国杂技初探国际高端市场的成功实践。

此外，这部剧还有一个重要的尝试，打造杂技明星。杂技历来是以节目为单元的，《天鹅湖》首次以剧目的形式出现，于是，随之首次出现了领衔主演的演员阵容。吴正丹、魏葆华作为剧组的代表，成为杂技明星。杂技拥有新一代的明星，对于今后可能出现的明星制艺术生产和市场运作，乃至杂技的长远发展，应该是一件十分具有意义的事情。同时，领衔主演的出现，带来了A角、B角的产生，这种演员角色的细分，对于全国杂技院团实行转企改制并全面走进市场所要面临的新分配机制，也是有意义的。

开启中国杂技“剧”时代

《天鹅湖》开启了中国杂技的“剧”时代。之后，还涌现了《西游记》《笑傲江湖》等一批“技”“艺”并重、真正用杂技讲故事的优秀杂技剧目。后辈们把路越走越宽，这让我倍感欣慰。

2006年，广州杂技艺术团选择了《西游记》这一古典文学名著作为杂技剧的题材，设计了巧妙的杂技表演，来表现师徒四人西行路上的艰难险阻、关隘重重，在技巧内容、表演形式、道具制作、音乐服装设计等多方面都有全新的突破。这部剧还一举获得国家文化部第十二届“文华奖”。

十年磨一剑。2017年，转企之后的广州杂技艺术剧院又以金庸的武侠小说《笑傲江湖》为创作蓝本，取得了金庸本人的授权后制作。这部剧在表演形式上又不断突破，数十种全新开发创作的新型杂技表演项目，突破传统表演模式，呈现的是奇、险、美的中国美学体验。

杂技剧《笑傲江湖》也是广州杂技艺术剧院“走市场”的一部舞台文艺

精品。与获得“文华奖”的杂技剧《西游记》不同的是，《笑傲江湖》不仅在资金投入上更精准，演员也不再“外聘”，包括徐娟在内的主创团队都颇为年轻，与“90后”的演员们一同探索本土艺术院团“走市场”的方向和路径。

的确，人才队伍建设是打造精品的基础。爱才、惜才、用才是领导者的重要责任。这些年来，一个个精品原创节目在取得成功的同时，也见证了一代代优秀杂技人才的脱颖而出。

我在2007年卸任战士杂技团团长一职之后，一直没有离开深爱的杂技舞台。十多年来，我受邀在国内外多项杂技重大赛事中担任评委，到各地讲学，分享对杂技创新发展的见解，希望有更多的从业者来传承杂技的“火种”。

近年来，粤港澳大湾区建设正如火如荼开展，我和广东省杂技家协会一道，极力推动三届粤港澳台魔术节在广东举办，希望加深粤港澳台文化交流与合作，促进中华杂技魔术艺术的发展。

2021年，上任广州市杂技艺术剧院总经理兼艺术总监的吴正丹邀请我，担任该院要打造的当代杂技剧《化·蝶》的艺术指导。年轻人以梁祝的故事为蓝本，男女主角分别饰演梁山伯和祝英台，将“肩上芭蕾”、男女爬杆、绸吊、软功、足尖空竹、软钢丝等优势项目融入其中，我看了后觉得非常震撼。

主创团队下了很大功夫，花了很多心思，每个杂技绝活都贴合情境的发展，没有游离于故事的情境之外。如祝英台向往书院求学，书童和书生们以“毛笔手技”的绝活表现书院的青春活泼氛围；又如梁山伯出场时的“集体扇舞”，表现了书生们的交游，又刻画了梁山伯翩翩书生的形象；在讲述祝家见钱眼开，答应马家的求亲时，则用了“滑稽钻箱”，一个个代表金钱的小人，像变魔术似的一个接一个地从小箱子中钻出，逗得祝家老爷夫人眉开眼笑。“技”和“艺”贴合得十分紧密，我为他们感到骄傲！

通过对杂技的改革与创新，把传统杂技转变为具有现代文化意义、审美价值的艺术杂技，中国杂技既能在现代艺术殿堂绽放光彩，也能随着文化产业的兴起变得更加强大。这是我的杂技梦，也是杂技人的中国梦。

我相信，会有越来越多的杂技剧IP走出国门，在国际舞台大展身手，向世界展现我们中华传统文化的魅力，展现中国杂技人的创新风采！

（撰文：徐子茗）

（部分内容摘自《一杆定乾坤——宁根福的艺术杂技》）

大家印象

带领中国杂技迈向新台阶

宁根福把杂技当成生命，把创作尽善尽美的杂技艺术作为一生追求的梦想。

从小穷苦人家出身，宁根福在当演员时代就非常拼命。挥汗如雨地训练，只为了把那些绝活全部继承下来。当他活跃在舞台上、当了团长，他又萌发了更为深远的梦想：要让杂技艺术升华，让世人服气，杂技同样能有“阳春白雪”。

他认为，要使杂技摆脱传统束缚，必须向更高艺术化的方向发展，向具有现代审美意识的艺术发展，从而实现质的飞跃。

为此，当了团长的他锐气不减当年，甚至更为大胆，三樽“金小丑”收入囊中就是最好的证明，更不用说杂技剧《天鹅湖》开启了中国杂技的“剧”时代，在艺术创作和市场运作两方面都实现了崭新的突破，带领中国杂技行业迈向了新的台阶。

他具有强烈的创新观念和精品意识，善于学习和借鉴国外杂技艺术的长处。凡是介绍先进艺术晚会和节目的资料，他都要千方百计找来反复研读。军人的拼搏精神在他身上展现得淋漓尽致。

一个人干自己爱干的事，是最大的幸福。在浩瀚无涯的杂技艺术海洋上，宁根福升起风帆，追逐永远不落的太阳。

——**杨虹**（《杂技与魔术》杂志社副社长）

以勤奋和天赋，“托举”中国杂技的未来

回顾宁根福的艺术历程，取得的艺术成就数之不尽。我深知取得这一切的背后，是他对自己梦想坚持不懈的奋斗。

让杂技在继承发扬传统的基础上不断创新，成为步入高端艺术市场的“阳春白雪”，是长期盘踞在他脑海中的“大梦想”，也是他坚持不懈60余年，耕耘在杂技艺术界的原动力。

只是在他从艺的不同阶段，这个“大梦想”有各自特定的具体内涵。当他13岁进入战士杂技团时，他的“梦想”内容还停留在：下苦功，把杂技的传统技艺都继承下来；再往后，由于他技艺高超，表现出众，当上了副团长、团长，他便有了更加广阔的实现“大梦想”的舞台。“梦想”的内容也就与时俱进了：在世界顶级的杂技大赛上轰动观众，获取最高奖，为中国杂技争光；编演杂技剧，闯进国际高端艺术市场。这一路走来的历程，可谓“常怀壮行梦”。

宁根福常常会说：“天赋和勤奋，缺一不可。”在当演员时，靠一己的天赋和勤奋可以实现最初的梦想。但成为团长后，就不仅要自己有实力，还需要自己的“兵”中也要有一批既有天赋，又愿意勤奋的人才的辅助。宁根福的人格魅力，鼓起了一帆风，“鼓动”了一批杂技人才，譬如孙鹏、唐彬彬、小米粒、杨冬、吴正丹、魏葆华、黄萍等，还将那些本不是杂技人，而有其他艺术方面天赋且勤奋的大家，也“旋”了进来。

我感叹于他的人格魅力，钦佩于他的拼搏精神，折服于他的远见卓识。这位能文能武、有勇有谋的干将，“托举”起了中国杂技的崭新未来。

——**李为民**（宁根福挚友）

刘选亮

扎根乡土，让民族舞蹈享誉海内外

人物简介

刘选亮，男，汉族，1935年2月出生。舞蹈艺术家（舞蹈编导），广东省舞蹈家协会顾问，国家一级编导，曾任广东民族歌舞团（现易名为南方歌舞团）团长，从事文艺工作72年。创作了一批少数民族舞蹈，并跟陈翘组建了全国首个南方少女舞蹈团。代表作品有黎族舞蹈《钱铃双刀》《打柴舞》《野营大军过山来》《三月三》等，苗族舞蹈《开山歌》《村边的故事》《猎归》等，舞剧《龙子情》《带枪的新娘》《国旗在飘扬》等，大型歌舞《五指山的春天》《潮汕赋》等。曾获广东省文化系统先进工作者、“中国舞蹈艺术突出贡献舞蹈家”荣誉称号、第三届广东文艺终身成就奖。其事迹已被《中国艺术家辞典》《中国文艺家传集》《中国当代文艺名人辞典》《中国舞蹈辞典》等收录。

16岁，一名热爱文学等创作的文艺青年，被选入文工队当舞蹈演员，开启了他70多年的舞蹈艺术生涯。刘选亮把自己与舞蹈的结缘，视为“命运的安排”。

择一事，终一生。刘选亮从舞蹈演员成长为编导，后又扛起重任，成为南方歌舞团掌门人。他秉持“艺术来源于生活，服务于群众，服务于社会主义事业”的创作理念，编创了一批具有时代精神、民族风格的优秀舞蹈作品；他与海南黎族、苗族人民同吃同住同劳动，创作《开山歌》等作品，填补了黎族、苗族舞蹈男子形象的空白；他多次率舞团出访，让原创民族舞蹈节目走出国门，受到各国观众的喜爱和好评，为中国民族舞蹈赢得了尊重和赞誉。

他始终坚守民族舞蹈事业，和同为舞蹈编导的妻子陈翘相濡以沫，互相成就，为民族舞蹈的发展奉献一生。这对中国舞蹈界令人艳羡的伉俪，一同回忆了刘选亮的艺术人生。

扎根海南，崭露头角（20世纪50—70年代）

1951年，我16岁，被选入汕头市文工队，两年后又随一纸调令前往海南歌舞团，在海南五指山区一待就是30年。

我原来在学校还是比较活跃的。我就读于海滨中学，当时年纪小，个子又小。我们家是从马来西亚回来的华侨，我父亲在太古洋行里面办事，所以家里条件比较好，他也有点音乐爱好，经常在家里搞小合奏。从小就这么耳濡目染，所以在学校，我很多文艺活动都参加，特别是腰鼓、歌舞队，除了戏剧我因为太小没选上。我还被选为文艺部长。

虽然这些活动我以前都参加，但绝对不是最喜欢的。实际上我最喜欢文学创作，还没毕业就给《汕头日报》写小品文之类的。新中国成立后去清理图书，我读了很多书，对文学很有兴趣。

新中国成立后的一个假期，忘了是暑假还是寒假，学校的文艺积极分子聚集在一起，搞宣传队、培训，跟夏令营一样。在那里，汕头市委成立文工队，我被挑上了。我原来还想去考空军，结果年龄不够，最后还是去了文工队。

来了以后什么都干，但主要是来跳舞。当时学校组织舞蹈队去南澳、去潮阳慰问演出，我其实并没有特别明确的想法要走舞蹈这条路。那时候还是有热情，什么都干得很痛快。

参加文工队没有多久，我就到建筑工会和搬运工会工作。后来普选，又被派到汕头礐石的礐光中学（现金山中学）参加选举工作队，实际上我还不到选举年龄。没多久，就接到省里的通知，叫我到潮州去报到，还不知道具体发生了什么，我简单收拾行李就去了。

到了潮州才通知我，现在要调我去省里，海南要成立歌舞团，有人推荐了我，要把我调过去。工作人员也不知道具体情况，拿着一份公函，叫我自己一个人到广州来。我那时候还很小，什么都不懂，就到了广州。在广州招待所住下后，我到文化局报到，他们就让我坐三轮车去光孝寺，以前华南歌舞团（即省歌舞团前身）在那里，海南的一个歌舞团那时候也在那里，由华南歌舞团帮忙培训。我懵懵懂懂到了那里，陈翘当时也在海南歌舞团。

[陈翘：当时我在剧改队，但我不喜欢潮剧，有关领导问我要干什么，我说要跳舞。对方就问："那海南成立歌舞团，你去不去？"我根本不知道海南在哪里，一听能跳舞，我就说去！1953年，我就被招入海南歌舞团。结果先到了广州培训。副团长马明就问我，你认不认识合适的男演员人选？我就说有！有一个叫"阿亮"的，姓什么叫什么都不知道。其实那个时候他（选亮）也就大我几岁，也很小。我就想起，当时在我们全潮汕文艺工作者与十五兵团的文工团联欢会上，跳泰国流行的一种交际舞"喃旺"，男女二人，女在前，男在后，我们两个跳得最好。我就说那个阿亮，不知道他在哪里，他跳得最好。就这样，他们就把他调过来了。]

在汕头时，她是潮汕文工团，我是汕头文工队，和十五兵团的文工团联欢，就在联欢会上认识的她。那时候他们说"阿猫（陈翘外号）跳得最好了"。在跳舞时，朋友老推我出去，说："你去跟她跳。"那就跳吧，跳完了也没讲话，就散了。我都不知道是她介绍我去海南，去了广州看见她，她才跟我说。我们在广州参加了几个月的培训后，就跟着海南歌舞团去了海南。

（陈翘：当时他一来，人家跟我说，哎呀，你介绍的那一个男演员好帅哦！我一出排练厅，就看到他穿了一身蓝色的干部服。我还拍了拍他的肩膀说："你好好干哦，你是我介绍来的哦。"于是就开始培训。我是甲班，我很早就跟着华南舞蹈团的演员培训，他在的那个班就比我低一级，跟着海南刚刚来一起培训的演员跳。）

当时我去的时候，一点舞蹈基础都没有。虽然在汕头文工队我是跳舞的，但是事实上，就连汕头文工队的队长都不会跳舞。到了海南后，在海口住了没几天，就直接搬到通什（现属五指山市）去了。通什实际上就是一个山区，当时自治州的州府就在那里。到了后发现，我们的宿舍是一排草棚，什么都没有，自此就开始海南民族歌舞团的生活。

当时通什这个“中心点”全部都是茅草房，连州政府的办公室都是草房，没有瓦房，只有一个小小的礼堂。你们可能不理解，我们这些人，新中国成立后接受了很多苏联的文化，看了很多苏联的小说和书，印象最深刻的就是《钢铁是怎样炼成的》，讲这些人怎么参加革命，怎么开荒。我们当时就怀着这种心情，到了山区，到了少数民族地区，到很落后、很艰苦的地区去，但我们觉得很浪漫，没有犹豫过，而且还很高兴。“我们就要去开发了！”抱着这种心情，住草房也很好。当时的青年人确实有这种干劲。当时的苏联对我们搞艺术的这批青年来说，影响是蛮大的，一直到现在，我们都觉得苏联的很多艺术、舞蹈理论都是很好的，是真正从人民中来的。

（陈翘：我们有厨房、公共食堂，很多配给、补给，伙食都是国家补贴。当时有歌队、舞队、乐队，但训练还是要克服很多困难的，地板是泥巴地，走起来硬硬的。最难过的就是一刮台风，我们女孩子就在那里编草排，男同志就爬上屋顶去趴着压住，我们手里搞好一个就赶紧递给他们换。）

因为台风太厉害了，风很大，草排拿上去如果没有绑好，就会被吹走。但是这些日子，我们好像还很快活。有一些人会觉得苦，我们还笑他。有一个广州人，应该是家境比较富裕的，本来就不太愿意来海南，来了之后老哭。我们还偷偷笑他，说这有什么好哭的，吃得好穿得好。

我的自身条件很不好，他们说我是“地球腰”。什么叫“地球腰”？我们以前买的地毯，中间有个“地球”图案，舞蹈演员训练就站在“地球”那里下腰。“地球”很大，一般演员就下半个“地球”，我下腰要下整个“地球”。腰很硬，腿也很差，练了几十天以后，我的腿还是压不到90度，哪怕到了退休都压不到90度。

整个舞团有四五十个人。陈翘他们学完，回来教我们，教完就马上下基层去村里面演出。演出条件也很艰苦，没有舞台，露天搞个晒谷场，找块空地打扫干净，挂几盏汽灯就演出了。当时连市里都没有剧场。

我们当时在晒谷场一边演出，一边跟猪和狗争夺舞台。灯一点，狗也来，猪也来，热闹得很。我们跳得很投入，但还要一边腾出一只脚来赶走它们，跟这些动物争夺舞台。

舞台艰苦到什么地步呢？挂一个底幕、两条边幕，然后搭一个化妆室和换衣服的地方，再在边上围一个厕所，跟现在演出的概念完全不一样。但我们也很高兴，每次演出的舞蹈服装都很漂亮，我们跳得很高兴，群众也很爱看。

这个阶段我们就开始接触当地少数民族舞蹈。当时我们学习苏联的理论，领导也很明智，一到当地就组织我们到民间学习。演出完了，白天可以跟群众一起活动，有的去帮忙劳动，有的学他们的语言，学他们的歌，晚上不演出的时候就学他们跳舞。我们也很清楚歌舞团的任务，就是要为少数民族服务。他们生活虽然很落后，但我们要把他们的文化和精神生活挖掘出来，提高起来。

才华初现

去了海南一年多后，我跳得比较好了，就被派到广州学舞蹈。学了一批舞蹈回去教给其他人后，又把我派去昆明学习。因为当时是苏联的编导、教授来北京开班，文化部就派这些毕业了的学员再办了两个编导训练班。一个在北方，另一个就在昆明，专门培养少数民族地区舞蹈的编导。

从这里开始我就接触编导了。在学习过程中我也搞了一个节目，但不成熟。那个节目是苗族舞，叫《约会》。为什么要搞这个呢？因为当时在团里，她（陈翘）已经搞了很多节目了，尤其是对黎族地区的舞蹈很熟悉，我就开始接触苗族和苗族舞蹈。我找苗族舞蹈的素材学，然后拿这个来编舞。

第一次在团里编舞，其实是去帮她（陈翘）的忙。她编排《三月三》，事实上我刚开始是没有参与的。她自己去深入生活，构思好了，回来排。这个题材很好。

后来这个舞蹈排出来，我也有参与跳舞。实际上，这种接触编舞的程度太浅了。我不是直接从生活里获取灵感，而是通过陈翘间接来获取素材。所

《三月三》剧照

以这个对我来说太浅了，不足以成为经验，只能说当时凭一股热情。

后来这个节目出去演出的时候，说编导是两人——“陈翘、刘选亮”，但实际上主要还是她在弄。到北京演出的时候，这个节目轰动了全国。当时各省歌舞团都去了，最后登记学习《三月三》这个节目的学员最多。我们每个演员去辅导一个团，当时是6男6女，去辅导12个团。但还是不够用，只能分批辅导。当时有两个节目很受关注，一个是青海的《花儿少年》，另一个就是我们的。

从昆明回来之后，我先是创排了苗族舞蹈《约会》，从那个时候开始我对苗族舞蹈产生了兴趣，一下子扎到苗族地区去，学了很多苗族的民间舞蹈。

苗族为了保护族群一直是住在山上的。所以我第一个真正创作的作品就是描写苗族生活的《苗族下山居》，讲的是当时苗族在山上生活很苦，政府鼓励他们搬下山，帮助他们盖房，这也是我们党的民族政策。

当时从昆明学习回来以后，时任广东省华南歌舞团团长梁伦带着我去北京参加了舞蹈现实题材创作会议。当时在会议上就提倡舞蹈一定要直接面向生活，从生活里面真正提炼出对人民有意义的题材，从此我就开始了实践。在北京学习的时候，就创作了《焦裕禄》《王杰在练兵场》等都是很直接反映生活的作品。这样的创作理念一直影响我，一直到现在，我都秉持着这样的创作原则——要搞现实主义题材的舞蹈创作。

之后，我又创作了《猎归》，讲述的是苗族打猎归来的情景，人们结束打猎后都挑着猎物回来，喝着酒高兴地庆祝。但是给我触动最大的现实题材是《开山歌》的创作。

这个题材是我在体验苗族生活的过程中触动最大、感受最深的，我就感觉到非表现它不可，而且要表现好，所以下很多功夫在《开山歌》的创作上。作为我自己来讲，说实在话，在我创作的这么多节目里面，这个节目是我最喜欢的。

《开山歌》是受了《红旗渠》的启发。那时候苗族要从高山峻岭开一条水沟出来，要在山里炸开一个洞。当时没有什么先进工具，就只能打一个洞，埋点炸药进去，炸药一点就赶快跑，一点一点炸开一条通路。所谓“开山辟地”精神不外如是。这个场景深深地感动了我，当时我就下决心一定要把它搞出来。

因为山区的地形特点，苗族人民开山时会抓住高山峻岭上的一条藤蔓，小幅度地荡起来。这个场景我也要搬上舞台！

当时其他人根本不敢这样设计，毕竟是带有一定危险性。我们开始排练的时候，演员都要绑安全带。而且从一边荡到另一边时，对面也要有人接应。我们在舞台边幕搭了个平台，一荡到平台上，马上有人把演员抱住，防止他掉下去。所以演员也是很冒险的。当时我就说“只有这样，舞台才能

《开山歌》剧照

有突破，才能让舞美为我所用”，要不观众又怎么看得到艰苦呢？

最后结束的画面是我最满意的。我自己写了两句歌词：“举起大锤把山开，青山当鼓敲起来。”因为苗族也有鼓，我就在想，这两句歌词我要怎么体现好呢？我设计让演员一个一个往前冲，后一个搭着前一个人的腰，搭起了一条人梯，最后一个演员冲上人梯后整个人身体悬空，举起大锤敲向“青山”，背景是满天红光，大幕随之慢慢合上。

当时每场演出，从开始闭幕到谢幕，观众都一直拼命鼓掌，要求返场，高喊“再来一个”。以前很少有看个舞蹈把观众激动成这样的情况，效果非常好。这时我感觉到自己内心的创作要求得到了满足，让我非常激动，演员也跳得很过瘾。

［陈翘：由台上站得最高的那个人抓住冲上来的人的腰，他好抬起一只脚。后来有一次在中山纪念堂演出，负责抓住的那个人是梁国成（后来任香港舞蹈团艺术总监），刚好抓不住冲上来的杨子达（后来的广东省舞蹈家协会专职副主席）。那个时候已经演了好几场了，都很顺利，那天最后一场冲得太厉害，一下子没抓住，“嗵”地就掉下来，摔在灯光槽里面，马上就进医院了。因为人梯很高，很惊险，那次给我们的印象太深刻了。后来，我们带着《开山歌》去了香港演出，效果也非常好。］

《半边裙子》剧照

《野营大军过山来》的创作也是这样。我当年采风刚好到一个村，这个村在南圣河边，南圣河在通什。刚好当年有部队从这个村经过，全村人民都动起来了，来搭桥帮助部队通过。我觉得这个题材，应该通过作品表现出来，因为军民关系也是当时一种很现实的题材。

既然要搭竹桥，我们有竹竿，我们有“打柴舞”，就把这个舞改成用竹竿来跳。这个竹竿既可以跳舞，也可以搭桥。解放军过去以后，利用这个竹竿舞，军民联欢。充分表达了舞蹈里那个对联“红军重走长征路，黎家永做架桥人”的情感。

我把竹竿舞用活了，而且是用它为我的舞蹈服务。这支舞蹈的曲子后来各地搞旅游活动都用过这段曲子再加上单独的“打柴舞”，在整个海南乃至全国普及。经过《野营大军过山来》后，黎族的“打柴舞”才成为成型的艺术作品。

《踩波曲》

（陈翘：《踩波曲》也是我们比较喜欢的舞蹈作品。之前广东省委书记接见我们几个人的时候，有人向他介绍了我的作品，他还替我补充说：“你还有个《踩波曲》呢！”我吓了一跳，问他：“你怎么知道有个《踩波曲》？”他说：“我看过！”因为提到我的作品谁都说《三月三》《喜送粮》，我也听惯了，从来没有人提过《踩波曲》，我都很意外。

《踩波曲》当时创作出来后，连作曲家都说：“陈翘我服你了，你是个舞蹈精！”说这样的东西竟然都能编舞？）

我们编导工作做多了以后，慢慢积累经验，也有一些新的手法，新的创作。之前的《喜送粮》等作品很受欢迎，但都是直接表现生活，我们就想手段上能不能再突破？

就像创作《开山歌》一样，我们就去深入生活。陈翘带着我，还有两个作曲家一起去采风。为什么我要跟着去呢？当时创作的主体对象是海南第一个女潜水队。潜水这项活动以前只有男潜水队。整天都在大太阳底下，戴个潜水镜，几天之后整个脸都晒黑了，只有眼窝是白的，就很难看，女潜水队的姑娘们相当于牺牲自己的美貌了。当时大寨“铁姑娘”郭凤莲家喻户晓，女潜水队员们叫自己“海上的铁姑娘”。

我觉得这个题材很好，虽然是汉族的案例，但是我们写成了黎族的故事，因为刚好在黎族地区，也在海边。

采风阶段在当地前后差不多住了一个月。我们住在工地，大平铺，有点像北方的炕，矮矮的，只盖一床薄被单，不然就很热。陈翘和潜水的姑娘们在一块，我们几个男的在另外一边，出海就一起出。

那时候出一次海也不方便，要换游泳衣。跟着潜水队员一块去体验生活，感触就很深了。我们几个好节目，都是体验生活的时间比较长，而且真正受感动才创作出来的。我们有个理论：编舞的人，自己如果不感动，就感动不了观众。所以首先要我们自己感动，才会想尽办法来表现它。

一开始，我们只是在船上看潜水队员下去摘麒麟菜。陈翘不敢潜水，她连把脸埋进接了水的脸盆里都不敢，到现在都不会游泳。我们就保护她潜到水里面欣赏那些五彩的小鱼。

（陈翘：采摘麒麟菜实际上是为了提取琼脂，这是在工业中应用很广泛的一种材料，也可以用于食品中。但是麒麟菜只生长在海底的海石花上面，只有人工用手才能把它抓出来。以前这个工作只有男的做，一定要潜水才能做到。）

说实在话，深入生活的过程，不是我们当时看了就立马能创作的。我们总是要深入接触人，体验他们的生活，慢慢跟他们交谈。在工地上，我们就在问潜水队员们怎么去表现这个题材。这个题材太好了，我们说，可以用很浪漫的办法。当时坐机轮船出海，我跳下水一看，水底世界那么漂亮，怎么表现出来呢？海底有很漂亮的海石花群，用姑娘来表现海石花，穿白衣服，形象太漂亮了。我进而就想到，既然海石花用人来表现，海水也可以用人来表现！就用男演员来当海水，穿个大袍，展现海水荡起来，也很漂亮。就这样一步步积累形象。

既然有海水、有海石花，那还要设计矛盾冲突点，设计困难，不然剧情就太容易了，于是设计了大风浪。舞蹈的结构就慢慢出来了。后来试排一些片段，觉得效果很好。一开头就是“我们是潜水队员，战斗在千里海疆，为祖国踩波逐浪”，演员唱着这首歌，然后在舞台上摆一个造型——五个潜水队员，握着一个轮盘，一看就是在开机轮艇，加上歌曲，马上就带进很美的意境。接着跳下水，“海水”就把他们接住。把这几个片段排出来以后，我觉得达到我们预期的效果了。

《踩波曲》剧照

（陈翘：在那个年代，在海南，演员们也没有看过更高超的技巧。当时第三代的女队长，现在在泰国，写了一本回忆录，专门写排《踩波曲》时她演队长是多么困难。开始我就说，你一定要在舞台的高台上“台蛮下台”，也就是翻个跟斗下来。她怎么练都不行，我说你不练好那就要撤掉你。把她紧张得连夜跟男同志练啊，学啊，其实我是在激励她。

她一跳，饰演“海水”的男演员一接，很快“哗”地一下好像海水冲到台前去，把观众都吓了一跳，好像人都快掉出来似的。这个想法是选亮睡到半夜，把我推醒，说：“海水！”我说：“什么海水？”“你海石花是用人表演的，手指还加得长长的，表现海石花用女的，那海水就用男的！”两个人大半夜还做动作，手舞足蹈。每次搞创作我们俩都是这样。）

舞团革新，积极“出海”（20世纪80—90年代）

1980年，在舞团面临解散的情形下，我们临危受命，出任广东民族歌舞团（原海南歌舞团，现南方歌舞团）团长，陈翘任副团长兼艺术指导。歌舞团的前程与命运紧紧地系在了我们身上。我们为此四处奔走，寻求出路，终于争取到摆脱困境的方案：举团从海口搬到广州。

搬迁工作繁重而棘手，陈翘在广州千辛万苦进行系列搬迁准备工作，我在海口处理全团人员的去留问题。同心者同路，对艺术的坚守和付出，终于让整个团从海南搬到了广州。

担任广东民族歌舞团团长的19年间，我从零开始，抓机制改革、组织创作和演员队伍建设，带领舞团坚守在民族艺术阵地上，艰难前行。

我们积极推动海南黎族、苗族歌舞在国内外传播，多次率团出访越南、新加坡、法国、意大利、西班牙、奥地利、日本、突尼斯等国家，将民族舞蹈文化带到异国他乡。继《草笠舞》获得1962年世界青年联欢节金质奖章以后，到20世纪80年代，《草笠舞》在国外演出，仍大受外国人欢迎。《竹竿舞》到法国演出，竹竿由国内运去。回国时，为减轻重量，就把竹竿遗弃在当地。没想到，法国人把竹竿捡去，锯成一段段，拿来请歌舞团演员签名。为表彰我们这支扎根基层的文艺队伍，广东省人民政府特授予广东民族歌舞团“南粤山花”的荣誉称号。

1989年，由我担任总导演，并和著名编导重华共同担纲编剧，陈翘任艺术指导的黎族神话舞剧《龙子情》开始排演。我们把对海南的深厚情感编织在了这部以黎族民间神话传说为蓝

《龙子情》剧照

《草笠舞》剧照

本的舞剧里，丰富的舞蹈语言让黎族文化艺术在舞台上大放异彩。《龙子情》随后荣获广东省庆祝建国四十周年优秀作品一等奖。

海外演出

在海南的时候我没有出过国，到了广州之后，我们忙着把之前创作积累的作品推向世界，参加了大大小小很多国际艺术节。民族舞蹈艺术大受欢迎，这让我十分骄傲。特别是参加各国联欢节，跟欧美团队一起演出时，我们总是最受欢迎的团队之一，是亚洲节目的代表。这说明广东民族舞蹈的艺术水平是经得起考验的。

1984年盛夏，广东民族歌舞团应邀参加第五届新加坡艺术节。我们是6月18日到达新加坡的。20日首场演出，至24日艺术节闭幕，是外国团体中演出场次最多的一个团，并被安排作为压轴演出，共演出了5场，观众6000多人次。

广东民族歌舞团的演出，引起了强烈的反响。新加坡国家文化部等政府部门的官员、国会议员以及各界人士，都踊跃前来观看。这不仅是因为富有乡土气息的歌舞牵动了为数众多的华裔的绵绵情思，更因为观众从多姿多彩的演出中加深了对中国少数民族及其艺术的了解。每场演出，剧场里始终充溢着欢乐而热烈的气氛，观众对每个节目都报以潮水般的掌声，演出结束，他们还起立鼓掌，迟迟不肯散去。

在此期间，新加坡的报纸、电台、电视台不断地发表报道和评论："该团的节目，是这次艺术节民族乐舞中的精华，无论是歌舞或乐器演奏都各具独特风格，富有浓郁的民族色彩，使人耳目一新。”有的报道更冠上“山花的幽香，乡土的气息”“歌清曲妙，舞蹈更动人”“南国山花飘香来”等醒目的大标题。他们写道：“舞蹈《三月三》美得像一首诗，整个舞蹈编排得流畅和谐，充满生活的美”；“《打柴舞》节奏强烈快速，构图千变万化，舞姿矫健，看得观众眼花缭乱，趣味盎然”；“《摸螺》舞蹈成功地通过各种风趣生动的摸螺动作，配合有节奏的木屐声，将纯朴可爱的黎家小姑娘再现在观众眼前”。他们对黎族乐器演奏，余其伟的高胡独奏，李翔、李素华的男、女声独唱等，也都给予了高度评价。

为了加强艺术交流，陈翘和青年高胡演奏家余其伟等还应邀分别主持了舞蹈、音乐讲习会。到会的新加坡艺术家及歌舞爱好者济济一堂。讲习会上，有介绍、讲解，有示范、辅导，讲习会生动活泼，丰富充实。讲习会的组织者及参加者普遍反映，这是艺术节开始以来最盛大、最受欢迎的两次艺术交流，给人们留下了深刻的印象。

在新加坡的9天中，我们的节奏十分紧凑，我们严格地遵守着团里制订的纪律和制度，准确无误地按计划安排活动。与我们朝夕相处的叶先生在送别时说：“你们的队伍有三个特点使我印象十分深刻，一是年轻，朝气蓬勃；二是有文化，有礼貌；三是作风严谨，守纪律。”看来，我们在五指山区培养起来的作风，在国际交往中也产生了良好影响。

随着艺术节的帷幕降下，我们圆满地完成了在新加坡的演出任务。6月26日，我们告别了美丽的狮城，登上了归国的航班。窗外，白色的云团像朵朵盛开的棉花悬在空中，机翼下，无际的大海像一片蓝色的地毯。直到这时，每个同志绷得紧紧的神经才终于松弛了下来，幸福地相视微笑。归来回首启程日，我们没有辜负祖国和人民的信任和委托，经过艰辛努力，终于实现了我们在誓师大会上表示的决心：珍惜祖国荣誉，爱护“南粤山花”的称号，用尽可能完美的艺术为祖国争光，为增进中新两国人民的了解和友谊加砖添瓦。

机构改革

改革最重要的是人才。我们搬到广州后，舞团又名声在外，很多人很愿意来，而且当时广东的改革也比其他地方要快一点，所以我们就向全国招生，找人才。当时来投靠我们的人才很多，我们挑选了一大批真正需要的、有水平的人才进团。

我们团保留了独奏小组，但不再办以西乐演奏为主的30多人的乐团，腾出30多个编制扩充需要的队伍。我们需要有新的形式，从苏联、日本吸取经验，成立了一个“少女舞蹈团”。因为舞蹈是吃青春饭的，很多演员跳到三四十岁，身体各方面机能就开始下降了。于是我们专门成立这个青春的团，面向全国招生，想在4个地方建4个团，可以轮流演出，打出“广东民族歌舞团”和“少女团”两个招牌。保留民族特色的是民族歌舞团，保留青春的是少女团。这是机构改革最主要的点子。

当时开始试验效果很好，在广州很轰动。团内严格封闭管理，平时团员不能出门，一上街就被围观。在团里排练的时候，虽然铁门关着，但仍有很多人趴在墙头偷看队伍训练。

这个想法是有点超前的。“少女舞蹈团”把十二三岁的小姑娘召进来，全封闭式训练两三年后，优秀者留下为歌舞团服务。这段时间，她们可以恋爱但不许结婚。10年一满，人就离开；嫁人和另谋职业，可以自由选择。留

刘选亮、陈翘与第一批少女舞蹈团的学生们合影

团期间，还要求她们通过自学，获得大专学历并掌握一两门专长，公关也好，服装设计也好，英语也好，让这些小姑娘离开歌舞团以后也能找到工作。这样，舞台上的面孔能永远年轻亮丽，歌舞团长期充满活力又不用背“包袱”。当时的老省委书记任仲夷叫秘书送来一幅书法，宣纸上只写了一个“妙”字；他还交代秘书，叫我们从右往左看。“妙”字从右往左看就是“少女”——我们因此受到鼓舞，打算为“少女舞蹈团”办一台“‘妙’的晚会”，让多一些人领略民族舞蹈的风采。可是，后来因故，只好不了了之。

紧跟时代，守正创新（20世纪90年代至今）

1992年，我和陈翘分别担任舞蹈团总导演和艺术指导，携手创编了大型舞蹈史诗《潮汕赋》并在汕头市首演成功，获得广泛赞赏。退休后，我们仍致力于与舞蹈艺术有关的社会工作。对于陈翘提出的“岭南舞蹈”的概念，我大力支持，我觉得广东舞蹈工作者应有意识地将岭南民间舞蹈、地域文化与时代精神有机统一起来，创作出更多贴近时代、人民群众喜闻乐见的舞蹈作品。

南方歌舞团创作团队连续在岭南文化的重要支系——客家古邑河源创编了三台晚会，包括大型歌舞晚会《古邑情·客家亲》、大型歌舞《千年古邑·红色河源》和大型梦幻舞台秀《桃花水母》等，对当地产生了深远的影响。

《潮汕赋》

“少女团”也参加了《潮汕赋》表演。但其实当时经费很艰难，所以东拉西补，四处找门路寻求合作。为什么要编创《龙子情》呢？因为当时的四川省委书记很欣赏我们海南的东西，他那里有个编导就说要和我们合作，由他们出经费，编创当时我们已经有所想法的《龙子情》。少女团创办后，我们也带到汕头去，参加《潮汕赋》。

《潮汕赋》剧照

我们始终很明确，创作方向是潮汕文化、客家文化、广府文化、海洋文化。我们俩都是潮汕人，所以第一个就把我们最熟悉的《潮汕赋》搞起来，而《龙子情》是对海南那段经历的总结。

三台晚会

（陈翘：离开海南后我想，我们还能创作什么？海南的创作已经不能再搞了。我们要发展我们岭南的舞蹈。一开始是说广东舞蹈，后来我想有岭南音乐、岭南画派，就是没有岭南舞蹈。

我说，有很多人在搞岭南舞蹈，但都不是自己有自觉、有意识去做，这必须成为他们一个目标——以后我们一定要围绕岭南舞蹈来创作，有意识地去深入生活，有意识地去表现。包括现在我老是跟年轻人讲课，我都是讲这个问题。后来我们一直在努力。

大湾区，实际上就在岭南舞蹈的范围里面。大湾区的范围还小了，福建、广西、海南这些应该都是算岭南的范围，有浓郁的地域特色。）

正好河源2010年时要举办世界客属第23届恳亲大会，他们就来邀请我们去编创。当时非常成功，省委书记也很认可。题目是“千年古邑　多彩河源”，既宣传了改革开放的成就，又宣扬了客家人的进步，民族特色、地方色彩很浓，在对外宣传上也起到了很大的作用。这是第一台晚会。

第二台晚会就是建党90周年大型革命歌舞史诗《千年古邑·红色河源》。河源本身就是老革命根据地，是中国革命策源地之一，是全国最早建立苏维埃政府的地方之一。我们当时接了这个任务以后，就带着队伍去深入了解当地的生活。

虽然客家文化是我们很熟悉的，但是河源这个地方我们不是很了解。我们收集了很多有革命性的题材，就搞了这个节目，在艺术手段上，也是有很大的突破——整个舞台设计了一个大圆盘，请了一些歌手来参加，特别是女歌手。因为客家山歌很出名，我们专门有个民歌手在上面伴唱。舞美设计也下了很大的工夫，这台晚会的影响也是很大。

第三台晚会就是《桃花水母》。

我觉得河源保护万绿湖，是舍小家为大家。整个河源为什么经济落后？因为它不能有工业来污染万绿湖的湖水。这湖水是要专门送到香港去，保证香港居民饮水的，所以是非常宝贵的一湖水。怎么看出来这湖水很好？这湖水里面生活着桃花水母，而桃花水母是上亿年前就有的远古生物，它只能生活在水质非常干净的环境中。所以虽然桃花水母很小，但是我们去参观的时候，就引起了陈翘的触动。她觉得既然桃花水母这么宝贵，生命一直延续到现在，为什么不歌颂它？就把它想象成了桃花水母姑娘，准备创作成剧本。当时的河源市委书记陈建华也很高兴，说这样的宣传很有时代特色。

（陈翘：《桃花水母》我们认为是一种实验性质的剧。我们从来没有编创过关于旅游的舞剧。为什么要编创？为什么要起名“桃花水母”？不知道的人一定会问。连现在河源剧院的名字都叫桃花水母，就是因为我们办了两台晚会，感动了一个企业家，结果他愿意出钱创作一台旅游节目。后来我们就想，一定要有河源特色。河源两大特色，一个是这湖水，一个是恐龙。一般人不会了解桃花水母，一定会来问，一问就会回答说是因为万绿湖很干净，桃花水母才能生活，间接就宣传了河源。）

这是我们第一次编创旅游性质的剧，首先你得有观众、有队伍，于是他们就成立了一个团，还专门建了剧院，命名为桃花水母。但是后来我们不太满意，为什么呢？因为当天怎么排练，就怎样上去了，没有改进。而且我们设计的恐龙王子和桃花水母姑娘水上水下对舞的情景——那是最精彩的部分，试验了很多次才终于成功的，最后舞台现场呈现效果我不满意，主要是舞蹈还没有编，但他们自己觉得这样就很好了。

我觉得这个剧还不错。可惜没有时间给我们修改，但是桃花水母剧场现在已经成了河源的地标。我想之前全国还没有哪个企业家会为一个剧本专门建一个剧场，并以此命名。

我们为什么要在退休后还亲自带团队办三台晚会？目的是培养后人。想带着年轻的搞创作的孩子们，教他们怎么深入生活。创作《潮汕赋》的时候，也是这么带着他们去潮汕看游神盛会。

退休之后，我们就在想，你怎么样来表现这个时代？怎么做第一个敢吃螃蟹、第一个摸着石头过河的人？怎么用岭南舞蹈表现我们岭南精神？我们老矣，我现在只希望年轻人不断探索和实践，一定能把展现现代岭南精神的舞蹈形象呈现在岭南大地上。

（陈翘：时代在前进，生活肯定是步步高，那么艺术也要跟得上变化。过去的东西现在不一定适合。举个例子，你说以前让你深入生活，要同吃同住同劳动，那我现在要表现宇宙航行员，我怎么跟他生活？那不可能。现在的生活，科学在发展，艺术也在发展，要寻求怎么表现今天的生活，这是今天创作者的任务。）

我们是从过去那段时间走过来的，在深入生活的时候，也要充分考虑、理解实际情况。当年我们创作《开山歌》时描述的那种“冒着生命危险来开山”的情况，现在已经不复存在了。大湾区修建港珠澳大桥，用的都是先进机器。时代不同，适宜的表达也不同。

但对于创作者来说，这不能作为偷懒的借口，不能因为这样就什么都不去体验。比如想要艺术化表现宇航员，就要了解他们精神境界是如何的？为此付出了什么？看似在月球表面行走轻轻松松，这对他们生活影响有多大？为什么明知危险还愿意去做？这些精神层面的表达，就足够创作者去追求探究的了。

（撰文：王涵琦）

大家印象

缘起岭南，舞者不倦

新时代，岭南舞韵正酣时，不忘回眸引路人。

游弋于历史之中，窥见刘选亮先生（以下称“先生”）结缘岭南的故事，不免裹挟于区域传统舞蹈发展的洪潮之下，见人、见物、见生活。

先生围绕民族题材的舞蹈创作，虽是因一纸调令、随遇而安的“被动”选择，但却蕴含着因地制宜、就地取材的文化自觉。一部《开山歌》，在视觉冲击和身体张力的表达中，将黎家苗寨“愚公移山”的民族精神极力外化，尤其是作品最后亮相的极富动势的造型，不仅凸显出舞蹈艺术造型化的典型性，更可见其背后象征的苗族人民为寻栖息之所、对抗自然的英雄精神之磅礴。

值得一提的是，在特殊时代语境下，先生满怀革命性的艺术追求，对黎族民间舞蹈进行了“存形造意”的多样表达，即运用传统黎族民间舞蹈的原生符号形式，主动结合不同阶段的时代命题，赋予传统舞蹈新的时代文化内涵下舞蹈审美表征的新意趣旨归。如那军民一家亲的《野营大军进山来》中，原生丧葬习俗的“打柴舞”焕然一新，舞蹈道具“木杆”也在先生手中搭建为“木杆桥”，成为助力革命军进山、彰显军民鱼水情的“桥梁”。还有时隔多年，为家乡而作的《潮汕赋》，同样体现了这一题材范式的延伸再造，更加彰显先生升华传统舞蹈成为具有社会主义时代属性的舞台艺术品，于当代社会实现“创造性转化、创新性发展”的艺术价值与时代意义。

“民”指人民，亦指向民间。无论是舞蹈《三月三》《半边裙子》，还是舞剧《龙子情》《潮汕赋》、歌舞《千年古邑·红色河源》、舞台秀《桃花水母》等作品，都可见先生将一系列民间话语转化为审美创造实践活动的语料库。这一切都源自生活经历的体验、生命真谛的发现与触动心灵的感悟，从表层模拟的再现，渐进到深层发掘的表现，以及对当地审美理想、审美情趣的追求，涉及其历史发展、地理环境、生产方式、宗教信仰、风俗人情等方方面面。以提炼人物形象的审美形态与风格特征的集合，形成立足现实、与时俱进的创作理念。正如《三月三》的男子舞蹈，提取于黎族生活形态和宗教祭祀的动律形态，与符合“三月三”情景中黎族男子的人物形象融合形成，构建出黎族舞蹈语汇中男子舞蹈的动作语言。诸如此类还有作品《钱铃双刀》中，对传统民间“钱铃双刀舞”语汇进行了去芜存菁的提炼，将叙事性动作语汇进行审美加工，至今仍是黎族舞蹈元素单元不可或缺的重要组成部分。还有那出自《野营大军过山来》的“打柴舞”，为传统舞蹈的民间话语置换了另一新的语境，赋予其新的意象表达，在与主体表意、审美内涵的联系中逐渐生成另一场域下的语言言说系统。

一方水土养育一方人，一方志士造就一方文化。以先生为代表的老一辈岭南舞蹈家们身体力行的审美实践构筑起岭南舞蹈的文化图谱，述诸岭南舞蹈美在意象的完形。面向传统，先生充分利用形象思维体察生活，发现事物的内在规律，通过在地化的题材选择、动作元素的挖掘、可舞性与叙事策略、情感表达的融合等创作手法，在风格性、叙事性、革命性的艺术表达中构建起区域民族舞蹈的审美范式，是当代岭南舞蹈创作历程中举足轻重的主体力量，甚或是当代中国舞蹈发展史中大放异彩的存在。

面向未来，先生始终坚持艺术创作以人为本、以人文关怀为追求的审美表达方向。细数先生之作，在浪漫主义与现实主义的合力建构中，集中呈现出颇具传统意义的集体主义价值观、英雄主义的历史观、厚德载物的道德观与锐意进取的生命观。连同经他一手而立的“南粤山花”，以民族歌舞团的时代使命与文化担当带领岭南舞蹈享誉海内外，成为传承与发展中华优秀传统文化遗产的中坚力量。

文化是无尽的财富，没有民族灵魂的文化是无法立足于世界文化之林的。是故，当代岭南舞蹈的传承之旅仍需坚持以先生为代表的老一辈岭南舞蹈家们孜孜不倦的创造精神，行远自迩，笃行不怠。

——**王情**（深圳市舞蹈家协会）

开放时间: 上午
Open hours:
地址: 广州市二沙岛烟雨路38号广东美术馆
Museum of Art, No.38 Yanyu Road.

汤小铭

以苦行苦修的方式追求艺术

人物简介

汤小铭，男，汉族，1939年8月出生。美术家（油画），从事文艺工作57年，曾任广东省美术家协会主席，开创“主题性油画肖像创作”路径。他策划筹建了广东美术馆。其代表作品有油画《永不休战》《女委员》《虎门民兵》《让智慧发光》《满腔热忱》《孙中山先生》，连环画《鲁迅在广州》《无产阶级的歌》《复仇》（后两部与陈衍宁合作）等。他曾多次入选全国美展并获奖，获第二届广东省鲁迅文艺奖、广东优秀美术作品创作一等奖、全国连环画创作二等奖、全国科普展三等奖、全国首届《连环画报》金环奖、第三届广东文艺终身成就奖等。

2017年“其命惟新——广东美术百年大展”在中国美术馆举行，不少京城评论家和观众在一幅经典油画前久久驻足，这就是汤小铭的《永不休战》。

这幅作品定格了鲁迅冷峻坚毅、抱病鏖战的形象，成为几代中国人对鲁迅的经典记忆。画面中，一种深沉蕴藉的力量穿越时空，打动今天的观众。

“人间处处是道场，要接受人世间人和事对你的提示及启迪。”从艺50多年，汤小铭以一支画笔投入滚烫的时代和生活，以冷静思考和高超意趣提取艺术真味，绘就了一幅幅经典美术作品。他创作的《永不休战》（鲁迅）、《满腔热忱》（白求恩）、《让智慧发光》（李四光）、《孙中山先生》等经典作品，沉淀了一个时代中国人的精神印记。

“吾观天地间，皆是画与诗。”汤小铭的艺术之路，既实践了车尔尼雪夫斯基“生活即是美”的现实主义创作理念，又与中国艺术“外师造化，中得心源”的理念不谋而合。他数十年如一日的创作和美学实践，展现出极强的求真精神、坚韧品质、浪漫情怀，彰显出一代中国油画家高度的民族文化自信。

初入艺坛，选定油画

年幼时家境欠佳，我却对画画兴趣浓厚，乐此不疲。初中时，我参加过桂林市美术作品展览，在一次“中苏友好”绘画比赛中获得过三等奖。初中毕业时，我正好在报上见到中南美专附中在中南五省招生的告示，欣欣然写信去武汉报名。家里人并不十分赞成我这个决定，觉得当画家要受穷，是没有多大出息的志向，但我年少气盛，决意要走自己选定的路。苍天不负有心人，不久后，我在《长江日报》登出的美专附中录取名单中，找到了自己的名字，高兴极了，简直无法用语言来形容，即刻我就搬到学校去住。

我的艺术生涯由此开始。虽然艺术这条路我不知道能走多远，但自己对艺术一片痴情和迷恋，无怨无悔。

四年的附中生活“不知世事不知愁”，是我最愉快的时期，无忧无虑，也不知疲惫，快乐得像小鸟似的，心里满是对未来的憧憬，有许多梦想和希望，整日想着画画，想画得更多、画得更好。我的脑子里装进了一个个艺术偶像，维纳斯、蒙娜丽莎、达维特……这些名字像天空耀眼的太阳。我开始认得一大串响亮的名字，任伯年、齐白石、米开朗琪罗、达·芬奇、伦勃朗、毕加索……还有许多俄罗斯和东欧画家，列宾、苏里科夫、谢洛夫、列维坦、格里戈雷斯库、蒙卡奇、巴巴……当时，学校图书馆是我最爱去的地方，那里的画册，使我记住了许多画家的名字，他们对我的影响比较大。

20世纪50年代，我国的艺术院校无一例外地接受了苏联的教学模式。美术创作中无论绘画、雕塑，都以苏联的艺术为楷模，作为涉世不深的艺徒，我刚刚接触社会主义现实主义这个概念，我的艺术视野局限在苏联和东欧艺术范围里。

1957年，“苏联经济及文化建设成就展览会”在汉口开幕，难得碰上的机会，我好几次与同学一道，揣上馒头渡江到现场去参观苏联油画。太激动了，在这之前，我还从未见过这么多的外国油画，又都是原作。喔！油画原来就是这个样，我那时就是这么想，油画册翻过不少，今日才见苏联油画的庐山真面目。每次到展馆都像过节一样，走累了我们便席地而坐，一边看画，一边啃馒头喝行军壶的水，将简单的物质粮食和丰富的精神食粮一块吞下。《粮食》《在田野上》《接受共青团员》《球门手》《又是一个两分》《四个老画家》《在旧乌拉尔工厂》《走向生活》等，这些画反反复复地看了多次，脑子里留下很深的印象，我当时想，将来要能画出这样的画来就好了。

学校里规定每年有一个月的创作实习时间，到乡下去进行实地写生，这对我们每个同学来说都是件兴高采烈的事，久居都市，到乡下去换换环境，怎能不叫我们这些学生哥感到兴奋呢。那叶家河的溪流、麻城的田野，至今难忘。从竹篱茅舍到一草一木，样样都觉得新鲜，从日出东山到夕阳西下，谁都不甘落后地一个劲地画呀画，用稚嫩的技巧去捕捉各自的生活感受，面对一条小路、一堵破墙、一个草堆，都会无端地激动半天，一画再画。在贫瘠的山乡，在穷困的村寨，我们除了画画，也参加秋收春插一类的劳动，帮助老乡干活，虽说生活条件简陋，但心情却很愉快。这种定期的下乡实习，不仅可以进一步熟练课堂学到的技法技术，也扩大了现实生活的接触面。回到学校，同学们感受多多，都可以拿出一大沓速写和水彩画来。

1958年暑假，中南美专及附中整个由武昌迁来广州，并改名为广州美术学院和广州美院附属中等美术学校。我在广州读完了附中四年级。在校四年的学习氛围不错，我自认为功课也十分努力，平时有许多的课余时间都花在了学习上，也只有这样，自己才感到充实。我曾有一张课堂作业，以少先队活动为题材的素描作品《追踪》，获得全国青年美展三等奖。还出版过一幅宣传画，也是一件课堂作业。由于包括文化课在内的各科学习成绩优良，我毕业时由附中免试保送升入学院本科学习。

虽然不用参加高考，但我又一次面临选择：选择什么专业继续深造。版画挺有趣，中国画我也喜欢，中国绘画有悠久的历史，源远流长，有完整的理论体系，积累了极丰富的技法经验，并有深厚的文化背景作为依托，可以找到许多名家大师的原作精品以资借鉴。现今有许多中国人在从事中国画，简直是千军万马之众，只要做到全国一流，那便是世界水准了。油画很有它的迷人之处，但油画艺术在我国发展不过百来年时间，不说国外油画大师的作品极难见到，一般的外国油画原作亦不多见。冒昧说一句，平常能够见到的，大都是些土油画，要想在中国学习油画，只好从印刷粗劣的画册、图片去揣摩，怎么才能“土”出个世界水平来呢？这是件非常困难的事。可是我又想，唯其困难可能才更有趣味。经过一番认真考虑后，我在入学志愿表格上，一连填了三个油画，拿定主意，准备“不成功，便成仁”，就这样，我进了广州美术学院油画系。

当时美术学院的教学大纲，参照的是苏联教学体系。指导我们的油画老师，有土生土长的，也有留苏留美的，从他们那里，我大体掌握了油画技术操作的基本工艺过程，在我国，这已是正规的油画训练了。当时主要受到苏联艺术教育和艺术风格的影响，“马克西莫夫”训练班是老师级的人去学习的。西方油画的技艺、思想和审美趣味，以前在徐悲鸿、李铁夫那一辈传播过一次，新中国成立后，是“马克西莫夫”培训班一类的活动间接把西欧的艺术观念、技艺传播过来。在广州美院油画系，当时教我的老师主要有韩宝林、徐坚白，素描课有张彤云、郭绍刚等，还有王肇民，创作课有尹国良、恽圻苍老师，基本上是西方现实主义教学方式。

画每一张作业，我都得认真对付那些国产的工具材料和绘画媒材，使用的是“现实主义”的观念和方法，以中国式的眼光，我画出来的油画，不用问，怎么看也是土油画。可能生性愚钝，不管怎么努力，还是跳不出如来佛的手心，只是在有限的范围内翻跟斗，怎么也突不破自己的局限。

记得最后一次课堂作业，是画全身的着衣少女，一切按课时安排进行，我也是照正常的操作规程作画。结束时这《戴黑头巾的姑娘》却令我感慨万千，看似一幅完整的画，可就是不感动人，除了土气不说，要命的是这画缺少灵气，毫无艺术性可言，难道我努力了许多年，就为了这样的结局？与我所希望的差距太大。艺术固然离不开技术，但光靠技术的熟练，仍搞不出真正的艺术来。路还正长，前面有多少是阳光，又有多少风风雨雨，失败和希望伴我前行。

为搞毕业创作，我曾到平沙农场和平岗农场去体验生活，都是在知识青年较集中的分场收集素材。这些青年大多数是初中毕业生，一部分高中生，各种原因和动机使他们从城市来这里当新一代农业工人。这群年轻的生命头一次离开父母来到南海之滨，简朴的生活和艰苦的劳动与他们过去习惯的生活方式有很大的反差，这使一些人变得成熟，也将一些人的梦想打碎。谁能料到茫茫前路会给你准备着什么，绝不会全是两旁开满鲜花的坦途，不管是什么都要自己去面对，总得用积极的态度去迎接人生的考验。我画了三个女知青一同顶着一块雨布，在泥泞的路上冒雨前进，这就是我题为《春

汤小铭肖像

天的道路》的毕业创作，虽然获得了高分，但自己并不十分满意，我认为整个画面还可以处理得更好一些。相比之下，我更喜欢四年级时的一张课堂作业，一幅不大的油画，叫做《稻香时节》，得稿于中山水乡，反映了我那时对乡村题材的浓厚兴趣，以及对表现人物的偏好，也是由生活到艺术的一次“现实主义”创作方法的具体实践。指导老师是尹国良，他在我众多小构图中肯定了这张画的苗头，让我发展成一幅完整的油画。整个创作过程我一直保持着高涨的兴致，对拇指大小的一张脸孔画得是津津有味，力求形象表情细致入微。这画完成后得到了老师和同学们的充分肯定，曾在报上发表，由《广东画报》彩页刊出，成了广州美术学院的一件藏品。

王肇民老师教我们素描和水彩，他坚持言传身教，在课堂上学生画什么他画什么，绘画是视觉艺术，百闻不如一见，他这样做，使我得到很多直接的教益，他既不盲目崇拜也不排斥苏联教学方法，他自有他的一套不洋不土的方法，这方法的基础，我认为是建立在中国传统文化素养的东方艺术观。他强调对待模特要有主动性，对绘画的对象要做充分的理解，强调画家的移情作用，他说：“人可以当物画，物可以当人画。”他不主张描绘得绝对准确，反对在同一个地方改来改去，“错就错了，将错就错，一错到底”，当然这是画画的道理，做人知错还是要改的。从王肇民老师的教学过程中，我得到的不仅仅是技术技法，更重要的是艺术的启迪，帮助我去思考更多的东西，加深对艺术本质的认识和理解。参加工作以后，不时还回味着他那些带安徽口音的教诲，读《画语拾零》时倍感亲切，因为我在上课时就在小本本里拾过他不少只言片语。他对艺术的执着、勤恳，我一直都视为榜样，当然，我是个未学到家的学生。

学习期间，使我深感得益的还应提到哲学课，用的艾思奇的课本，讲唯物辩证法，讲对立统一，讲一分为二。艾思奇的书写得好不好留给理论界去评价，我自己还缺乏分析能力，只知道唯物辩证法能使我学会辩证地用分析和综合的方法去理解，去认识我所生存的空间和周围的世界。

崭露头角，一鸣惊人

结束5年的大学生活，1964年秋天我幸运地被分配到了广东画院，但报到后没几天便开赴阳江阳春，参加了两年的农村“四清”运动。离开单纯的校园环境，一下子来到这复杂多变的大千世界，怎能不叫人眼花缭乱。阅历很浅的我，心里是成堆的疑虑，充满了惶惑，渐渐地喜欢上阅读鲁迅先生的杂文和小说，欣赏他犀利的笔锋、深刻的人生观察和桀骜不驯的性格。

在干校，我经历了水稻耕作栽培的全过程，耕田犁田我全都会，就是没有机会让我画油画，学了9个年头的绘画，不知将来是否还有用场。我是犁把手，耕作不误农时，不论刮风下雨都要出勤，面对苍翠的群山，还有一只力大无比的“牛魔王”与我做伴，吆吆喝喝的，也不觉得十分孤寂，在满是泥污的衣袋里，我揣着巴掌大的一个小本本，让牛休息的时候便拿出来随便描描画画，聊以自娱。

1970年秋季，我从英德茶场的文艺干校借调回广州，在省文艺办公室指挥下工作，哪里任务紧急，就到哪里去干，画样板戏宣传画，画话剧的布景片，差不多6年没怎么画画了，现在叫我画什么都无所谓，有得画就高兴。正碰上鲁迅纪念馆要重新开放，我被派去帮忙搞陈列，因为鲁迅先生晚年部分找不到合适的照片，要我创作一张鲁迅晚年的肖像画给版面用，于是我很当一

汤小铭创作《永不休战》（鲁迅）

回事地干起来，首先熟悉有关材料，跟着设计草图，制作色彩小稿，把在学校里学过的一套程序搬弄起来，别的什么都没考虑，抓起我久违的画笔，一心只想过足油画瘾，进入了创作的一种无功利状态。我把自己关进画室，反反复复改动，花十几天画出一幅素描稿，又用一个星期左右的时间完成了这幅油画作品。这幅题为《永不休战》的油画，就是这样在兴奋和轻松中完成的。以后每当我创作其他作品，总想重新体验画《永不休战》时的那种创作心态，却很不容易，要排除各种杂念的干扰，像在满是浮萍的水洼里掬一捧洁净的清水那样。

不久，省里筹备画展，为此我相继完成了《女委员》和《虎门民兵》。过去下乡时曾见过一些能干的女性，对于她们能够参政议政，心里颇有感触，我就这样构思出《女委员》。画完《女委员》后，我为了画一幅以民兵为内容的画去东莞太平镇体验生活。那时候全国广泛宣传“全民皆兵”，民兵组织在各地极为普遍，动员老百姓来参与卫国、卫厂、卫乡的行动。我在虎门参观了林则徐当年销毁鸦片处，以及各个古炮台遗址。中国曾经有过一段抗御外侮而惨遭失败的历史，民众在这场历史悲剧中付出过血的代价，这足令每位中国百姓都为之感愤，历史的悲剧不能重

《虎门民兵》

演。画完成后，我将它定名为《虎门民兵》。《女委员》和《虎门民兵》见报后，碰到一位由英德干校回广州的校友，兴奋地告诉我，在茶山见到报上发表的画，说我为大家争了光，听他一说，我徒增了几分感慨。

《女委员》和《虎门民兵》，加上《永不休战》三幅油画都入选了同一届的全国美展。那时入选的作品中，有许多是以集体的名义创作的，而我个人入选了三幅，这个偶然的幸运，被人戏称为“单打冠军”。打这以后，我在美术界开始有了点小小的名气。

1971年底，省文艺创作室成立，我进入创作室成了美术组的专业创作人员。凡省美展和全国美展，我都积极投入创作，在我看来，能有作品参展便是尽着画家的本分。有机会画就尽管画，画画就是我的本职工作，不画又能再干什么呢？

前前后后我有不少作品入选全国展，主要的有油画《满腔热忱》、连环画《鲁迅在广州》、油画《让智慧发光》，以上作品连同《永不休战》一起被中国美术馆收藏。《永不休战》和《女委员》曾被国家送到国外展出，多次在国内报刊上发表，并由邮电部制成邮票发行。

1973年，军代表从人民美术出版社拿了一个脚本回广州，陈衍宁和我开始创作《无产阶级的歌》连环画，我们合作得很愉快，一起商量设计草图，相互讨论修改。我们在广东画了很少一部分，因为资料不足，后来跑到北京画，住在人民美术出版社一个旧楼里，参考了巴黎公社时期的旧图片画册，记录画面所需要的小细节——帽子、服装、枪，间接体验生活，作品后来被中国美术馆收藏。这本连环画，情节过渡的剧情具备感人的因素，画得很充分的用简洁的语言来概括，画得不够充分的用文字来引申，脚本和文字结合得很好。

1977年，我为中国人民革命军事博物馆创作题为《抗日战歌响彻太行山》的油画，为这画我专程跑到河北省平山县去收集素材，回来后连续地画了一个多月，实在是累。多年来由于只顾画画，不注意休息，积劳成疾，弄得自己像瘦猴似的，体重不足100斤，头发也全都白了，神经极度衰弱。医生说我身上有六七种毛病，心里着实给吓了一跳，后来得到黄新波老师关心，为我向领导积极争取，去从化疗养院住了5个月，身体才逐渐恢复起来。

20世纪70年代，我对作肖像画比较感兴趣，其实感兴趣的还不是本义上的肖像画，应该说是以肖像题材来作“主题画”，用时兴的观念看，我的想法也许太古老太过时，我的艺术根基和我的传统意识决定了我只能这么去想，也就这么去做了。我最后一次参加全国美展的作品是油画《孙中山先生》，获得了铜奖，该画由中国美术馆收藏。自此以后，我就不再为省美展和全国美展出品画作了。我的理由很简单，因为我是中国美协油画艺术委员会成员，常常被聘为全国美展的评审委员，在广东我也常要参与或主持省美展的评选。如果有作品参选，自己是评委身份，选上了不见得光彩，别人会认为是给面子的缘故，选不上岂不更丢面子。因此凡要经过评审的省展或全国展，我不再送去作品，美其名曰多留个机会给年轻人，其实是自我保护，也是一种自爱吧。

躬身艺界，筹备建馆

1983年5月，中国美协给了我一次公差机会，同侯一民先生飞赴巴黎商谈法国“春季沙龙”来华展出事宜。搞艺术的人都知道，巴黎在欧洲是个艺术之都，享有世界声誉。此行对我来说太难得了，能有此机会，可谓平生之愿足矣！在巴黎，我曾几次到卢浮宫参观，还看了蓬皮杜文化艺术中心、罗丹艺术馆、布德尔艺术馆、莫罗美术馆、印象派馆，以及其他大大小小的美术馆。卢浮宫的藏品之多，怕是世界上绝无仅有的了，在每件作品前只能是匆匆而过，来不及去仔细欣赏。还有个叫残疾军人院的规模不小的军事博物馆，里头有许多配合实物陈列的军史画，完全是写实风格，画得相当精致周到。据介绍，这些画只是出自二三流画家之手，并且大多名不见经传，令我感触良深。这才明白，19世纪以后的西方艺术家，为何要不断改变自己的画风，放弃纯粹写实的追求而另谋出路，因为他们已经历过高度写实的历史阶段，不改变就只能重复别人了。同时，我了解到，促使这种改变的契机，是由于吸收了东方艺术的营养。在莫奈艺术馆里，看到他晚年许多画池塘和睡莲的油画，使我直接就想到了中国的大写意水墨画。一个城市有那么多的艺术博物馆是惊人的，保存了那么多的艺术珍品也是惊人的。亲身感受到，法国人民非常酷爱艺术，珍重艺术，见到他们在马奈回顾展门口冒雨排长龙，使我非常感动。法国人进入展厅参观，就好像赴宴会去美餐一顿一样，态度认真，毕恭毕敬。巴黎之行使我大饱眼福，大开眼界。回头看看我们，具有

《沉默》

悠久文化历史并有十多亿人口的泱泱大国，举国上下，连个较完善点的艺术博物馆都不多见，大多是提供临时展览的美术馆，准确点应叫做美术展览馆，从这个角度来讲，要想赶上法国等世界上一些先进国家，我当时实在没有多大信心。但看过这么多具有世界水平的油画，确实都是由人画出来的，人既然能够做到，中国人没有理由做不到，对这点，我又产生了盲目的自信。

这次赴巴黎之前，文化部艺术局王米先生交给我们俩另一项差事，要我们帮忙清理已故旅法女画家潘玉良的作品及遗物，在方便时好运送回国。潘玉良的身世已为国人所知，又有电视和电影作艺术的反映。她始终未加入法国籍，这批遗物曾由好友保存过一段时间，最后好友亦相继辞世，房东催收房屋，才由我国驻巴黎的领事馆派人将她的东西搬到了地下室存放。我和侯教授结束了与“春季沙龙”的交道之后，每天由蒙马特乘将近一小时的地铁到领事馆，到下面第三层的地下室去干活。地下室十分寂静，静得只听见自己的呼吸声，人死后有灵魂存在的话，潘玉良也想不到会有一胖一瘦的我们在为她细心地清理身后留下的东西，包括雕像、油画和大量使用中国毛边纸绘制的线描人体，作品具有中国风味，可能就因为这种特点才能在法国立足了几十年，或者是这种拙朴的东方面貌，才能获得那些碧眼红须的洋人的赏识，我见到有一两张看不懂的奖状一类的文件就是证明。我们整理好每一件作品，尽量不遗漏地将所有东西装进七八只铁皮箱，连她的旧皮鞋、皮箱和一些用具都装了进去，留给国内的亲人以资纪念吧。没想到她在国外几十年竟没积攒下一点身家，当然艺术是无价的。一个青楼女子，历尽坎坷，几经奋斗，成为一位自立于海外的华人画家，最后却孑然一身，老死在无亲无故的异国他乡，想来也叫人黯然神伤。

1987年夏季，阿尔及利亚举办国际艺术节，邀请了许多国家，中国文联也派出了代表团，由电影、舞蹈、美术等几个方面组成。谢晋、白淑湘和我以评委身份前往，美术的代表除了我还有郑爽和林丰俗两位广东的画家，我们带去了广东的美术作品40件，有好几个美术展场同时展出，我们带去的作品安排在阿尔及尔的艺术博物馆，从开箱到挂画都由我们三个人通力合作，搞得浑身是汗，临开幕时才弄妥。没料到我们远渡重洋，跨越欧亚到非洲北部的地中海南岸来当苦力，一场辛苦总算得到补偿，我们的展览获得了集体金奖，走上台去领奖时我还真有种为国争光的感觉。

20世纪80年代后，中国人开始了富民强国的新征途，改革开放影响到各个领域，在这种情况下，我不能不重新来调整自己的艺术观念。我一向信奉车尔尼雪夫斯基“生活即是美”的观点，这使我对生活的观察和体验充满热情。只是生活的美要靠艺术家去发现，要进行再创造，诚如毛泽东所指出，艺术美要比生活美更高、更美。艺术的功能，除了教育功能之外，还具有认识的、审美的和娱乐的作用，而不仅仅是一种简单的宣传工具。眼睛不应只盯在“现实主义”上，现实主义也不该是一成不变的。多元的艺术风格，才能适应人们丰富的精神渴求，艺术家有充分理由对艺术方法寻求更多的可能性。

现在看来，印象主义其实是挺可爱的东西，如今虽已不算什么新鲜玩意，但也不是“腐朽没落”的一类，抽象艺术当然不属于求人“看懂”的艺术，但艺术的抽象在艺术的门类里随处可见。为了补补现代艺术的课，我专门翻阅了康定斯基的书和现代著名流派画家的论述，尽管认识浅陋，但我开始明白，现代或后现代的艺术是有意要让观众去见仁见智。传统艺术、现代艺术都是人类这种智能动物所创造，谁也抹杀不了谁。在国外，我见过许多现代流派的艺术，有做得好的，有做得差的，还有做得很坏的，凡是好的艺术品，无论是传统的还是现代的，都是人类智慧的结晶，它是与自然平行发展的一种新的存在，至于你喜不喜欢它，另当别论。现在我国的观众慢慢已不再像十年前那样，以看不看得懂来决定对艺术的取舍和评定好坏，不会视现代艺术为“洪水猛兽”，“前卫”也不觉得有那么可怕了。

从巴黎回国以后，我一直为我们没有像样的美术博物馆耿耿于怀，认为在广东应该有那么一座。为了促成这事，我同意到省美术家协会去驻会，担任执行的常务副主席，后来又当了主席。谁知道这便给自己惹来了频频不断的会议、无穷的行政事务和没完没了的社会应酬，油画笔和调色板无可奈何地搁置一边，只好倒点墨汁抹几笔中国画，除了可以对付日常应酬，还能带来微薄的经济收益。不了解的，以为我在改变行当，其实我对油画何曾死心，也从来未有过改行的打算，说是无可奈何也好，说是学习传统也好，毕竟还是画画，画中国画的亲身体会，或许将来对画油画有用。

1995年，我主动请退，辞去身上的冗务，重新回到画家的位置上，继续走那未走完也走不完的路，全心全意地，只在画布上耕耘。1997年11月广东美术馆落成开馆，几代广东美术人的愿望达成，这幅作品以外的“大画”终于完成。

旁参笔墨，艺无止境

20世纪90年代，我在珠海疗养时创作了一批女人体写生，以及《西澳女画家》《演员》《女工》和风景画《小桥》《潮起潮落》等。从行政岗位退下来以后，想用比较轻松的审美一点的方式去画，一下子画了50多张人体，编号都是1997年。我画的时候是想放松一下来品味油画，站在比较高的审美角度去审视艺术，画裸体也没有特别的意图，只是当做一种生命状态来画。人世间最复杂的就是人，最难被理解的也是人。首先人是社会的一分子，社会很复杂，会有很多复杂的事情发生；其次不管是学生，或者是一个普通人，甚至是人体，我都当成一个自然物来看待，是一种自然的存在。探索人的活动、人的形象，始终都是一个费解的过程。

我觉得风景画也是在表现人，包括人的思想和情绪。我一直记着王肇民老师当年的那句话："人可以当物来画，物也可以当人来画。"像《遥夜》这幅作品，画的是夜晚很安静的时候，会觉得几个小时的时间变得很长，尤其是人的思绪比较凌乱的时候。当然每个人的观感不同，就会有不同的看法和结论，这些都值得去深挖和探索。

《西澳女画家》

曾经一个年轻人跟我说他去看展览了，没什么可看的，转一圈就出来了。我说你白费了十几二十分钟。为什么？因为假如你带着问题去看，看着某一张画上有哪几笔对你有启发，可以吸收，你就是有收获了。你们看别人的画，专找优点看，不要看别人的缺点，那个缺点对你一点好处都没有。对于自己的画，则要想办法多找出一些缺点或者自己把握不住的东西。这是一种求学或者做事的态度。

要有东西积累在脑子里，画起来才得心应手。绝不能把看到的画面全部“装”进作品中，而是要懂得取舍、懂得强化。优秀的画家应该像神枪手，不仅能指哪打哪，还必须自己知道该往哪打。搞艺术虽然技巧排在最前面，但它的背后应该是价值观、人生观，是美学，是知识，只有将这些统统转化为智慧，才知道劲往哪使、枪往哪打。要想成为一名被大家记得住的艺术家，练的绝不仅仅是手头功夫，要多看书多思考，努力掌握这个行当必须有的“道”。

前些年，我更多地搁下油画笔和调色板，拿起了毛笔，开始写意花鸟和书法创作。我要从中国传统艺术中吸取营养，但我对油画不曾死心，仍然是一个坚定的现实主义艺术信徒。中

汤小铭与家人在个展合影

国经过改革开放后，艺术观念开放，对欧美艺术研究做了不少工作，创造出以我们本土文化为根基的中国风格油画，就是另起山头了。跟人家永远是跟，如果你能找到另一种，确定自己的评价标准，就没有谁高谁低的问题了。我觉得中国艺术家应该有这样一种志向和心愿。

回头看，广东油画起始得很早，李铁夫是中国近代向西方学习油画最出色的一个，现实主义传统学得比较到家。他最吸引我的就是他虽然学西方，但是中国人的东方气质驱使他要回归东方，从晚年的油画、水彩包括他写的诗、书法，文化本源是中国人的。他的作品《冯钢百》《鱼》《瓜蔬与坛盘》用色用笔很有中国味，有东方精神的意蕴，还有像书法一样的处理。

我希望继承这个传统，去实践李铁夫等老一辈画家未完成的心愿。我喜欢有笔触的油画，对用笔和笔触的堆叠很欣赏，这里能体现人工劳作的痕迹。中国文化和中国审美在书法里体现得比较充分，中国的书法是独立的艺术，里面讲究对立统一、疏密强弱的关系，我把书法作为自己对中国文化体验的一种补课、实验，帮助自己深化对中国文化的认知。

2019年，广东美术馆为我举办了首个大型个展。一直以来很多朋友都鼓励我办一次大型个人展览，但是我觉得这个事情太劳累、太烦琐，同时也会耗费很多资源，所以一直没有纳入我的计划中。现在看来，这个展览大致回顾和总结了我这大半辈子走过的艺术道路。

我自认为，自己没有太大的天赋才能，我用类似那种苦行苦修的方式去做人做事。艺术之道是相通的，其实在哲学层次上应该讲是异曲同工的。在我看来，中画、西画不分家，都是一样的，因为道理是相通的。从道这个规律来说，这是一条路。这条路是相通的，我在想，如果你学透了中国画理论，其实把它翻译成西洋画也一样。

我做这个展览，也就是等于回头看一遍，走过、做过、想过、苦恼过、高兴过，以后不管怎样了，你还剩下这些画。怎么画得更好，我也不知道。我在心里感动着，总是想追求美好的一面，却总是走不到。艺无止境，我还要从国画、书法等其他东方美学内容中吸取营养，路漫漫其修远兮，吾将上下而求索。

（撰文：李培）

（本文参考《艺术之旅无尽头》，1993年9月原稿，汤小铭家属提供）

大家印象

另一种高度

作为新中国著名的现实主义油画家，汤小铭先生以扎实的写实功力、深厚的油画修养、对时代精神的敏锐感受力和卓越的创作力产出了一批备受关注的经典作品，给那个时代的艺坛留下了深刻印象。

纵观汤小铭先生的油画创作，常常能让人感受到他如电影导演一般的综合观察、构思和设计能力，而在“实践能力”上，作为现实主义画家，他最不缺少的便是过硬的写实功底和造型能力。所以，也许我们一直忽略或关注不够的是，尽管以主题性油画肖像创作闻名画坛，但其实真正成就汤小铭的应该还是他高水平的“写生”能力，也即我们通常所讲的综合的“写实能力”。

汤小铭先生自就读中南美专附中起就勤奋异常，笔纸不离手，随时观察勾勒。多年下来，写生作品可谓数量惊人。写生无疑就是他们这代现实主义画家最重要的修行法门，他的艺术观点和技艺，他的眼、手、脑就是这样被一直锤炼锻造着。长年累月对具象写实艺术的深研和推敲造就了他为大家熟知的主题性肖像创作的能力和高度，让这些创作的作品显得场景自然，人物生动，气氛到位，塑造充分可信，技巧娴熟老练。汤小铭曾自撰画语：“人间处处是道场，要接受人世间任何人和事对你的提示及启迪。正所谓‘会看的看门道，不会看的看热闹’，你有悟性就能看到。大道无形，看起来平常无奇的任何人和事，都蕴含着大道理，重要的是我们要有悟性。”这正是他自己创作状态的写照和归纳。而像汤小铭老师这样真正打通写生与创作，“（创作）从写生中来，（观察）到写生中去”的艺术家，其背后不仅具有一种统一的艺术观和艺术方法，也预示着现实主义艺术可能成功的一种路径，尤其值得我们关注。

汤小铭的油画创作得益于写生的积淀，但汤小铭老师的写生作品并不只是创作的准备，相反，其中的艺术性一点不亚于他的油画创作，而另有一种高度。细赏这些写生作品，我们不免会被他对对象的充分理解力、高度把握力以及痛快沉着的艺术表现力所打动。汤小铭老师对生活、人性和自然有一种深入独到的洞察力，十分善于抓住事物的关键和重点，去其冗琐，得其环中。他的作品中找不到一点被动呆滞的描摹，所有的形象和色彩都生动准确，笔触和气息鲜活饱满，画面虚实相生，冷静却不失热情，给人痛快淋漓而恰到好处的感觉，充分展现了不一般的天赋、才华和悟性。

从后期不少作品可以看到，汤小铭先生作品中增加的“笔法”的运用和变化，不仅仅是“笔触”的改变，更是作者内部艺术认知变化的显现，这与中国传统绘画中“写意”和“笔墨”的精神对他的影响不无关系。汤小铭老师兼精国画和书法，有多年的传统水墨画实践，在注重油画本体语言的运用的同时，民族审美逐渐渗透进他的油画作品而终于有所显现。对本民族文化的认同和思考的加深，对艺术本体的更高认识，都促使汤小铭老师不再完全流连于写实意义上的塑造和刻画，转而寻求一种既不丧失现实主义魅力，又能更主动自由地“游于艺”的艺术境界，所以，晚年的汤小铭在创作和写生中日益主动走向一种写意性和书写性，按他自己的话说是越发寻求“似与不似”之间的分寸和天地。汤老师晚年倾心体会道家阴阳对立转化的“辩证”之说在美学上的发扬，结合对中国画论和大师艺术精神的证悟，所以，他的画面由自由笔触变成到“挥洒”“书写”是很顺理成章的美学发展。

作为一位曾经达到不一般的艺术高度的艺术家，汤小铭老师的油画写生作品画风质朴无华，但却给予我们很多美的力量和启发，其艺术内美并不稍逊于他的著名油画创作。它们明显蕴含着所产生的那个时期的独有的艺术方法、艺术气息和艺术特色，历经岁月沉淀，我们依然能深刻感受到一种不随时间老去消逝的美学品质和艺术感染力。而我们从汤小铭的艺术人生中得到的启发是：艺术是一门需要投注全部生命精力的实实在在的学问，绘画即“画学”，它需要我们热爱现实生活、把握时代精神、无时无刻锻炼提高各种艺术技能，增加自身学问和领悟力，提升自身品格修养。艺术之旅无止境，如果有，那它应该“止于至善”（汤小铭先生座右铭）。

——**谢远清**（雕塑家、策展人、青年艺术评论家）

林墉

岭南当代人物画的革新者

人物简介

林墉，男，汉族，1942年5月出生。美术家（中国画），从事文艺工作57年，1966年毕业于广州美术学院中国画系。历任中国美术家协会副主席，广东省文联副主席，广东省美术家协会主席，广东画院副院长，广州美术学院院外教授，全国人大主席团成员。现为中国美术家协会顾问，广东省文联顾问，广东省美术家协会名誉主席，中国国家画院院务委员，享受国务院政府特殊津贴专家，国家一级美术师。代表作品有《好得很》《调查归来》《百万雄师过大江》等。多次入选全国美展，获巴基斯坦总统颁发“卓越勋章”，获首届广东省鲁迅文艺奖、第三届广东文艺终身成就奖。

林墉接受采访的那一天，是一个阳光灿烂、惠风和畅的日子。许久不见的林老，如同一位阔别多年的老朋友。一张茶台，一把藤椅，他依然坐在五羊新城熟悉的画室里，静静地将亲身经历的那些年、那些事、那些人，娓娓道来。尽管由于年事已高的缘故，老人家的语言和行动有些不太利索，但言谈举止依然流淌着如沐春风的温和。忆及饶有趣味之处，耄耋老人总是会心一笑，言有尽而意无穷，像个孩子一样。

林墉说自己是个“古灵精怪”的人。他的艺术生命也单纯得如同赤子。他曾经说过：“我这一辈子，只想画画，也只会画画；不能画画，生命就失去意义。”“唯一、唯美、唯平常”，成为他毕生践行的目标。陪同丈夫接受采访时，妻子苏华感佩林墉的“才思泉涌”。然而，在林墉看来，画画并没有成就什么了不起的事情。他直言自己不喜欢那些自认为“很厉害”的“大人物”，却与能在“小画”中画出“大格局”的先师故友神交。林墉以真诚待人接物，也以真诚直面自己的艺术与人生。他坦言自己的孤独，也坦言自己的困惑：“有些事情好像清清楚楚，有些事情好像不清不楚，可能有些事情永远也不能明白。”

看山是山，看山不是山，“似山还似非山”。无论眼前看到怎样的风景，林墉总是“明白时要画，不明白时更要画”。特别是患病以来，每次创作都是与自己较劲的一场战斗，咬牙切齿“磨出血”。画室里，那方偌大的画桌依旧引人注目。这里曾经诞生霸悍恣丽的都市美人，也孕育沉厚凝重的写意山水。苏华说，林墉最后创作的那批山水画差不多有五六百张，结果把家里装画的架子都压塌了，再之后，受访前半年病了一场，“手不行了，一笔也画不出来了”。

如今，几幅空白宣纸依旧悬挂在毛毡墙上。然而，每当看到未完成的白纸，林老依然顾盼神飞，眼中充满对美的追慕与遐想，如同当年那位刚刚走进广美附中的少年。

潮汕文化对艺术创作的影响

我在潮州出生，一直生活在祖母、妈妈、姑姑、姨姨、姐姐等女性的呵护之下，童年总泛着女性的柔光。母亲说我属马，又是娘娘诞（妈祖诞）那天出世，必是“阿妈”带来的。所以年年娘娘诞，总是分外地欣欣然，面上光彩几分。想来我的家一直三代都是单传，曾祖父只生祖父一男丁，祖父清末最后一科中了个秀才，小城里也算个事，就进了金山书院谋个职，这之前他年年在乡下设馆授童子课。只可惜壮年之际被瘟疫夺去生命，只留下父亲和两个姑姑。父亲幼孤失父，又碰上“黄绿医生”，把扭坏的足踝治跛了，跛了就只能学不行路、不站立的行业。父亲就拜师学画花鸟，并终于成为潮汕第一代抽纱设计师。

祖母在祖父的影响下，竟能看读，只是不写；她有灵巧的手，能做各种潮汕妇女的手艺。她那针线、碎布、竹篮，是我小时心爱的聚宝盆。几个小小的泥人戏剧头，找段麻秆作身腰，再从那竹篮里找出各式碎布，贴来剪去，加上鸡毛、香烟锡纸等废物，一个个武生、花旦、忠臣、白鼻丑就相继出现，玩起来就总有些时日。逢年过节，祭品供果，都要有剪纸美化。祖母就会把我叫到身边边剪边教我，花鸟之类，很快就上手。到了中秋节，柚子要套上花纸，花生堆要叠上花纸，这种种，除了祖母的物迹，还有我的学绩。偶尔有了几个废马粪纸盒，就会拆开铺开，用笔略描一下，剪成纸影人儿，手脚另剪，再用线打结卯上。夜晚在倒放的椅腿间贴上一张白竹纸，端来油灯，我和祖母演“纸影戏”。口中自不免要咿咿呀呀又叫又说一番。而姐姐们，当然是观众，她们很会叫好和助阵。元宵时节，祖母定会找来一扎细竹篾，用纸捻丁细心扎起来，裱上白纸，由我找父亲的颜色色料涂画一番，几下子，就会有鲤鱼灯、石榴灯、红桃灯出来。

至今难忘的还是跟祖母到寺庙进香礼佛的那些情景。我七八岁，祖母年老，已六十开外，缠着小脚，走路小碎步，提不动香篮。这差事，就落到我头上。又何况，她入寺进庙，所祈所祝，本就冲着父亲和我而来的。我每每提着盛着供品的香篮，伫立在她旁边。看她跪祈时，反复听到的总是她祝父亲发财及我平安长大的喁语，而最开心的是她要念念经文还还愿，让我走开去玩玩的那时刻。我就可以绕着释迦牟尼佛的全身来看看个究竟，佛像低垂的眼帘总望着我，走到哪也盯着，慈祥里带有威慑。周围的罗汉，倒是奇趣横生，那时总不解为什么一个个罗汉要那么愁眉瞪眼、蹬腿拧手、合掌弹指，只觉得他们反而不紧望着我，而是我紧盯他们来遐想。檀香在散发着神秘的气息，念经的声浪轻一阵沉一阵，与气息相合。匆匆的人流，匆匆的气色。我家隔壁就是天主教堂，每逢星期日，就有几个老姑娘，穿着白衣，把一群小孩招进旁边的小厅，排排坐下，发几块饼干或几颗糖果，讲着故事。至今已全忘了是什么故事，当时怕也不知是什么故事，因为我一心只想着那故事讲完才能发放的小画片，印得美极了，有很多有对小翼的小人儿飞在天空，还有穿长袍的胡子老者，神情静穆，云呀雾呀，真真实实。每每得到画片后，我就用我那份饼果与人对换，以求多得几种款式不同的画片，小哥们大都慷慨大方得很。这教堂的美妙处还有那唱诗的风琴声，歌起处，怎么那么柔顺恬适？那宽大的有着蓝彩玻璃的窗户放出清新的气息。牧师的浑厚虔诚声调不论说什么，都显得美好顺耳。再加上看起来很有说服力的手势，简直不能不信服。寺庙给我神秘的压力，教堂给我愉悦的欢跃。和尚念经专注，牧师讲道热情，逛寺庙觉得做人很辛苦很沉重，坐教堂觉得做人很轻松很有活力。童年之际，这种场合的确构成了我今后的艺术积累。

寺庙教堂之外，要说说潮州的城墙。那是我心爱的去处。反正不知哪个朝代留下来的，实实在在就是戏中画中那模型。潮州东畔是韩江弯绕着。韩水春涨，水漫过湘子桥面，城门就要关闭，船桅过，在城中望去，竟如天边行云。而在城墙上有只生铁铸成的水牛，静穆地守在那里，牛身被摸得闪亮，牛眼睁得大大。入得城来，有个开元寺，寺中有二大金刚四大天王，有释迦大殿、观音阁、六祖堂、藏经楼等，而最吸引我的是石刻的华表，石雕的通栏，尽是飞天的人儿：不是教堂的小孩儿，却是低垂眼皮的好姑娘。寺中沉沉的檀红色与白白的麻石色全浸在供香的檀味中，钟磬大鼓木鱼的音调包蕴了这一切。出了寺门，是一溜的纸扎铺，人间一切的人物用品、飞禽走兽，全可在这儿的师傅们的手中扎出来。大红大绿的调子引得我眼花缭乱，一站下来观看便可以大半天，粗浅的扎式还可来两下子呢。绕过开元街，入义安路，就是铜匠的天下。叮叮当当，整日敲个不停，而金闪闪的铜锣及器皿就一一上架。须知潮州大锣鼓靠的就是这铜锣，两排一溜几十面敲起来，着实让人血气升腾，那锣音如今还时时浮在心头。与义安路交叉的后巷，则是顾绣抽纱的铺位，用绒线绣在锦缎上面，再加上箔垫，绣出浮凸的效果。其中还有几间木偶戏服店，则是迷住我

1967年在天安门广场

最多时间的地方。浮洋的泥人头在这儿一一配上了华丽的装束，与戏台上的演员一样。我外婆家的宗祠，就在附近的铁巷当中，就是满是石雕、木雕、陶塑的名建筑“己略黄公祠”。

潮州古城的风情唤起我童年的艺术饥渴。我的童年几乎时时生活在民间艺术的熏陶中，纸扎店、香火铺、梨园戏班，鲜艳的色彩、纯熟的手艺、生猛的造型，还有潮州大锣鼓的铿锵声，潮州音乐的丝竹……小时候在荷花环绕的院子里席地乘凉，看满天星斗，这老潮州的一切，一直让人魂牵梦绕。精巧明丽、秀美鲜艳本就在我的血中突突奔流。我父亲画抽纱花稿，负责勾线，也叫我打下手，给花稿填色，填多了，花样也记在心里，这是画画的雏形吧。那时候潮州女孩子非常漂亮，一个个都是天生的美女，没有着脂粉，我画的女人，说不上具体哪里的，但就是这种唯美的化身。我的童年迷画画，画画又迷住了我。而到目前为止，我的画，我自己觉得非常有“潮州味”。

潮州对我的影响是一辈子的，年轻时爱潮汕，这种怀念最珍贵，即使走远了，不管多远，潮汕还是在我的心窝，怀念到老。潮汕文化久远，那时出不闭户，很有古代的味道。我从来绝不敢评说别人的家乡不美，但我敢说，我的家乡是美极了，美得我直至如今还沉醉着，美得我直至如今还怀念着。我自从16岁来到广美附中求学，中间除了两年去斗门，一直都在广州生活，我觉得自己已不适应其他地方的气候了，我的两脚陷在南国的水乡了。灵魂就泛着南国的气息。想改魂换魄，不仅不可能，更是不情愿。我爱我的南国境，我有我的南国魂。广州是广府的味道，生活了这么多年，甚至超过了在潮汕的16年。最动感情的还是故乡，故乡的一切不是具体的，是回不去的那个故乡。很年轻时从故乡走出去，很老了又回来，看故乡不像以前的故乡，心又很凉了。等你想到差不多清楚了，人又要走了，人的生生死死就这么走过来。

早期求学生涯的艺术积累

伴随着我成长的是绘画——小学和初中三年，有好多很好的老师教我，白桦老师、郑茂熙老师、黄孝仁老师、胡浩老师，他们都是潮州最好的美术老师。后来考进美院附中，附中毕业又进了广美中国画系，在美院一共待了10年。1958年到1966年，我就学于广州美术学院附中和广美中国画系。三年附中，学了素描和水彩。全是苏式的契斯恰科夫体系，水彩也是苏式学院派。这段严格的写实锻炼一直给我带来自信，使我充满着毅力和果敢，走着以后的历程。而在那时，我学得很虔诚，耳濡目染中，以为我所崇奉的是世上唯一高层次的艺术信条，巡回画派的形貌成为我追求的一片彩云。尽管不大知道底蕴，但也跟着大流爱列宾和苏里柯夫。而自个儿对克里玛申的水彩、费迅的素描却更为热衷，列维坦的风景和赛罗夫的人物心爱得不得了。星期天，学校只有早晚两餐，漫长的一天要用青春的朝气来忘记饮食的需要。但一清早，5时多就爬起床，跑到天台去画晨色，光芒虽则慢慢笼罩大地，却还是蛮冷的。吃过早餐就夹个本子，挂包中有调色盒，手中拎个旧铁皮罐跑到校外的田野中去。日影从这边过到那边，色彩从蓝紫转到白亮再沉入橙黄。一天就这么过去了，夹子中多了三两张小水彩。那心情，却仿佛夹着宝贝。回来挂到床头上，可以望上好多天的。下了晚自习，夜来躺下之前，大家传阅的是“初升的太阳”——一个早逝早熟的苏联美术少年的真实故事。

入了学院中国画系，心中欣欣然，觉得这个系有个中国的名字在前头，怪有意思的。那时候在广美，胡一川院长亲自带着我们，我们学习范围很广。关山月、黎雄才、杨之光等前辈带着我们，跟在他们身边。他们都非常认真负责，我们都很投入地学习，一直泡在画里。于是也勾起白描，临摹宋画，学敦煌，学撞水撞粉，学浓淡干湿，学疏密聚散，学抑扬顿挫都很带劲。杨之光强调写生、速写，我们天天写生。关山月提出中国画系用毛笔直接写生，我认为很重要，我们当时已经抛开铅笔，直接用毛笔，直到现在。古典艺术一切直觉的美完全征服我面前的一切，都显得如此完美，我有什么必要思考呢？熟习它，学会它，拥有它的这种欲望在无限的膨胀！我完全沉浸一种愉悦的吸收，简直就是享受。要学的是那么好，是那么多，真紧张。但紧张得甜美。星期天不外出了，也不拎个罐子满地跑了。在教室坐着，临着一沓沓的画，读着一本本书。为了描一个鼻子，可以废去十多张纸，为了咬通一个字，必须翻查几本书。工具性能的掌握就须花去不少时间。毛笔、宣纸、水墨就像俏丽调皮的女孩，既可爱，又可畏，爱那美感，畏那脾性。学院严实的教学就像胀满的气球，要细心地捧着，一不小心碰上锐物就会破裂。

而唯一可以解闷的是，我到乐队中去拉二胡，每星期三两次文体课，就在乐队中过过瘾，这瘾一直从附中到大学过足10年，到离开学院为止。学院学习给我一个写生与默写的扎实锻炼，练就了当今的功夫。每周正课20多节的写生练习自不必说，而每周要交的15张速写、默写的课外作业更不轻松。4周一次的创作构图作业更具挑战性。实际上这课外作业又更可以发挥自身的才智，往往投入了更大的精力。看一部电影，紧紧地想着如何默下那场景那人物；下乡劳动，一心在记着周围的男女。唰唰地画，紧紧地默，也就练就今天的白纸对青天的习惯。看到才画与想到就画的训练本就很有差别又很有联系。那时节，我有机会就看着实物画，但倘若无机会就随想随信手画来。我从很早起，就从工匠师傅那儿秉承了勤快的手脚——不精熟，怎叫艺？一直到今天，我们把制作的精熟当作标尺之一。我绝不相信热情和祝愿就可造就艺术。芭蕾的足尖和汗水才换来“轻盈”二字。绘事倘不精习扎实技能，哪来醇醉？

学习生涯中，每学年总有两三个月的下乡下厂实习机会。事实上下乡更多。这真是难得的好时光。离开学校的围墙，闯荡到有着活生生的人的地方，那份新鲜劲，万分诱人的。又何况，即刻就有了多少可画的东西，自然，免不了三分之一时间参加劳动，亦好，力气本就有，更何况不去劳动，怎能结识别人呢？不结识又怎么会让你画呢？这么一来，近10年磨炼下来，倒是养成了很喜欢和实实在在的百姓相厮混的习气，甚至画起画来，就要想起他们来。生活、生活，本就活生生的、实实在在的。生活正在人间。活了半辈子，我始终离不开活生生的人群，从不做离开人们的梦想，更不发离开人们的梦呓。5年学院课程，由于全国文科学业停课下乡，只学得三年，后两年全在沸沸扬扬的政治风雨中过去了。我们成了最老的在校学生，在疯狂的岁月里，我倒是重新再学解剖知识，一本格里曼兄弟的著作临到能背默出来。我又热衷于搞黑白画，把油画、雕塑画册都拿来作黑白的实验，厚厚四大册近千张的业绩很令我自慰。无聊时节，就读些被禁绝的书。疯狂久了，人也麻木，麻木到茫茫然。在这茫茫然中，我的手总不敢怠慢下来，总寻些可以试磨手艺的好去处。麻木地画，总比麻木到不画好——那时节只能这样。

1968年步入了社会工作。反正只要能画画，就算有点意思了。南海边沿的斗门县文化馆是我离校后的第一个栖身之处。厨房隔壁的一间小房子里，四张木床中有一张是我的蜷睡之地。作为一个文化馆的小干部，我什么都做，抄写、油印、收发、画报头、出墙报、剪花边、制布景、挂横额、扎纸花、导演话剧、二胡伴奏等。实践使我成了“百家子弟”，也即是“万金油”。斗门县城井岸镇小得很，人口不到两千。三年前不外乎是个只有几个生产队的山下河边平坦去处，决定建县不久，即有了“文化大革命”。一切都做做停停，零零落落的建筑物之间还未形成马路街道。事实上，整个县城的两千人口全是外来干部，只是极少数的老人小孩算是居民。夜来，全无去处。早晨，全城静悄悄，谁只要在阳台上大喊一声，全城就都听见。尽管同事都是好人，但惶惑得很。不过，这所谓县城原本就是珠江口外的沙田区，稻蔗不待言，鱼蟹是特产，基围竹层，茅棚小艇，墨衫黑裤，上紧下宽，眉毛被绞成细弯弯一丝，头发刻意梳得光亮，刘海直唰唰，耳环两圈圈，赤脚走来，扑哧有声。不用下乡了，本就在乡下嘛，就算下乡，反比县城热闹些，父老们很纯朴，尤其知道我会画画，更加热乎。

2018年，人未老

二十世纪七八十年代艺术创作经历

1970年春节，我结了婚。妻子本就是在一起同窗8年的同学，一经相爱倒少去了客套，省了互相探询的时间。1971年女儿林蓝来到世上，头光光的，肤色黑黑，眼大得很，很有光泽。原先就没想到那么具体，一经出世具体化，倒很有想头。此后，女儿一路成长着，我一路提前想着她的样子，真是幸福——做父亲的幸福。妻子总担心女儿的一切现状，我却总预祝女儿的未来。只可惜，妻子和我不在一块，妻子在阳江县漆器厂工作。到了女儿3岁时，妻子父女算聚到一块儿。这一段辛酸忙碌的时光中，我一直在画着巨幅的中国人物画。只要下来一个题材，我就千方百计地画好它。纪念馆、展览厅、故址等场所，有了我不少画作。朋友、同行十分嘉许我的业绩。我也沾沾自喜。

这时节，我日想夜想的是创新、创新，“创新”这个名词

《百万雄师过大江》

对于未知“人味画味”的，更具诱惑力和煽动性，仿佛活着就为创新而来似的。我设想我的国画人物创作要与油画放在一起而不逊色。为此，我无师自通地用木板撑底，裱上大纸，框上厚重的大框框。为了与油画的满彩对抗，我也涂满底色。人物无分量，我就皴素描，要黑有多黑，要具体有多具体。高光闪辉，色调平刷。厚涂起来，比油画还狠。不解恨时，干脆更用刮刀刮上一簇油画颜色，墨彩嵌在其中，也不是不好看的。大致是由于来看的本就不太知国画是怎么回事，也就很赞美。我尝到创造的乐处，真妙不可言。

这种美好状态，一直保持到我为中国革命军事博物馆创作历史画《八路秧歌进村来》，这是个高涨期。这幅5米长的人物画画了一年，刻画了60多个人物。我用上了彩色铅笔、炭粉等物品，为了效果，不择手段。这创新劲头直至1981年创作《记住！》历史组画时还未收转，二米见方的大头像推到了特写的局限，沙面惨案历史事件中的姑娘临死时的眼神使我倾入了全部的激情。“文革”过去了。随着历史的翻转，我终于看到我殚精竭虑所作所依据的，原来这么脆弱。闭目想起来，才有了忧虑！忧虑之下，读了点书，听人说一说，终于感到除了新旧外，艺术的天地本就挺大——比如真与假、高与低、精与粗、雅与俗，就都可以干一辈子的！一想通了，就拨转思路来做。

1978年末到1979年初，我作为中国美术家友好代表团成员之一，跟随亚明到巴基斯坦采风。在巴十来天，我被奇异的风物迷得神魂颠倒，大画特画，回来后整理出20多幅国画和100多幅速写。这些作品被岭南美术出版社看中，出版了《巴基斯坦写生》，又在广州文化公园举办展览。没想到这一本《巴基斯坦写生》画集，被巴驻中国大使馆看到，他们惊异于有这么一批

《山那边好地方》

反映巴基斯坦的画作，购了一批寄回国内。反应的热烈完全出乎意料，巴国防部长写信给我，说他看了我的画集，才真切感到自己国家原来这么美！巴驻中国大使来到广州家中找我，代表巴国新闻文化部和巴航，邀我第二次前往巴基斯坦，并建议把第一、第二次采风作品收集起来由巴出资印成画集。我欣然同意，与妻子在1981年再次前往巴基斯坦。一部汽车，从北到南，边走边画，二十几天的历程带回来几十张画稿。经过两个月的整理，合起来以前画的，一部150幅的画集终于问世。在1982年底齐亚·哈克总统见到画集后，又邀请我再次前往巴基斯坦。这样，1983年我又重访故地，到了阿富汗难民营与克什米尔。回来画了40幅画，计划出版第二集。1983年7月，齐亚·哈克总统代表国家授予我和妻子各一枚“卓越勋章”，表彰我们为中巴友谊所作的贡献。1984年4月在北京巴驻中国大使馆大厅中授勋，并在中国美术馆举办了“访问巴基斯坦画展”。这段巴基斯坦创作经历使我感到真诚的可贵，并且使我找到人道主义的支点。自然，这种因画画得勋的殊荣，也激动了我一阵子。

对于我们中国以及印度、埃及这三大文明古国，我都有一种特别的感情，很容易被有关于它们的事物所感染、所吸引，比如音乐、民俗风情。我也去过欧洲，但不感兴趣，还是古国对我的吸引力比较大。我留下的画作中大多数是对这些古国的印象。我和印度、巴基斯坦很有缘，在十二三岁时听到印度电影《流浪者》的那首《流浪者之歌》，年少的懵懂之心激情澎湃，从那时起就特别想去那边看看。每个国家的音乐都有一种属于它们自身的美好和动人之处。我一直很喜欢印度歌曲，每每听到，总会感动，就像来自远古的声音在耳边回响，印象很深刻。在三十五六岁时，我终于有机会去印度、巴基斯坦，可以想象这种等待了十几年后实现梦想的急迫心情。从印度归来，我先后又去了三次巴基斯坦，却仍然觉得没有去够。所以，画家不一定要找一个最富裕、最繁华的地方去作画。去什么地方作画，这对画画来说没有好坏的影响，关键在于你对那个地方有没有感情。若是有感情的地方，你更容易发掘出它的美好，在画面中表现一些感性的因素，使画面更丰富。对应该去画的事物没有感情，即使它有很多可画、可表现之处，你也无从下笔，所以应该一点点地培养自己对事物的情感。例如，我在中国成长，对中华文明的热爱；听印度音乐，对印度文化产生的兴趣，这些就是我从小培养起来的对古国文化的情感表现。如果你对某件事物越来越有感情，作起画来就会从容很多。

我觉得画画主要靠的是积累。虽然我们经常提灵感，似乎认为灵感是突如其来的，一下就钻进心里，但是在客观上，灵感的激发需要依靠素材的积累来完成。如何画好一个题材，首先要经常地、不间断地累积有关素材。去巴基斯坦之前，我有过一个漫长的素材积累过程，搜寻了一些有意思的画、印刷品，再把它们画下来。这样每天坚持，我对巴基斯坦就有了很清晰的印象。这种方式就是我的绘画积累方式，累积到一定量的时候，就会产生另一种效应，那就是灵感。因为事前的积累，后来到了巴基斯坦，眼前的实景和脑海中所积累的印象相互碰撞出火花，在那里所看到的一切都能激发我的灵感。我画了很多关于巴基斯坦的画，但不是随手所画，而是我真真实实地有感而发。在我看来，要画出一幅好画，不能只是被动地等待，还需要主动地寻找，把灵感与积累这两方面主动联系起来，最后才会呈现出耐人寻味的画面效果。

有人问我，为什么可以把印度和巴基斯坦系列画得这么好？有很多人也去过印度、巴基斯坦，但他们回来后没有画出精彩的作品。有些人去了好几次，拍了许多照片，但结果并不令人满意。甚至有人说，在印度看到的人很丑，风景也不好看。确实，印度给我留下的不是一个十分完美的形象，但在我心中却存在着一个美好的印度形象，它占据了我创作的百分之五十。当我将心中的印度和现实中的印度糅合在一起的时候，才会产生这种效应。艺术家之所以为艺术家，是因为他内心有一个美好的追求，这要用绘画去表达，要不然他为何要画画？那些从印度、巴基斯坦归来，却画不出好画的画家，一定是缺少了那百分之五十的美好理想，所以创作不出新颖的画作。画家作画不应只局限于眼前的事物，而要把自己内心的感觉融入画面中，这样才能源源不断地创作出真实的、美丽的画作。美并不等同于漂亮，这两者有一定的区别。漂亮是好的，但是只漂亮还不够。美包含了由内心散发出来的美好激情，这股激情需要画家诠释出来、表现出来、画出来，这一点我认为很重要。有些画家的画，让人感觉灵感已经枯竭了，这正是因为他们丢失了对事物的新鲜感和激情，画面中留下的都是旧的东西，没有创新。但我对印度、巴基斯坦的感情不但从未随时间消减，反而愈加深厚了。我是个容易动感情的人，在我的心里

《赶集》

一直还保留着那份对印度、巴基斯坦的新鲜感和激情。每当想起或是看到有关印度、巴基斯坦的事物时，我的脑海里就会产生新的东西、新的感受，所以画面中有延续之前的创作元素，但更多的是增添了新的元素。

巴基斯坦和印度的宗教的多样性，是其他国家不可比拟的。虽然我们中国也有不同的宗教，但数量并不是很多。在印度，目前有分量的宗教有30多种，加上小的宗教，能达到50多种。多种宗教生存在印度这块土地上，这使当地的社会情况相当复杂。你如果花时间去研究宗教，就会发现宗教的多样性直接影响着艺术的多样性，它是一股不可忽视的力量，与艺术紧密相连。到了当地，就会发现那里不仅宗教种类繁多，其音乐与绘画方面的种类也多种多样。每个成熟的宗教都有自己的造像系统。如果以宗教与艺术的关系作为专题的话，将会是一个很大的专题。到了印度之后，我发现宗教原来可以多样共存，这对我的创作理念产生了新的启发。宗教是印度社会最重要的组成部分。如果你对他们的宗教理解得越深入，那就有越多精彩的东西可画。从艺术的角度、宗教的方面去画，可以表现的东西太多了。至今还有很多东西我没画出来，可以一直画下去。在我的有关印度的画作中有许多宗教的元素，其中画面中人物的动作就包含了某种宗教的意义。所以，对当地宗教的理解，使我的画更贴合当地风情。

我常画女性题材，这些美好的女性就是我的艺术追求，我对她们的美好是有动感情的。这不是说不能画男性，但是我看着他们不会动感情，所以就画不出好作品。但凡看到美好的女性，我就赶快画下来。当然，动感情能让我有作画的冲动，但真正要画好，是需要绘画技巧的。在用色方面，我很容易被某种颜色引发激情。作画之前，当某种色彩触动了我，我就想把它用到我的画作上，就会思考如何运用这种颜色，用到哪个地方最为贴合。比如，我运用了一种红颜色，我的感情色彩就会变成红色，呈现出来的画面感是红色的、热烈激情的。色彩中有冷色、暖色之分，有的人喜欢干净的、淡淡的颜色，而我一直倾向于使用暖色，喜欢浓烈饱满的颜色。有的人喜欢用水把颜料调稀，这样的颜色会使画面变得单薄，而我喜欢直接上色，这会使画面比较厚重，因为我追求一种浓烈的、具有厚重感的画面效果，这就是风格的迥异。再说到用笔，我最初追求用笔的力量感，而随着年龄的增长，现在更注重画面的厚度。我提倡画面的“起毛”，就是当笔画下去时，在笔触周围产生如细毛一般的墨丝，这些“起毛”状的用笔可以使画面产生厚重感。一旦下笔，“起毛”的状态和厚度就定型了，这很考验一个画家用笔的技巧性。画家在成长的过程中会经历这一步：同样一支毛笔下起笔来，或是“起毛”，或是不“起毛”，这需要长年累月的绘画训练才能达到。

与南北各地画派之间的交流

我自己也没刻意去区分海派还是岭南画派，只是一直画画，从我的童年一直画到现在。40岁以前一味想创新，以为新就是好的。40岁后听人说了点道理，自己读多一点书，就以为区分真与假、精与粗、高与低是更重要的所在。我一直把艺术创作的概念理解为：“我—作品—欣赏群”。

30多岁后，跟北京等地文化圈联系密切，多的是北方的朋友，黄永玉、华君武、黄苗子……生活里面有好多老师和朋友，他们的积累，使我走进了另外一个高度。同样的做人，有的人一辈子就留下一两句话、一两个字，足够了。程十发对我说的话，直到现在我还记得，他主张要敏锐地抓住意外之笔，天天都要寻找意外的那笔，这是神来之笔，这个很重要。我受用一辈子。黄胄画巨轴，可以就局部着手，顺当画去，大局紧凑，非琐碎堆叠之流可比。李可染留下的东西很值得我们去研究，他大胆地用黑，很震撼人。关山月晚年执笔拼指如拳头，使笔如使拳，运毫如运指，按提导送犹如虎跳龙跃。黎雄才极其重视写生功夫，积稿盈箱满筐，页页有出处。他画山水，极少题诗，应是诗在画中。

岭南画坛多融入外来的画家，20世纪80年代以来，画人南迁入广东的很多，有来自武汉的皮道坚，来自湖南的杨福音，来自安徽的应天齐，来自南京的王孟奇，移居到深圳的有王子武、江文湛、王川、李世南等。王川从四川过来，本来学油画，到深圳后改抽象水墨一路。王子武、江文湛、李世南都是从西安过来的，都是西安画派扛鼎的人物，江文湛擅长花鸟，极具新意，有传统笔法又有现代构成味，可惜1986年又回西安了。李世南于1991年初进入深圳，他深得石鲁的精髓，画风在写意中嬗变。老画家陆俨少、宋文治则先后遣儿辈安居深圳，我有闲暇则经常赴深圳与他们交流。

山水、人物画创作的审美追求

我开始学习绘画时主要学习素描，进入学院之后，就专门学习中国画了。当时的中国画系没有将人物、山水、花鸟画科分开，我个人的学习也一直没有把这些画科分开来。客观上说，我的画以人物画居多，大家见到的大

1987年于广东画院画室

多数是我的人物画。实际上，我也有画山水画、花鸟画，甚至用其他画种的工具作画。

对我来讲，素描是初学画时老师教授给我的绘画方式，也是我绘画的起点。在美院附中时，老师对我要求很严格，因此我的素描基本功很扎实，至今我的画作中仍能看到素描功底的痕迹。素描的学习对我影响很大，之后的学习也没能让我改变素描的作画方式。我的创作是在素描的基础上发挥的，它是我一切绘画的基础。对于素描，现在有几种不同的说法，有人说素描非学不可，也有人说学习素描害死人。在我看来，大概没有"害死人"这种说法那么严重。素描对一个人影响的好坏，不在于素描本身，而在于这个人如何去运用它。按照我的理解，任何一种绘画模式，只要控制得好，都可以产生效果。素描对我的中国人物画创作没有危害，反而起到了促进作用。因此，不管选择何种工具、模式，关键在于如何去运用。选择适合的工具、模式作画，掌握它在绘画上的优势，能更快出效果。像我的大量插图是用钢笔所画，很少人用钢笔画插图。我选择钢笔，一方面是因为它使用起来很方便，兴起便可拿起作画；另一方面是因为作画时我能较好地控制它。所以钢笔是适合我的绘画工具。如果觉得某个工具"害死人"了，那一定是没有选好适合自己的工具，没能掌握它的优势所在。因此，工具没有优劣，全靠个人控制。

每个人天天都在变，不过自己有意怎样变而已，时间在动，时间在变，人不变的很少。1999年3月，我病后，第二年开始从头练字，好多字都不会写了。病后15年，我大画特画，想着我有那么多的好纸，我有20多年的老纸，我要画，不要浪费了。四尺整纸，一下张贴十张八张的，放开来画。画国画应该吸收西方现代艺术的长处，继承传统艺术的优实，扎根于地方特色中，寻找自己独特的艺术风格，这是当今纷纭中我的自律。不要去捡传统艺术这棵大树的落叶，而要加倍小心去护理任何一个新芽。

看过我画的美女，其实这些是我想象中的美女。倒过头来，产生美女的这个形象不是具体的，都是意象的，是由很多氛围构建的，如音乐，如其他，有美好心态，才能画出美女，画出山水，这种山水是心里头喷出来的山水。富于诗意的画，事实上要求画家先就要有诗心诗眼。当画家只有描摹手段时，大致就失去了诗意。技法如果只是描摹物象，那画中还能容下什么呢！概括、抽象本就是画家常用的手段，而概括抽象到哪里去，能否恰好地涵盖着那诗的意境，其中就显出了手段的高低，大致也就是画家的高下了。

我十来岁的时候，经常可以听到一些来自印度和巴基斯坦的音乐。我对那些音乐很是喜爱，内心很容易受到它们的牵引，以至于后来形成了边听音乐边作画的习惯。在画某个题材的时候，我喜欢找一些跟这个题材有关的音乐听一听，增加对这个题材的创作感情。音乐与艺术创作所产生的化学反应是非常特别的，音乐挑动人心，而绘画由感情而来。有些人说，画画一定要有安静的环境，而我是属于不喜欢安静的类型。我倒很喜欢作画时听点音乐，包括中国古典音乐、潮汕音乐、印度音乐等，这样能使音乐与绘画互相渗透、互相促进。

我追求的是美。为了追求美，我必须同时看到丑，并以对丑的贬斥来歌颂美，倘再加上我对美的直接歌颂，加起来大致是我的全部了。艺术家不在于战胜别人，主要是看能否战胜自己，战胜别人是业绩，战胜自己好似完善，业绩只是记录，完善却是终极。

艺术人生与创作理念的变化感悟

对于画画，很多时候是你画了几十张画，到最后只有一张是真正觉得好的。画家每天画的画都很好，这种理想状态很少有。有些画家灵感突来，才画一两张画，这对画家来说是很忌讳的。画画与唱歌、跳舞不同，歌唱完就走了，舞罢就谢幕了，效果好与不好，过段时日就会被人们淡忘。但是画家不同，画就挂在那里，人们一遍又一遍地观赏，有何缺点错漏总会被看出来；也不可能把画收起来，画一旦交出去，想不认都不行。因此，画家交出来的画，要经过自己的反复检查，要自己觉得真正好的才能拿出来。往往交出一张好画的背后是无数张画稿，需要付出很多的努力，一下就画出好画是不可能的。一首歌可以唱几次，一台戏可以演几场，但同样一张画不能重复画，而要不断创新。像我要用笔表现画面的厚重感，解决这个技巧性问题很难，也不知道自己能否做到，但我有了这个想法就试着去做，这是我的个人追求。画了几十年，我都是在解决这个问题，但实际上这不是个十分宏大的问题。当别人问，你天天在干吗？你说，你在画这画的厚度。这回答让人感觉在胡说八道，别人不一定能看出画面的厚重感。有些时候，我觉得画家是个很糟糕的职业，不能休息，压力很大。

大概几年前，在一篇写给自己的文章中，我就说过：“我以为不必求第一，我只求唯一！”以前我们画画都要追求名次，现在我不这么想了，我只求唯一。我觉得很高兴，终于找到一个词来说明自己。因为像我现在这样画画，我做到了我个人的唯一，跟别人毫无关系，我画自己想画的画，这就可以了。若做了和别人相近的东西，然后拿出去与别人竞争，争个第一又有什么意思呢？我现在画的是属于自己的画，不管是优点还是缺点都是唯一的，别人没法比，也谈不上什么竞争了。我以为不必求第一，我只求唯一！这个想法也许是我想了几十年才想出来的。这样画画更轻松，创作也没有了局限，反而更能画出好东西来。

我目前的状态，因年龄和身体的问题已少有画画。有人认为，我的创作过程好像很厉害、很伟大，但其实一辈子过来，我自己感觉非常平常，并不是很了不起的样子，生活本身就是非常平常的，如此而已。你知道，我旁边有很多人“很厉害”，有些讲话吓死人了，做得、讲得非常“像”一个大画家，说真话，我不是这种吓死人、很厉害的大人物，我没有认为好像自己很了不起、很厉害，我就属于非常平常的一个人，我的确只有平常心。我就是想画，很喜欢画，本也就专门画画，画得很有兴趣，画得很动感情，还有我们一批同道人一起在不断画画，如此而已。

在艺术里我是一个孤独的状态，确实是这样。因为画画于我是日常平常，与此同时，日常里我又会有很多古灵精怪的想法。年轻的时候可能自以为了不起，每一个艺术问题甚至每一笔都很具体、很尖锐、很突出，像在五六十岁的时候，那时候讲的话都是很明确的、很厉害的。我现在已经七八十岁了，现在再想就不是这样了，好像这样也可以，那样也可以，无执无惧，考虑的问题也越来越宽了。

其实，生活本身就是这个样子，有时感觉有些问题一下子好像很明确，但认真做下去的时候，这些问题又会变得不明白了。

有些事情好像想得清清楚楚，有些事情好像老是想得不清不楚。可能某些事情本就是很明白的，但与此同时也有的问题是永远不明白的。世界就是这个样子，艺术世界更是如此。有些问题从这个角度想是这样，从另一个角度想又不一样了，你站在这两个角度看看都很好，但走完了感觉又不一样，但这何尝不是我们艺术创作与思考的意义与趣味所在呢？明白时要画，不明白时更要画，在不断地画中解决！

在画家里，我一辈子都对王肇民的画印象很深，而且越来越深。人一辈子看重的画其实就这么几张，王肇民的画却是让人越看越觉着分量重。以前看他的画，会想到画背后的具体的人。后来他过世了，我看他的画，却越看越感受到其中蕴含的大的格局、沉甸甸的分量。这就很有意思了，有些人的画，让人觉着越看“越大”，有些人的画被我们看了，越看“越小”，越看不出什么意思了，甚至还忘掉了，忘了看了他的画了。王肇民的画都不是很大尺幅，所以艺术里真正的“大”“小”不一样，大尺寸、大画幅不等于大格局、大分量，我们看到的“大”可能只是“小”。

说到好友，我印象中汤小铭这个人很有意思，跟他聊天很有意思，能感觉到他心里想的问题确有着很宽大的分量。在画画方面，我则认为他是很厉害的！一个画家无论处在什么位置，评价标准都很明确、很简单，就是画得“好”还是“不好”！

而我，心中始终荡跃着那一股浓浓，唯一，唯美，唯平常而已！

（撰文：杨逸）

创作《南方日报》创刊70周年大画

大家印象

一条路　一辈子

美国诗人罗伯特·弗洛斯特在《未选择的路》一诗中写下：“黄色的树林里分出两条路，可惜我不能同时去涉足。”诗人用林子里的两条路来比喻人生选择的两难，选择其一，必定会对另一产生不舍与期望，也许这就是人性，世人在左与右、进与退、得与失之间，接受考验，给出艰难的回答。

但是，有一个人有些特别，他在年纪很小的时候就知道了他所要走的路在何方，不是两条路的选择，只有一条必走的路，自己的路，清清楚楚，明明白白。从潮州到广州，从年少到白头，从画什么到怎么画，他毫不含糊，即便暂时迷失在创作的困境里，他也一样斩钉截铁非这样不可。他说自己从来都不追求第一，只求唯一。在艺术上，别人画过的，他不画；自己画过的，也不画，所以，几十年里，他让来避去，走在自己的路上，沉浸陶醉幸福痛苦，如此地乐此不疲安享独乐乐。他甚至反感将其归入某某画派，他说，一定要贴个标签，他就是“一人派”“自己派”。厌恶站队，不需要抱团，对于“有某某的名号而添加了说服力”的说辞认为可笑。他就这样固守在自己的艺术世界里，如果有好心的人来告诉他，前面有沟壑、此处是禁区、春天在远方，他会笑一笑但并不打算调整自己的节奏。在他看来，画画是个人行为，是一个人内心的火在燃烧，控制不住地从眼睛里、从手下的笔墨端，喷涌而出，这一切谁又能阻止或者改变呢？

那么，灵感从何而来，源泉在哪里？这一生一世坚守的道路是谁在指引？巨大的利益是接还是不接，位高权重的繁华避还是不避？这些几乎都不是问题，因为答案只有一个，听从内心的召唤。有一个声音总是在此时响起："注意，够了！"于是，回到原点，一支笔一面墙，如此而已。

唯一，并不是了不起，但是如果人云亦云，还有什么必要存在呢？你画出了画，但分明又是他人的影子，除了羞愧还浪费了上好的纸墨，这件事实在是做不得。

这就是林墉，一位除了画画，其他任何事情都可有可无，可好可不好，包括小病还是大病，生抑或死，全都好商量不纠结，但是，林墉画画的事，他人永远说了不算。

一条路，一辈子。

——管琼（广东书法与文艺研究院研究员、《粤海风》副主编）

赵宋光

写就生命的百科全书

人物简介

赵宋光，男，汉族，1931年9月出生。从事文艺工作69年。是我国杰出的美学家、教育家、音乐学家，星海音乐学院首任院长，广东省音乐家协会荣誉主席。著有《论五度相生调式体系》、《论音乐的形象性》、《论美育的功能》、《中国民族音乐形态研究与阐释》、《音乐美》、《赵宋光文集》（第一、二卷）等。曾获第三届广东文艺终身成就奖等奖项。

若干年前，齐鲁书社曾出版赵宋光的传记，作者刘红庆将这部作品命名为“耀世孤火”。其中的“耀”与“孤”，极大程度地概括了赵宋光独树一帜的学术性格与艺术人生。

翻开赵宋光的履历表，有太多为人称道的成绩闪耀其间。他矢志不渝推进中国音乐实践发展，创立了“五度相生调式体系”，建立了区别于欧洲大小调体系的中华民族音乐调式体系等。他在音乐领域中关于律学、调式、和声等方面的多项研究，展示了中国民族音乐的强大诠释力和再创造力，无论是在精深度、宽广度，还是实用性、开放性，都具有极其重要的学术价值。

赵宋光著述颇丰，《论五度相生调式体系》《论从猿到人的过渡期》《论音乐的形象性》《数学教学方法新探》《音乐哲学漫话》《音乐美》等作品凸显了他不同时期的学术志趣。不仅如此，他还率先提出了“匠哲精神”，在哲学、美学、教育学、心理学、数学、天文以及水利工程等多个领域均取得丰硕的成果。

从律学研究到平均键键盘的发明，从和声学构建到“立美”理论的创立，从儿童数学教学的开发到治理黄河方案的提出……赵宋光广泛的兴趣爱好，在让他收获求知乐趣的同时，也将他塑造成视野开阔的“百科全书式学者”。若用时兴的概念来形容，他可谓是一位不折不扣的“斜杠青年”，敢想敢做，精力旺盛。

赵宋光的经历，或许可以为人们带来一些启发——打开自己，发现知识的妙处，向热爱的领域无尽地探寻，从而找到人生的使命与意义。

“学霸”养成记

1931年9月4日，我出生于一个普通家庭，父亲叫赵宗福，是一位牧师，母亲叫章卫贞，曾教过算术、地理和英语。结婚时他们甚至商定了六条持家纲要，“事无大小，同心协力，一致向善”被写在了第一条。

那个年代，父母因工作的缘故，四处搬家，于是他们习惯了用地名帮儿女取名。在我出生前，他们俩刚好搬到浙江湖州，父亲写下这样一段话：“‘宋’，住也，‘光’指湖光山色之光，纪念住在湖（光）州；住在光中，一定会明，故单名明。”于是，我就有了伴随一生的名字——赵宋光。

我是在医院出生的。回到家时，哥哥姐姐放了一百响鞭炮。长大以后，我从家人口中得知了这个仪式，一直感到很温暖。在童年时期，我跟随父母搬了很多地方，浙江南浔、江苏苏州、云南昆明都留下了一家人的足迹。9岁时，全家又搬回苏州，这次住了比较长的时间。

与音乐的结缘，是从我10岁学习钢琴开始的。当时小姐姐赵审雪跟着大姐赵寄石的朋友毛月丽上钢琴课，我也一起跟着去玩。没想到，才刚接触钢琴，便产生了浓厚的兴趣，父母知道以后也非常支持。现在想想，毛老师的教学方法，对我产生了很深的影响——上课的时候，她会用一个纸板把我的手挡住，要求我两手贴键弹奏，这种规范的引导，让我练就了扎实的视奏基本功。

后来，家里也给我请了钢琴老师，我更加奋地练习，有时能够一口气弹足8个小时，进步也就更快了。日本发动太平洋战争时，苏州博习医院的美国院长撤走了，他们家的一架钢琴寄存到我家。在这样的机缘下，我有了更多的机会在家里练琴。

与此同时，我学习其他学科的天赋也展露了出来。我从不复习功课，但总能考到第一名，因此也有了更多的时间做自己真正喜欢的事情——绘画、练琴和练书法。当然，优异成绩的取得离不开家人的帮助，以数学为例，妈妈经常一边做饭，一边为我解释应用题的解法，教我如何运用加减乘除。她的言传身教，循序渐进地开启了我的数学思维，为我此后的人生奠定了坚实的数理基础。

随着看的书越来越多，我从17岁那年开始研究辩证唯物主义，当时有很多年轻人都受到了高尔基的影响，“到民间去，为无产阶级求解放”的思想非常流行。

对辩证唯物主义的思考，可以说是我一生的宝藏。时隔多年后，有人采访我，如何能将这么多学科领域的知识融会贯通，形成自己的知识体系？答案也只有一个：“我是用马克思主义唯物辩证法将它们联系起来的。”

我当时在东吴大学附中念高中。1948年底到1949年初，社会上发生了很多事情，我回到松江的家里，就不想再回去了，不过，我一直记得东吴大学的校训“养天地正气，法古今完人”，并以此作为人生信条。

偶遇《声律通考》，发明“律吕式”键盘

在家的时候，我开始思考自己的未来，表舅那时在上海开了一家古籍书店，于是，我跑去找他借了一批书，渴求通过阅读，来了解中国古老的文化脉络。在借回家的这批书中，有一本是清代学者陈澧的《声律通考》。就这样，我遇到了自己的第一本律学启蒙读物，它可谓是“人生之书”，启发我设计出“律吕式”键盘。

我将中国古代的“六律”“六吕”观念用到了琴键的设计中，原来学弹琴需要学会十二种指法，现在只学会两种指法就行了，不懂五线谱的人用简谱也可以演奏。我对发明“律吕式”键盘这件事一直很自豪，于是找了一个木匠，将心中的设想转化为一副实实在在的键盘模型。

这款键盘，到了1958年才为人所知。那年8月15日，《人民日报》专门报道了利用这款键盘制作的“平均键”轻便钢琴；次日，《光明日报》也发表了文章《中央音乐学院师生苦战十天制成一架轻便钢琴》。不过，在央媒报道之余，“律吕式”键盘在后来并未得到普及，我感到有些遗憾。

在北方求学

五年读了三所大学，从哲学转学到音乐学

考大学时，北京大学哲学系和北京师范大学音乐系都录取了我，我思来想去，还是选了哲学。当时课业非常重，累的时候我就跑去做几道高等数学题，做完就会立刻恢复精神，权当是一次愉快的放松。

在北京大学求学的过程中，我遇到了很多好老师。当时有位胡绳教授，教的思想方法对我影响很大，后来我一直提醒自己要用辩证观点看问题。

后来又遇到了一位叫胡世华的老师，教我们数理逻辑。他看出了我在音乐学上的潜质，对我说：“哲学有了基础以后可以自修，但是音乐是不能耽误的……你应该趁早专攻音乐。”

他还特地向燕京大学音乐系主任许勇三写了推荐信。许勇三专门为我准备了转学考试——弹钢琴，一是视奏，一是背奏。我凭借扎实的功底，顺利通过了。

当时燕京大学音乐系办得很有特色，教育虽是西式的，但它对本土文化的吸收与继承，对中国音乐传统的重视，在今天看来仍然很有远见。我就在这里学会了单弦牌子曲，并开始关注中国民间音乐。

1952年初，全国院系大调整，燕京大学音乐系并入当时在天津的中央音乐学院，因此我转入了中央音乐学院理论作曲系，这里的主流虽然是西方的音乐教育体系，但也不乏研究本土传统音乐的专家，例如缪天瑞老师，他所著的《律学》对我影响很大。

这一时期，我对具有民族特点的音乐格外关注，例如维吾尔族大型传统古典音乐——十二木卡姆所带来的异域风情，令我很神往。总体而言，中央音乐学院所赋予的教育和滋养，为我日后研究民族音乐学奠定了很好的基础。

赴德国留学，出版《论五度相生调式体系》

1954年，我大学毕业了，理论作曲系主任江定仙要求我脱产学习俄语，为苏联专家来讲学做翻译准备。在担任了一段时间的课堂翻译后，苏联专家提议在学校举行一个创作比赛，我就在这个时候，与爱情不期而遇。

筹备创作比赛时，有一位叫史介绵的作曲系女生为《列车在轻轻摇荡》谱了曲，特意找我请教，我认认真真调整了她的句法，又给她配了伴奏。后来，她凭借这首曲子获得了比赛的一等奖。一来二去，我们都很欣赏彼此，便结下了深厚的情谊，正式开始交往。这么多年过去了，我还能将这首曲子的旋律默写出来。

不久后，文化部派我出国参加德意志民主共和国举办的“音响师训练班”，我和史介绵决定赶在留学前“突击结婚”，那天是1956年的10月7日。史介绵后来分配到中国歌剧舞剧院担任指挥，指挥过歌剧《小二黑结婚》《白毛女》《贺龙之死》，还指挥过中央乐团合唱团，曾担任1975年7月“纪念聂耳冼星海音乐会”的女声小合唱指挥。20多年后，她又与我一同在广州星海音乐学院工作，曾指挥学院学生演唱《黄河大合唱》，也曾在作曲系、教育系授课，当然，这是后话了。

回到我远赴德意志民主共和国留学一事，那时建议举办“音响师训练班”的艺术批评家戈德施密特，在与我接触一段时间后真诚地跟我说：“我建议你一年以后赶紧回去，把音响导演这个事情交给别人来办。你认真搞你的作曲。”我认真思考了他的建议，在这一年间看了几十部歌剧。德国的、意大利的、俄罗斯的……只要有时间，都准时去剧场报到，鉴赏能力和德语水平因此得到了很大的提高。三个月后，我开始担任德国教授的课堂翻译。

1957年7月，我拿到结业证书回国，创造力仿佛被激发出来了。在律学与和声学的基础上，我设计出了《和声方位图》，它将大和弦与小和弦连缀成网，在此之前，和声学与律学是分开的，几乎没有人把两者放在一起研究。

不是自夸，《和声方位图》可以说是音乐界的“元素周期表”，把看不见也摸不着的声音，变成了可以量化和直观感受的元素。不过，与“平均键”钢琴的命运相似，半个世纪过去了，这张图既没有指导教学，也没有引导实践，并没有发挥它真正的作用。

那年除了《和声方位图》，我还写了一篇《论五度相生调式体系》。中央音乐学院没有学报，这篇《论五度相生调式体系》的文章就在院刊上连载了。在这篇文章中，我研究了中国汉、蒙、藏、侗、苗、瑶、黎等民族的民间音乐所用调式的整个体系。这些调式不同于大小调和大小调系统的各个调式，都是以五声音阶为基础的。它跟和声学也有一定的关系，从理论上完全可以和西方的理论分庭抗礼。

文章发表以后，学界有不同的看法，甚至很多人持反对的意见，但有意思的是，到了1960年，上海文化出版社的工作人员恰好看到了这期院刊，希望以专著的形式出版这篇文章。于是，我把相关内容重新写了一次，形成书稿交给上海，共15万字。4年以后，《论五度相生调式体系》终于出版了。

这本书从“概念”到“调式结构”，再到“音阶性格”，最后到“转调”，对中国传统戏曲与民歌的调式进行了梳理。

这次研究，虽然没能如愿为作曲系学生在寻求民族风格的道路上提供明晰的指引，但对自己来说，它仍是一个重要的存在。

不久后，我到中国音乐研究所去做科研工作。1960年有半年多的时间，我参与了文化部艺术局《艺术概论》的编写工作。编写组成员来自中央美术学院、中央戏剧学院、中央音乐学院、北京电影学院这4所文化部直属院校。

我们一起在文化部后面的招待所里住下来，集中讨论编写。我当时负责撰写艺术门类与艺术形式这两方面的内容。定稿后，《艺术概论》就从1962年起，以内部印刷的形式，提供给各个艺术院校使用。

同年6月，我完成了《试论音乐艺术的形象性》的初稿，强调音乐社会学与音乐工艺学的统一。不过，这篇文章没有获得发表的机会，在当时的环境下，它甚至被视为需要批判的反面材料。

可令我有些不可思议的是，在批判会议结束后，音乐研究所的相关人员没有把这篇文章的油印件扔掉，而是保存在研究所的档案里。在研究所档案室沉寂了16年之后，也就是1978年，一位叫王宁一的考生，在故纸堆中找到了我这篇《试论音乐艺术的形象性》。

王宁一当时考上了中国艺术研究院的研究生，师从郭乃安攻读音乐美学，对这篇文章评价很高。在他看来，这是20世纪中叶出现的“一篇真正达到了美学高度的专论，而且是1979年之前出现的唯一一篇”，足以“成为我国音乐美学从引进、学习、应用到独立思考并试图有所超越的一个标志”。到了1979年，《试论音乐艺术的形象性》迎来了转机，《美学》的主编李泽厚坚持要在第一期刊登这篇文章，他从自己的书柜里把油印件找了出来，交给我重新润色，不久，它终于公开面世了，我的努力没有白费。

我在1962年还写过一篇文章《关于器乐塑造形象的几个问题》，阐释将歌曲曲调当作符号来使用，会对器乐发展产生的不利影响。虽然这篇文章在当年9月的《人民音乐》顺利发表，但那时社会上的声音很多，我的观点显得有些“不合时宜”。

很多年后，王宁一认为这篇文章是《试论音乐艺术的形象性》“若干观点的具体运用”。我很赞同他的看法，自己之所以开始思考“音乐的形象性”的问题，是与当时的创作实践相关联的。

古人说“三十而立”，我的思想也是在30岁左右形成的，《艺术概论》《论五度相生调式体系》《试论音乐艺术的形象性》《关于器乐塑造形象的几个问题》都发表在这一时期。

思想的形成与阅读列宁著作《哲学笔记》、黑格尔著作《小逻辑》密切相关，它们让我对历史发展和人类进步有了越来越深的认识。换句话说，人的认识能力，总是随着他的生活实践来提高的。

筹建中国音乐学院，另辟蹊径研究小学教育

20世纪60年代初期，我成为中央音乐学院的编余人员，人事部门对我说：“你自己去找工作吧！”那时，山西大学艺术系主动提出聘请，中国歌剧舞剧院也让我去担任专职作曲，我因此思考了一阵子。

不久后，周恩来总理下达了创办中国音乐学院的指示，史介绵在东北鲁迅文艺学院时的老战友在文化部工作，他主动介绍我参与中国音乐学院的筹备工作。

我全身心投入筹备工作中，还因此中断了与李泽厚至少每月一次的见面谈话。我在筹备组里，并没有任何行政职务，领导要开设亚非拉音乐课，自己只好一点点学起，先是朝鲜、越南，接着是印度、印度尼西亚，再到阿拉伯。不过，这门课程并没有如期开办，只开设了几次讲座，而我却通过这段短时间的学习，大体能够读一读越南和朝鲜的文字资料。

不久后，“社会主义教育运动”如火如荼开展起来，我和30多位同事、学生来到了扬州邗江。自18岁北上求学、工作，我已经16年没有回到南方了。

在扬州时，蒙古族学者乌兰杰和我同属创作组，他根据别人的本子创作出同名歌剧剧本《两双鞋》，我专门学习和研究了当地的民间戏曲扬剧音乐，创作了歌剧中的音乐部分。当时宣传队人手不够，我还演了歌剧中“生产队会计”一角。

我演戏好像很有天赋，不少专家误以为我是专业演员出身。这部歌剧在演出后受到了广大群众的欢迎，回京后还被评为优秀节目，专门为文化部作了汇报演出。

1967年初，我受到心理学著作《儿童心理发展概论》《思

维及其研究道路》的启发，开始反思我们的传统教育。

我从中国音乐学院图书馆借到相关书籍，开始摸索小学生教学法。我有两个儿子，一个是出生于1958年的长子赵小刚，在1965年时已经到了上小学的年龄，另一个是出生于1961年的次子赵小健。

我希望他们能在科学技术领域积累下扎实的功底，并为此做出一些贡献。我把当时探索出来的一些方法，用在了两个儿子身上。1968年到1978年间，我一共完成了30多篇“教学法”研究手稿。

到了1978年，北京市育民小学很快就邀请我组建了“数学实验班”，每周上两节课，教学效果还不错。1983年暑假，“数学实验班”里百分之八九十的学生都进入了北京师范大学实验中学。几年后，这些学生从实验中学毕业，有不少考上了清华大学等名校。其中，樊晓晖与郑立中后来赴美留学，分别成为蜚声国际的天文学家与计算机科学专家。现在想想，“数学实验班”真是一次很成功的试验。

除了践行小学数学教学法，1978年还发生了一件大事——中央音乐学院恢复了。那一届的学生有谭盾、郭文景、叶小纲、陈其钢、瞿小松、刘索拉、张丽达、张小夫、苏聪、周龙、陈怡、艾立群等人，后来都出名了，可谓是“群星闪耀”。

苏聪1988年即以《末代皇帝》获得奥斯卡最佳音乐大奖；谭盾1999年以歌剧《马可·波罗》获得格莱美作曲大奖，2001年又以《卧虎藏龙》获得奥斯卡金像奖最佳原创配乐奖；而陈其钢为2008年北京奥运会创作了主题歌《我和你》……

这届学生从各地来到中央音乐学院，文化背景丰富，眼界比较宽，领悟能力强，学习各门功课都很下苦功。更重要的是，他们并不是高中毕业后就直接上大学的，因此，他们拥有足够的生活经验，能够涌现出大量灵感，这才是最宝贵的。

当时我被安排到作曲系教民歌与和声学，和声学的理论体系存在不少问题，我努力尝试去讲与其不一样的和声学。不过，我所讲解的和声学颠覆了主流的权威论著，后来成了选修课。记得郭文景、叶小纲、张小夫、刘索拉都选修了我这门课，上课旁听的有几十个人，还有校外来的，反正教室都坐满了。

刘索拉跟我来往很多，后来她写出了著名小说《你别无选择》。“你别无选择”是我的原话。刘索拉当时喜欢文学，音乐觉得太难，学不下去，她问我："到底要不要在作曲系继续学呢？"我说："你别无选择。"事实上，我跟很多人说过类似的话，也对自己说过。

南下赴任广州音乐学院院长，编写《中国大百科全书·音乐舞蹈卷》

在一次歌剧界的会议上，我见到了时任广州音乐学院院长、党委书记梁寒光，跟他说了近况。他最早是在我念大学的时候知道我的，那时他应许勇三的邀请到燕京大学讲学，询问哪个学生能学出来，许勇三指着我说"赵宋光可以"。因此，他对我印象比较深。

1981年，梁寒光给中央组织部打报告，要求调我到广州当教授。几经波折，我拿到一纸调令，在1984年离开了中央音乐学院，南下出任广州音乐学院院长。

在中国现代音乐的版图中，广东占有重要的席位，曾经涌现出萧友梅、马思聪、冼星海、李凌等一批杰出的音乐家。其中又以写出《黄河大合唱》的冼星海影响最大。1945年，他不幸在哈萨克斯坦病逝，直至1985年，冼星海的骨灰和流散在海外的手稿才回到中国。在迎冼星海骨灰回家乡的活动中，就有老干部提出建议，将广州音乐学院易名为"星海音乐学院"。

广泛参与哲学界、音乐界的学术研讨会

到了12月2日，星海音乐学院命名庆典举行，我宣读了题为《时代的号手，大众的知心，民族的先觉》的献词，心潮澎湃。在我看来，学校取"星海"为名意义非凡，表示我们矢志不渝地坚持他开创的音乐教育事业，坚持跟人民大众贴近的、重视民族音乐的、研究民歌的方向，而不是简单地把国外的东西照搬进来。

在星海音乐学院工作时，我积极申报"岭南音乐文化研究基地"，创建了一个"传统乐种研习系"。我后来在星海音乐学院创建"岭南音乐文化博物馆"，建立"传统乐种研习系"，其实是受到了20世纪20年代，萧友梅等前辈在北大开设"音乐传习所"的影响，不过有些遗憾，"传统乐种研习系"

成立没有几天就给撤了。

在教学领域，我要求视唱练耳教研组开发唱名法实验方案，得到了学生们的认可，音乐学院附中也在尝试使用。对于“变唱名”太多的情况，我设计出让唱名词汇整体移动的方案，跟曾侯乙编钟的体系很相像，称为“三轴协变唱名法”。不过，这一项实验并没有坚持下去。

对于星海音乐学院的教学改革，我的理想与追求有时会遇到一些阻力。但不断疾呼，不断倡导，本身就具有价值——我守住了一些信念。据说，后来的几任院长在任期内还一直坚持着我的教学理念。

事实证明，坚持将学校置身于地域生态文化中，形成办学风范和地域文化生态的特征，的确对星海学院的发展有益。

当时，除了关注音乐教育，我还花了不少时间研究美育。1981年，在育民小学进行教学课程改革的时间里，我发表了文章《论美育的功能》。在我看来，在“真”“善”“美”的关系中，三者并非并列关系，而是“真”与“善”对立，“美”作为中介结构形式，来调解“真”与“善”的对立关系。

这个调解的过程便是“立美”，而“审美”是对“立美”的复现与观照。那么，美育就包括“立美”和“审美”两部分教育。育人始于立美，“立美教育”不是“审美教育”，“立美教育”关照所有学科，更包括学生的思想建设。

当然，从技术层面讲，“立美教育”的教学方法应是“以美引真”。在这一思想基础上，1986年7月，我在中国少数民族音乐学术讨论会第二届年会开幕式上，提出了复兴现代“乐教”的思想，呼吁发起“美育民族化”运动和“乐教复兴运动”。

同年12月，我在国民音乐教育改革研讨会上发出“改革国民音乐教育的九点建议”，希望综合音乐与舞蹈、体操，创作供幼儿、儿童、少年表演的歌舞剧，在幼儿园和小学低年级推广奥尔夫乐器，编纂适用于幼儿园、小学、中学的音乐欣赏系统教材，并组织和培训少年、儿童合唱团、乐队等。

虽然这么多年来所从事的工作，都是面向专业音乐教育，但关注自己专业上的事情总是不够的，未来的中国国民素质，恰与我们现在做的事情息息相关。

另外，我还参加了《中国大百科全书·音乐舞蹈卷》的编写工作，这项工作陆陆续续持续了近十年的时间，见证了我从北京迁往广州生活的经历。

我较为突出的贡献是撰写了“音乐”这个词条，它被放在了卷首的位置上。

当时我担任音乐学分支的主编，组织不到20人的队伍，完成了这项工作。《中国大百科全书·音乐舞蹈卷》音乐部分的实际负责人、责任编辑狄沙对我们的工作很满意，就提出让我在“音乐学科编辑委员会副主任”下面挂名，排在我前面的五位，都是音乐界的“老资格”，分别是吕骥、贺绿汀、赵沨、缪天瑞、杨荫浏。

在星海音乐学院当院长、参加《中国大百科全书》编撰工作、组织学会工作的间隙，我并没有忘记自己是一个作曲家。当时我的蒙古族好朋友、音乐学家乌兰杰陆续把一些蒙古族民歌寄给我，我就在一台旧钢琴上编配伴奏，陆陆续续编配了99首。1993年，我们合作的《蒙古民歌精选99首》如愿出版了。

担任广东省音乐家协会主席，《赵宋光文集》出版

1990年，我当上了广东省音乐家协会主席，编制还留在星海音乐学院。回想起来，当时自己着实策划、组织了不少活动。例如，曾策划组织了第五届“羊城音乐花会”。“羊城音乐花会”创办于1962年，1980年恢复举办，这是广东省音乐界的盛会，也是当时中国南部最有影响力的音乐活动，被圈里称为“北有哈尔滨之春，南有羊城花会”。

1993年11月14日，第五届“羊城音乐花会”在广州友谊剧院开幕，会期同时举办了“首届全国指挥比赛”，21台形式丰富的音乐会吸引了观众8万人次。

“鲁迅文艺奖”也评选了四届。这一奖项设立于1981年，是广东省文艺创作最高奖，其中音乐评选是由广东省音乐家协会负责的。此外，广东当时是流行音乐的重镇，我虽然不太喜欢流行音乐，但如果举办相关的活动，我往往也会积极地参与。

1995年，广东省音乐家协会换届改选，我继续回到星海音乐学院教课。学校位于广州先烈东横路，很小很偏僻。当广东在番禺小谷围岛上建大学城的设想提上议事日程后，我感到很兴奋。学校那时有两件紧急要办的事情——申报硕士学位授予点和进驻大学城，幸好最后都顺利办好了。

从广东省音乐家协会主席的位置上退下来后，我有了更加充裕的时间。有一天突然意识到，自己内心深处还有一个“黄河情结”。这个情结，还能够追溯到1956年西北采风的时候——那会儿要从银川回包头，于是我登上了一艘运大米的木船。

在穿越草原的航程中，每隔几十分钟，就能听到远处传来一阵“哗啦啦”的巨响，那是沙质的河岸经不住激浪的冲刷，整片塌倒，扑入河床。这番景象让我触目惊心，当时我就萌生了一个念头：希望有朝一日能为治理黄河贡献自己的一份力量。

时隔39年后，自己终于有机会在呼和浩特待比较长的时间，能够进行一次细致的实地考察。考察过后，我提出一个“双主槽概念”——在河中间，建一条长堤岸。堤两边为主槽，轮流使用。上游用闸门调节，让水留在一边，把另一边挡住，腾空以后就可以开始把河道挖深，从而起到防洪的效果。

我专门撰写了论文投至《科学中国人》，后来黄河治理委员会把文章公布了出来。虽然这一方案最终没有被采纳，但对两千多年前的都江堰工程的考察，让我深受震撼，我试图从工艺学的角度梳理古代思想，开始读起了李约瑟的《中国科学技术史》。

在学习的过程中，我发现《辞海》里有张图片是错的，但还没有人指出，就立即写了一篇纠错文章，题为《理解“黄道”概念的难点所在——从〈辞海〉“黄道”条附图谈起》，在我看来，如果要从几何学事实的角度来准确把握这个概念，使得古代定义与当代定义在逻辑上协调一致，的确是向学生科普天文知识时会面临的一个难题。

顺着这个路子，我把天体坐标系进行了整合梳理，完成了《天球坐标系的整合》《天球十八视域》两篇天文学方面的科普文章。

现在想想，1995年真是特别的年份，我不仅把研究领域拓展至水利学和天文学，还因关注民歌旋律，与内蒙古大学艺术学院的吕宏久成了朋友。旋律学跟民族传统相关，是人文科学方面的一个民族基地。我通过他发表了《旋律学学科建设刍议》，这是国内第一次把“旋律学”作为专门的学科建设提上了议事日程。

中国艺术研究院音乐研究所的韩锺恩到内蒙古参加美学会议，知道我在推进“旋律学”的学科建设。他把消息带给所长乔建中，希望研究所能与内蒙古大学联合筹备“旋律学”会议。

经过与乔建中、吕宏久数年的筹备，全国首届旋律学学术研讨会终于在1998年7月8日召开，这次研讨会一共开了6天，“全国旋律学研究会”也在此期间成立，我被推选为会长。其后，我努力与音乐学界沟通交流，仅仅过去两年，2000年6月8日，第二届全国旋律学学术研讨会在香港大学开幕，连开7天。我专程举办了讲座，题目是《旋律形态结构“十二维”剖析法的实证探索》。当时香港有关方面还专门拨付了经费，希望能出版我的论文，不过，最终未能实现。

出版文集一事，要到次年才有下文。2001年初，毕业于星海音乐学院的花城出版社编辑王永媛提出要策划出版一部我的著作。我答应了她的邀请，开始整理自己的文字。

我搜集了积压多时的各种文稿，确认了几个门类。《赵宋光文集》第一卷集纳了哲学、教育学、自然科学类文稿，共约28万字，第二卷则收集了音乐美学、音乐教育、音乐理论文稿以及对诸学者的评述，共约32万字。

赵宋光旧照

不少人好奇，《赵宋光文集》只有两本，为什么不叫“上卷”“下卷”，而叫“第一卷”“第二卷”？其实，这是我的特别用意，用“第一”“第二”，可以表明我的心里还有“第三”“第四”，甚至“第五”“第六”。

在《赵宋光文集》的首发仪式上，我念了一段话：“文集的出版，并不表示对我的学术生涯作总结，从我内心说，是为了能征求社会各界对这些劳动果实的批评，得到更广泛、更集中的指教，从批评和指教中找到今后新的起跑线，以求在学术的各个领域继续奉献一份微薄的力量。”这是我的真实想法。

与此同时，星海音乐学院在2001年12月11—12日举行了“赵宋光学术思想研讨会暨哲学、美学、音乐学学术前沿报告会”，那年我刚好70岁。在21世纪之初，举办这样一场学术研讨会很有意义，我希望它能够淡化生理年龄和个人成败，而充分利用个人的学术机遇，对民族命运、文明传承、人类前途等种种学术难题，展开切磋争辩，也希望学术界能发挥中华文明自古以来磨砺积攒的、无可比拟的特殊优势，屹立于世界学术之林。

研讨会过去不久，我给作曲家金湘写了一封信，提到了“中华乐派”。2003年初，金湘邀请我、乔建中、谢嘉幸三人到家中清谈。虽说是清谈，但事前定好了主题：面对新的世纪，面对全球经济趋于一体的潮流，中国音乐家应该承担何种历史使命？应该选择怎样的文化理念和创新思路？这封信和这次音乐文化清谈的纪要，先后发表在2003年3月和8月的《人民音乐》杂志上，引发了国内外学界的关注。

到了2006年10月9日至11日，我、金湘等“中华乐派”发起人，与傅庚辰、高为杰等理论家一起，在中国音乐学院举办了“新世纪中华乐派论坛”。随后，中央音乐学院创办了“北京现代音乐节”。而以创立中国自身的音乐体系为己任的中国音乐学院，也于2009年创办了“北京传统音乐节”，全力推崇本土或世界传统音乐文化。

两届北京传统音乐节之后，又举行了“中华乐派学术论坛”。我虽然没有出席，但写了书面发言送达会议，提出了“中华乐派”的“四大支柱”——第一个是“自在”，即“自己存在”。“自在”是指民族固有的音乐表演活动，声乐、器乐都算，是以表演艺术为前提。作为民族传统音乐来讲，首先是要承认它是存在的。第二个是“自知”，也就是要有自知之明，在这里指音乐学的理论研究。第三个是“自卫”，就是说要保卫自己的音乐教育，要有一个教育传承体制。第四个是“自范”。乐派必须有代表性的作品，有代表作曲家，无论是捷克、挪威、匈牙利、芬兰，作曲家都要有自己代表性的作品，建立自己的典范。

我始终认为，中华传统音乐的构建是一件大事，还有很长的路要走。面对民族文化、传统文化等问题，不仅仅要强调生产力，还要花精力研究它的结构与核心。

这么多年来，我一直在思考这些问题，也一直在为此付诸行动，有些时候都是一个人在摸索，但并不感到孤独。我想，只要走下去，同道者会越来越多。

而通过音乐、哲学等各个学科，我还是可以和五百年以前、一千年以前、一千二百年以前、两千五百年以前的人对话，因为，我们拥有共同的语言。

（撰文：戴雪晴）

匠哲一如　体用不二

赵宋光先生是一位被学界称为具有传奇性的人物。他有着西方哲学家怀特所说的“刺猬和狐狸”的特性，在善于以整体的视角把握世界，进行宏大叙事的同时，又形成了精准的分析体系，能够精细地解释具体问题。他首提“匠哲精神”，主张体用不二，追求“形上”与“形下”的融通，他横跨自然科学、社会科学、思维科学和人文学科领域，是一位“百科全书”式的学者。

赵先生在哲学领域，挖掘了马克思主义隐义中“工艺学”的思想，认为“工艺学”是打开人类历史发展的一把钥匙，更是以“丹顶鹤”为喻，提出“五体协翔”马克思主义哲学体系的构架，这一构架厘清了各种哲学领域之间的关系，为中国式马克思主义哲学体系的建构提供重要的启示。

在美学领域，他提出了与审美相对应的“立美”的范畴，认为“立美”是中国传统美学的应有之义，这既继承和发展了中国传统美学，又弥补西方美学中只谈审美不谈立美的人类学本体论的缺失。他第一次提出“美，是自由运用客观规律（真）以保证实现社会目的（善）的中介结构形式”，这无论对中国美学史还是世界美学史都具有重要意义。

在音乐美学领域，他的《试论音乐艺术的形象性》是中国当代音乐美学的基础文献。他从符号学的角度，提出了著名的“比拟说”，深化了人们对音乐本质的认识。他还从语言学的角度，正确区分了运用语言时的言语与音乐的关系。从音乐美学学科建设上，赵先生针对欧洲把音乐科学与技术理论割裂的传统，提出了音乐社会学与工艺学的统一。

在教育学领域，他力推“立美教育”。认为美育不仅是审美教育，更是“立美教育”，从理论上建立了“综合构建幼儿教学体系”，提出了“操作领先，言语镶嵌”的立美教育原则，既培养出几位像郑立中这样国内外著名的数学家、科学家，也培养出了像麦馥燕、黎咏文、刘达等一大批幼儿教育家。

他的《论美育的功能》一文堪称当代美育理论的经典，在教育学界和艺术学界影响弥足深远。在就任星海音乐学院院长期间，他努力复兴乐教传统，在民族音乐形态学领域贡献卓著。二十世纪五六十年代，他相继独立设计、创制“律吕式钢琴键盘”和创立“五度相生调式体系”，建立了有别于欧洲大小调体系的中华民族音乐调式体系。

1962年，他出版了《论五度相生调式体系》，并于2019年重新修订后再版。这本专著被学术界认为具有学科理论的奠基性意义。

他创立“旋律结构分析的12维剖析法”，将传统的曲式分析作了重新梳理。在律学领域，他提出从平均律回归自然律的途径，对人类历史的多种乐律体系进行了数理化梳理，为从事传统乐律学研究的后人提供了有力的理论支撑。

在和声领域，他提出了可以容纳非和谐关系的和声学，融合了功能性和声理论与无调性理论，并将此体系用于实际教学中，培养出叶小纲、郭文景、张小夫、刘索拉、谭盾等一批杰出的作曲及技术理论人才。

在民族音乐文化研究领域，赵先生积极推进各种研究活动，与著名音乐家金湘、乔建中、谢嘉幸等提出高举“新世纪中华乐派”的大旗，提出建设“中华乐派”的“四大支柱”。在担任广东音乐家协会主席期间，他策划、主持了第一次在国内举办的大型国际传统音乐学术研讨会，推动了中外音乐界的交流。

2001年出版的《赵宋光文集》（第一、二卷）集中了他在各个学科领域中的成果。2019年又出版了一部带有里程碑意义的专著《中国民族音乐形态研究与阐释》，集中了他在民族音乐形态学研究的成果，被民族音乐学界奉为圭臬。

赵先生曾以鹰、榕与火自喻。他是空中的鹰，以其“探设”的方法和思想为利爪抓取现象背后的本质；他是一棵榕树，垂下无数的根深深地扎入民族土壤中；他是耀世的孤火，为民族和世界音乐艺术的发展带来别样的光明。极言之，他是一代不朽的“匠哲”，一个猜不透的“谜”！专家学者千千万，而不可重复的赵宋光只有一个！

——**王少明**（星海音乐学院音乐学系教授、赵宋光学术思想研究中心原主任）

祝希娟

永远向前的『南国琼花』

人物简介

祝希娟，女，汉族，1938年1月出生。电影艺术家，从事文艺工作63年。她的代表作品有电影《红色娘子军》《燎原》《无影灯下颂银针》《青山恋》《啊！摇篮》《模范丈夫》，话剧《无事生非》《吝啬鬼》《再见了，巴黎》《肮脏的手》《南海长城》《刘胡兰》等，电视剧《北洋水师》《大空战》《特区少年》《超越生命》《大风警报》等。她是首届大众电影百花奖的“最佳女演员”，并获得过“中国电影百年百位优秀演员”奖、中国电视艺术家协会颁发的“德艺双馨艺术家”荣誉称号、国家广电部和国家劳动部颁发的突出贡献奖、第27届中国金鸡百花电影节终身成就奖、第三届广东文艺终身成就奖等奖项。

从20世纪60年代的《红色娘子军》《燎原》，到70年代的《无影灯下颂银针》《啊！摇篮》；从80年代的《模范丈夫》《裂变》，到近年主演的《大雪冬至》《空巢》，几乎每个时期，祝希娟都兢兢业业地活跃在大银幕上，饰演的角色个性鲜明。尤其是她在《红色娘子军》中饰演的吴琼花，性格坚毅、英姿飒爽，至今仍家喻户晓、深入人心，成为几代人难以忘怀的经典角色。

作为新中国成立后第一批电影的开拓者之一，祝希娟将电影视为终身坚守的事业，其超过半个世纪的艺术人生，浓缩了新中国一代电影人的心血结晶，敬业和奉献精神可见一斑。在多年的表演生涯中，她摸索出一套独特的创作方法，对体现技巧十分注重，她认为体验是为了体现，二者都是为了“性格化”。她坦言，自己一辈子所追求的，就是角色的“性格化”。

琼花生于南国，花大如盘，洁白如玉。祝希娟恰如一朵璀璨的琼花，历经岁月的考验而始终保持其感人的魅力，永葆对表演艺术的执着与热情。她走自己的路，虚心向同行学习，吸取养料丰富自己，总结出一套易于动于衷又善于形于外的方法来创造性格化的角色。让我们一起聆听祝希娟老师的漫谈，走进她精彩纷呈的影视人生。

先说说我的家庭背景吧。我父亲是上海同济大学的教授，母亲是一位小学老师，我还有一个哥哥和一个姐姐。二十世纪三四十年代，我们一家人跟着同济大学西迁，开始了好些年漂泊的生活，我们在江西、广西、云南、四川等地居住过，我就是在途经江西赣州时出生的。

那一段生活经历给我的影响太大了，可以说对我的人格塑造起了很大的正面作用。我性格外向，从小对姐姐讲述的和文艺有关的故事十分着迷，姐姐在复旦大学上学时作为共产党领导下的宣传演出队成员，积极参与“反内战、反饥饿、反迫害”的群众持续性大游行，演出配合时事的各种节目。我总是好奇地跟在姐姐身边，剧中若需要儿童角色我就马上顶上。我在舞台上一点都不怯场，虽然都是龙套角色，但我演得很卖力，对演戏充满浓厚的兴趣。

新中国成立后，同济大学搬回上海，我们也举家回了上海。安定下来后，父母赶忙将我送进了当地的学校。我从小就受到家中浓厚学习氛围的熏陶，在学校的成绩一直很好，老师很喜欢我。读中学时，我参加了学校的话剧组，一次次排练、演出，使我的表演技巧不断提高。而且得益于当时一位语文老师的悉心指导，我的表演理论和艺术修养也有了很大的进步。我14岁那一年，昆仑影业公司正在筹拍反映儿童成长的电影《为孩子们祝福》，在报纸上刊登了招聘儿童演员的启事。这部电影需要挑选有灵气的小演员出演，我意外被前来挑选演员的赵丹导演选中，有幸在这部电影中饰演一个没有名字的小学生，与曾经演三毛的小演员王龙基配戏。这次有趣的拍片经历，让我一下子觉得电影是很有意思的新鲜玩意。虽然只是一个小角色，时长也很短，但它为我打开了一扇新的大门。

报考上海戏剧学院

1957年，我怀揣着清晰的理想，高中一毕业就如愿考入上海戏剧学院表演系。拿到录取通知书时，我听到的却是身为工科教授的父亲“家里出了一个戏子”的冷嘲热讽。那一刻，我决定向父亲证明自己的选择是正确的。当时上海戏剧学院的授课老师有熊佛西、朱端钧、胡伟民、陈云等人，师资强大，学生们也都十分好学。我利用各种挤出来的时间，虚心向老师们请教，业余时间认真钻研表演的每一个细节。大三那年，学校的剧场正准备上演现代话剧《在和平的日子里》，而这部剧恰好是我所在班级的实习演出，我在剧里扮演大嫂和技术员两个不同的角色。有一次，我和一个男同学在排戏的后台争论起来，前来挑选电影《红色娘子军》演员的谢晋导演也津津有味地看着这场争论。当看见我一双大眼睛带着怒气，与男同学为如何演好一个角色争论不休时，他内心一阵狂喜。原来谢晋导演对女主角吴琼花这个角色的要求是：有一双大眼睛，里面不是温柔，而是火辣辣、充满仇恨的大眼睛。为此，谢晋导演还专门去看了我的两场话剧表演，对我有了更多了解。通过一段时间对我的考察，后通过出演《女篮5号》的同学宫德仁把剧本偷偷给了我。我从吴琼花身上学到了太多东西，她的勇敢、坚韧和勇往直前的精神，都一直激励着我，成为我一直向前进的动力。

1957年，祝希娟考入上海戏剧学院

在我眼里，吴琼花是一个敢于冲破旧社会牢笼、自救、自立、自强的女性形象，后来也成为一代影迷心中的革命英雄和青春偶像。我们进剧组后做的第一件事，就是实地体验生活。海南岛琼海县是当年娘子军战斗过的地方，我们在那里听娘子军连连长冯增敏讲述中国工农红军这支唯一的女子武装的战斗故事，和当地老百姓同吃、同住、同学习，每天清晨6点钟起床，然后参加军训、打靶、急行军、露营，日程排得满满的，直至太阳落了山才回到驻地。一整天下来，大家都累得要死，可到了晚上，还要抓紧时间凑到煤油灯下，翻看当地档案馆提供的历史资料，再结合剧本的故事情节，琢磨人物的性格特征。当时，谢晋导演还要求我们每天扎着绑腿上兵操，睡觉时“枪”不离手，以快速进入娘子军的生活状态。大约经过一个多月真刀真枪的实地体验，我好像脱胎换骨了一样，对着镜子瞧着自己的脸，已经被晒得脱掉了一层皮，衣服外面的皮肤也被海南岛的紫外线晒得黝黑。那时候我留了5年的辫子长到了腰，但导演一说“剪”，我马上答应剪掉。

说来也怪，我在心里对演好吴琼花这个角色，和一个多月前相比，明显感觉不一样了，心里有了底，也没有当初那种无所适从的感觉了。就像谢晋导演所说的那样，是上路了。吴琼花的形象在我心里渐渐有了雏形，且越发清晰起来，我对塑造她也有了心理准备。生活是艺术创作的源泉，我之所以能把吴琼花演好，完全是靠在生活中找感觉。《红色娘子军》上映后，在观众心里，吴琼花这个名字成为对“敌人”的憎恨以及锲而不舍的意志和热情的代名词。电影主题曲中的一句“永远向前进”不仅成为我的座右铭，更成为全国人民的座右铭。

关于《红色娘子军》

《红色娘子军》最初叫《琼岛英雄花》，《琼岛英雄花》是剧本初稿完成时的剧名。

1959年，在举国欢庆新中国成立十周年之际，电影界也在紧锣密鼓地准备献礼片，6月，上海电影局和上海天马电影制片厂将《琼岛英雄花》的剧本定稿公开发表于《上海文学》杂志。这个剧本最初完成于1958年，编剧是广州中南军区创作研究室的专业剧作家梁信，他当初为了撰写一个反映海军军营生活的纪录片脚本，出差来到了海南岛。他在海南军区文化处翻看《琼崖纵队军史》时，无意之中发现了“女子特务连”的事迹。怀着一种发自内心的情感，梁信感到娘子军连是一个非常值得深入挖掘的重大革命历史题材。听说他在一切准备成熟后，只用了4天4夜就把剧本写了出来。

经过漫长时间的等待，谢晋导演发现了这个默默无闻的剧本，再经过几次努力，才让这个剧本列入上海天马电影制片厂的拍摄计划当中。除了我担任女主角吴琼花，剧组还外请了八一电影制片厂的“英俊小生”王心刚出演男主角，北京电影制片厂的著名演员陈强则扮演恶霸地主南霸天。后期制作时，谢晋导演将原来的剧名《琼岛英雄花》改为主题更为确切的《红色娘子军》。

跟我合作的都是在戏剧学院时非常崇拜的老师们，像陈强、王心刚、向梅、牛犇等，他们对我关怀备至，不仅在生活上嘘寒问暖，而且在表演上给予了我很大帮助，尤其是陈强老师。陈强老师当时已很有名气了，他在戏里戏外都非常认真，只要我俩有对手戏，头一天他都要对对戏。他与我在银幕上是“敌人”，为了强化戏里戏外人物对立的思想感情，我记得第一次见到他时，他就恶狠狠地瞪着我，骂我一声“臭丫头”，当时我一愣，但立马就明白过来了，就带着冷笑的口气回敬道：“老爷，尝尝奴才的子弹吧。”我知道他是刻意地在生活中同我建立一个敌对的关系，方便我快速进入人物状态。

在整部电影里，我和陈强老师的对手戏最多，他一直在帮助我，无论是检查案头工作或是做小品，他都非常认真。记得开拍那天，第一个镜头是水牢，我很早去化妆，在摄影棚里手都要吊麻了，闭着眼睛自己酝酿感情。剧情中，我吊在木梁上回应说：“跑，看不住就跑！”镜头是特写，那天并没有陈强老师的戏，但当我准备开拍时，却见到他站在摄影机前把场。那一刻我感到有一股暖流钻进心窝，我立即进入了角色，那场戏也拍得很成功。

祝希娟主演的电影《红色娘子军》剧照刊登在当年《大众电影》杂志封面上

我与演员牛犇建立了纯洁的友谊。那时日子过得很艰苦，我脸上看起来很胖，还一按一个小坑，医生说是浮肿，许多演员都有这样的情况。为了保障电影顺利拍完，剧组给了主创人员一袋糖果，用的是当地盛产的甘蔗做的。大家平时关系都很好，我舍不得吃，就把糖果偷偷塞到扮演通讯员小庞的牛犇的枕头底下，因为他肝不太好。在戏里，没有我骑马的镜头，但我很想学骑马，于是就把这个想法告诉牛犇，他说他有办法。一天中午，牛犇趁大家都在休息时，偷偷把剧组的一匹马牵出来，给事先溜出来的我练习。谁知我们的支部书记铁牛这时正在一旁洗澡，他从用芦苇搭成的临时棚子的缝缝里瞅见了，但没穿衣服不好出来，又唯恐我们骑马出事，就急得在里面大叫起来。这马自然是骑不成了，我和牛犇还遭到了小组批评。

有一场戏是斗争南霸天，吴琼花用绳子牵着南霸天游街的时候，声泪俱下地用自己家破人亡的经历控诉这个恶霸地主的滔天罪行。开拍之前，几个演员还在跟牛犇嘻嘻哈哈开玩笑，我也在一旁坐着听，结果被谢晋导演训了一顿：“这样重的戏，演员要提前进入规定情景，把规定的情绪准备饱满，你们还有心情听笑话？”从此以后，我们只要走进化妆室，就一心想着戏里的情节，再也不和任何人开玩笑。

60多年来，《红色娘子军》剧组始终保持着很深厚的友情，无论是导演还是编剧，演员还是摄影师，一直都有来往。中国电影百年的时候，国家广电总局和人事部表彰50位电影人“突出贡献奖”，我们《红色娘子军》剧组的导演、编剧、摄影师和主要演员都名列其中，一共6个人，我认为这是中国电影唯一一部享此殊荣的电影，我们都感到很骄傲、很自豪。

新中国第一位“百花影后”

吴琼花这个角色是我电影事业的巨大转折点，给予我许多经验、感触和启迪。颁奖那年，新中国刚刚渡过了“三年困难时期”，主办方没有举办隆重的典礼，也没有华丽的舞台，甚至连铜都舍不得耗费，获奖者只得到了一幅郭沫若先生的题诗作为奖状。当时的“影后”没有物质奖励，也没有获得赞助代言的机会，但得到了广大观众的喜爱。

颁奖会在政协礼堂举行，郭沫若先生出席活动并向我赠送了自己的诗作：“出死入生破旧笼，海南岛上皆东风。浇来都是英雄血，一朵琼花分外红。”这幅墨宝暗藏了我所饰演角色吴琼花的名字，不仅一语道出红色娘子

1962年，祝希娟荣获第一届大众电影百花奖“最佳女演员”

军的英雄气概，也是对我演技的肯定。

颁奖会当晚还举办了一场舞会，舞会进行到一半时，人群里一阵惊呼，我做梦也没想到，竟然是周恩来总理亲临现场。那时正好赶上跳交谊舞，所有女同志全都围上去说："总理，能不能请您跳支舞。"周总理却说："我的第一支舞，只和今天晚上的最佳女演员跳。"那天晚上，我穿着极为简单的碎花小裙，扎着两条粗粗的麻花辫，看到周总理从人群中向我伸出手，我一下子手足无措，还不小心踩了总理好几脚。

"22大电影明星"

可能现在的年轻人不太清楚新中国"22大电影明星"都有谁，但对于我们老一辈来说，这是中国电影历史上的第一次"造星运动"。

20世纪60年代初，中苏关系破裂，周总理提出，我们要把电影院里挂着的苏联22大明星的肖像拿下来，挂上我们自己的22大电影明星。于是，周总理亲自批下来开展"22大电影明星"评选。

评选结果出炉后，《红色娘子军》剧组有三个演员入选，而且陈强老师是唯一一个演反派的，我们都很激动。在这些入选的演员中，我是年龄最小的一个，只有24岁。当时要把这22个明星的照片挂在电影院，让各个电影厂推荐他们的演员，我就非常特殊。因为那时候我还是上海青年话剧团的演员，不是电影演员。那怎么办呢？周总理就说，把祝希娟归到上海电影制片厂的名额里去。

这个情况非常特殊，当时我还不知道，我占了刚演完《女篮5号》很红的刘琼老师的名额。后来我听说，周总理亲自给刘琼老师打电话，说我们演员队伍需要老中青结合，你们就让一让青年演员。刘琼老师听完，二话没说就欣然接受了。我知道后非常感动，就觉得我们这一代的青年演员真幸福啊，是一直在党和人民的关怀下，在老演员的无私帮助下成长起来的。

2012年，我就萌生了给当年的"22大电影明星"拍摄一部电视专题片的想法，这一想法很快得到了中共深圳市委宣传部的资金支持，由我来担任制作人。专题片共拍摄23集，第一集讲述“22大电影明星”的诞生始末，之后每一集时长25分钟，分别聚焦一位影星。让剧组最为纠结的是，如何用不到半个小时展现出最精华的内容，不少采访资料或首次披露的影像资料太难取舍了。

尽管这部片子有资金赞助，但一集耗资十几万，剧组的经济压力不小。不超过50年的电影资料版权要钱，更多的钱是用在租赁拍摄场地和购买器材上。为此，我不得不依靠自己的关系和名气，能“刷脸”的就尽量“刷脸”以推动拍摄。许多人听说要拍“22大电影明星”专题片，都无偿地提供资料和拍摄场地，以尽一份力量，比如中国电影博物馆、上海电影博物馆、南通赵丹纪念馆，以及上官云珠、孙道临家乡的电影纪念馆等，我特别感动。

拍专题片不赚钱，别人不会去做，但我就是想让现在的观众了解一下这些德艺双馨的电影演员，比如他们的优秀品德、精湛的演技和代表作。我们还需要与时间赛跑，因为22位电影明星当时也只剩下12位在世。我亲自把这些老演员接到棚里，拍摄完毕再把他们送回家。仲星火的片子拍好后，本来想再让他讲讲跟张瑞芳拍摄《李双双》的细节，没想到过两天他就离世了。我觉得做“22大电影明星”专题片的抢救工作责无旁贷，我一辈子搞艺术就是为了这些。

回归话剧舞台

我是话剧演员出身，主演过许多的话剧。《红色娘子军》之后，上海电影制片厂要调我去做专业电影演员，其他电影厂也来邀请我。但吴琼花毕竟是本色表演为主，而我对吴琼花的成功塑造，一定程度是缘于好导演、好剧本，有运气的成分，但我认为“性格化”才是表演艺术的高峰，所以我拒绝了电影制片厂的邀请，选择留在话剧舞台上更好地磨炼演技，打好表演基础。

我至今都记得周总理在“百花奖”颁奖晚会上说的那句话：“青年时期是打基础的时期，你们要像海绵一样，吸收各种各样的知识和营养。”

话剧舞台很考验演员的能力，我很珍惜这些机会，每一次表演话剧都认真对待，甚至会和旁人激烈讨论剧本和角色。我在舞台上演过很多角色，比如莎士比亚《无事生非》里的佩特丽丝、莫里哀《吝啬鬼》里的玛丽安娜、《刘胡兰》里的刘胡兰、《南海长城》里的甜女等。

外国戏中的妇女常用又大又美的羽毛扇，可是都不能用得像我国戏曲演员那么美、那么妙。在《无事生非》佩特丽丝形象的创造中，我用扇子设计了许多表达人物内心的动作：佩特丽丝兴高采烈时将扇子“唰”地打开，洋洋洒洒地扇着；与人斗嘴时“啪”地收拢，用来点点戳戳；说俏皮话时干脆放下……这些动作表现了一个傲岸不羁的少女性格。戏曲演员不仅善于用道具说话，连身上的披风、水袖，头上的帽翎、帽翅都能用来表达人物的微妙心情，我十分羡慕，终于在佩特丽丝身上用到这些了。

我从来没有停止过脚步，很多演员苦苦追求了一生也难以碰到一个真正能发挥个人演技特长的角色，能遇到并把角色塑造得有血有肉，对一个演员来说也就知足了。每当站在水银灯下，我就像进入了一个极其美妙的世界，一切是那么叫人陶醉；每次观看样片的时候，我仿佛看着自己的影子在表演或者是孪生姐妹在演出。这确实是一门遗憾的艺术，当我极其冷静地挑剔着表演上的毛病，内心就充满了追悔和痛苦；当我站在舞台上演出，却欣喜若狂，原因是观众的笑声、掌声和每一个细微的反应，都深深地渗透在我的表演之中，能从观众的反应中检验自己的表演，改进自己的表演。

与谢晋导演的第二次合作是电影《啊！摇篮》。这部影片

1979年，祝希娟主演影片《啊！摇篮》

是由真实故事改编的，讲的是解放战争时期，一支在延安的保育院队伍冲破艰险，安全撤出包围圈的故事。我饰演的李楠，是从第一线战斗队伍中抽来保育院做孩子们转移工作的教导员。一开始，她既缺乏从战略意义上爱护革命后代的高远见识，又缺乏女性温柔、慈爱的感情，所以在和哭闹无常的孩子们打交道时采用的方法也是令人哭笑不得的“命令式”的。但在完成这一艰巨任务的过程中，她逐渐深刻地理解到爱孩子、爱同志是与革命的胜利和幸福的明天紧紧相连的，于是慢慢改变了自己的性格，对孩子产生了发自内心的深沉母爱。这样一个形象的塑造，对我来说，在表演上难度是很大的，需要演得分寸适度，性格转变自然可信。

两次“南下”的难忘经历

在我的一生中，两次“南下”都改变了我的命运。第一次“南下”是从上海到海南岛拍摄《红色娘子军》。为了演好电影角色，剧组来到海南体验了1个多月的红军战斗生活。现在回想起来，中国电影和我尊敬的那些前辈改变了我一生的道路，特别是谢晋导演。如果没有谢晋导演，也许我现在还是个默默无闻的演员。我觉得谢晋导演对剧组演员帮助很大，这部电影确实锻炼了我们的演技。说起来我跟谢导很有缘，后来我和他在银幕上合作了4次。

第二次“南下”是到深圳电视台工作。艺术是年轻的，我不能总是霸占这个舞台，要把机会留给年轻人。我愿意做年轻电影人的“铺路石”。而且在此之前，我已经当了30年的演员，是时候去支持深圳特区建设了。1983年，国务院决定在北京、天津、上海三个地方招聘一批中高级知识分子去建设特区。

深圳来上海贴出招聘布告时，我刚随中国电影代表团从意大利归来。我在意大利考察时发现，电视正欣欣向荣，电影反而开始无人问津了，就连费里尼拍摄的片子在意大利的票房都很少。我当时想，欧洲已经如此，在中国必然也是趋势，我得为自己找一条转型的路。

20世纪80年代，中国的电视行业还是个初生婴儿，我何不转做电视导演呢，兴许深圳这次招聘是我转型的契机。但我当时还是没有主动去应聘，我让爱人和朋友先去报名处看看是怎么回事，结果当天晚上，负责在上海招人的同志就来到我家，问我能否去特区发展。他们说特区要开办电视台，我对他们说要考虑一下。负责人说你不能考虑了，明天就截止报名了，现在给你留个报名单吧。就这样，不到24小时，我就决定举家南迁深圳。

在当时，“闯深圳”的大多是热血澎湃的、20岁左右的年轻小伙和姑娘们，像我这样的“大龄拓荒者”，并不多见。

1983年11月，我来到了改革开放前沿地深圳，火车一路“南下”时，沿路能看到高楼大厦，一下火车就直接开车去电视台。当汽车开到罗湖怡景花园对面时，我顿时傻了眼，那里只有一片荒地，全是芦苇，要不就是香蕉林或水塘，只有一幢四层房子，当时插转台办公室和宿舍都在里面，后来变成了电视艺术中心的办公室。深圳的夏天阳光猛烈，冬天也够呛，那个铁皮房子白天被太阳晒着，我们就连续8小时被电风扇吹着，中午吃泡面和沙丁鱼罐头，一直工作到晚上。

当年考虑到自己的年龄，只想改行当导演。但深圳市领导非常重视人才，一定要我担任电视台副台长的职务，我便开始参与筹建深圳电视台的具体工作。这段激情燃烧的日子至今回想起来，仍感到热血沸腾。

当初深圳国贸大厦盖楼“三天一层”创造了“深圳速度”这个新名词，而我们在短短三个月里，把一个庞大的电视台硬是给支撑了起来，何尝不叫“深圳速度”？1984年1月1日，深圳电视台正式开播，后来香港电视台想和深圳电视台合作，这是我感到最骄傲的事情。

电视台正式运转后，我开始招聘文艺工作者，全心全意发展深圳的影视事业，当时深圳在这块是空白。我想我们的拿手好戏就是拍摄，这么一块热土，这么多让人激动的事情，一定要拍出来。那时特区领导干脆把办公室搬到汽车上，在整个工地上跑，在汽车里上班，什么地方有问题即刻解决。我认为这是一个创举，这就是我们的“深圳速度”。为什么深圳电视台建设得这么快？因为领导都是在现场解决问题，这个传统的作风真的非常好，也非常有利于工作，有的问题是不能过夜的。后来我们拍的有关特区移民的电影里也反映了这个事情。

作为深圳的第一批开拓者，我和同志们埋头苦干，开拓出一片文艺绿洲，也见证了深圳的影视事业从无到有的过程。1984年6月，我主持拍摄了电视单元剧《爱在酒家》，导演是郭宝昌，讲述了深圳酒店聘请香港人当经理的故事，反映深圳和香港山水相依、紧密互动的关系。这是另外一个全国第一的“深圳速度”——正式开台半年后就能拍电视剧，此前在全国绝无仅有。

1985年，我又策划拍摄了电影《男性公民》，也是由郭宝昌执导，讲述了深圳2万工程兵在基础建设中发挥重要作用的故事，反映他们在建设特区中的喜怒哀乐。

1990年，深圳电视台成立了电视艺术中心，由我担任中心主任。随后的多年时间里，我全身心推动电视剧创作，从各个年龄层、各个角度反映改革开放。我们电视艺术中心基本上做到了一年拿一个“飞天奖”。曾经有一年，《特区少年》《超越生命》《大风警报》3部儿童题材的电视连续剧拿下了3个“飞天奖”。从45岁到60岁这15年间，如果用来拍戏的话，我应该可以做得更出色，但这是“看得见未来”的生活，没有新鲜感和挑战性，我更愿意为深圳的文化发展作力所能及的贡献。

叶落归根

我离开上海30多年，对她已经比较陌生了，深圳才是我的家。退休后我在世界各地转了一圈，又回到了深圳。我和深圳是同时成长的，在这里我从中年走向成熟，这座城市也发展起来了。我能讲出深圳每一个地方的历史，说它当年是怎样的，现在又是怎样的，有时还会为此感到自豪。我还记得自己1984年种的树苗，如今已长成了参天大树。这就是我浓浓的“深圳情结”。

从洛杉矶回到深圳后，我没有停止拍戏，在深圳特区成立30周年时，深圳拍摄电视连续剧《命运》，我听说这是一部反映特区改革的电视剧，二话没说就接了下来，我在剧中饰演老干部文华。2006年，我又出资拍摄了名为《滑向未来》的故事片，该片讲述了深圳滑板青年的生活和爱情，演员全是深圳的，有深圳的第一批滑板手，也有现在的滑板队，再加上3个上海戏剧学院的学生。片子的主创人员，除了我以外，年龄都在35岁以下，全是一帮年轻人。

我想给他们一个平台，让他们发挥自己的作用，好几个主创人员都是留学生，有从美国回来的，有从加拿大回来的。这部片子拍的时候是初夏，滑板运动又是极限运动，拍了一遍又一遍，最热的时候，孩子们热得汗衫都可以拧出汗水，摄影师穿着旱冰鞋拎着机器跟拍。皇天不负有心人，2008年，《滑向未来》成为北京奥运会9部展播片之一，是深圳唯一入选的一部。

做演员是我终身的梦想，所以我在任何时候一提到表演，就会热血沸腾。不管角色再小、戏份再少、时间再短，演员也要创造条件让自己融入角色的生活。我从来没有考虑过自己的年龄有多大。当时能参演《大雪冬至》，我觉得很开心，因为从45岁到深圳以后，我基本上就没主演过什么电影，有时候会拍电视剧，或者在电影中跑个龙套。

2016年初，我收到了一个叫《大雪冬至》的剧本，它的主角就是一个与宠物小狗相依为命的空巢老人，我一看到这个剧本就非常激动，因为我们国家已进入老龄社会。到2020年，中国60岁以上的老年人口预计达2.5亿，大家都没有思想准备。所以我愿意接拍这部电影，一是我可以过过戏瘾，二是我这样的高龄还能当主演，感到很荣幸，24岁我就拿了奖，如今我想看看到了80岁能不能想办法再拿个奖。

我还跟导演邢潇开玩笑说：“这个年龄的老电影人就我身体好，别人不一定拍得下来。”这部影片写的是一个常年生活在北京胡同中的老人，而我是个南方人，对于人物的表达就不够北方。如果能给我更多的时间揣摩人物，相信我能完成得更好。同时，我也希望通过这个角色，呼唤全社会对空巢老人以及流浪宠物的关爱。文艺的作用绝不仅是娱乐，演员的工作是神圣的，我们应该让观众在走出影院或剧场后还能有所思考，而不是吃完爆米花，哈哈一笑，什么都没留下。只要有人看完电影想起给父母打个电话，我就觉得值了。

另外一部值得说的是《空巢》，讲的是独居老人赵一梅一辈子教书育人，因为保健品推销员小雷的意外闯入，从一开始的自我封闭、孤独，变得开朗而且感觉生活充满阳光。但当小雷被牵扯进一起电信诈骗事件时，赵一梅决定救赎这个失足青年，给予他正确的指引。在影片中，赵一梅1983年来到深圳，刚好我也是1983年到深圳，我的生活背景、年龄、外形都与赵一梅这个角色非常贴合。从进入排练场开始，我就过着双重自我的生活，上了舞台更是如此，演员的我始终在监视着角色的我，不断地调整自己的表演。

2022年3月，我荣获第三届广东文艺终身成就奖。虽然我不

电影《空巢》剧照

是在广东出生，但早已与广东结下了不解之缘。可以说，广东是我的第二故乡。我主演的电影《红色娘子军》就是在海南拍摄的，那时的海南还属于广东省。娘子军的英勇奋斗、勇于牺牲、不怕牺牲的英勇事迹和精神深深教育了我。广东英雄儿女的形象深深铭刻在我心中，我决心向他们学习，把自己的一生献给党的事业。所以在获得第一届大众电影百花奖的同时，我也成为一名光荣的共产党员，成为新中国培养的第一批年轻演员。

虽然如今已过耄耋之年，但我青春不老，仍然激情燃烧，希望能为祖国、为人民拍出更好的电影，创造出哪怕是一个默默无闻的老太太的角色，也是我们老一辈的心愿。我们老演员拍一系列电视剧，可能都不如现在一些所谓大腕儿拍一集挣得多。但大家都有一种电影情结，总是愿意再次在银幕上表演。我虽然做过制片人，也做过监制、艺术总监，但我最喜欢的还是演戏，因为进入演戏的境界就能把人解放，大部分老一辈艺术家都是我这个心理。我们这些人一辈子除了干影视，也不能干别的事了。

生活是厚待我的，我很幸运，主演第一部电影就出名了，每个机会我都好好把握。今天的青年演员对这样一个美好的时代更应珍惜。哪怕是一滴水，也要努力在时代的洪流中泛起浪花。

（撰文：张鸿）

大家印象

从“这一个”到“独一个”的表演者

1959年，谢晋导演正在筹拍一部名为《红色娘子军》的新电影，而选择谁来出演该片的女主角吴琼花，却成了长期困扰这位天才导演的问题。此时的他抱着试试看的态度来到上海戏剧学院表演系。在表演教室的课堂上，一个叉着腰跟男生吵架的大三女生引起他的注意。他从那一双大眼睛中看到了旧社会妇女对改变自己被压迫命运的渴望，他还从她的脸上看到了一个典型中国劳动妇女翻身做主人之后昂扬自豪的形象。这次意外的邂逅，成就了新中国第一位百花奖“影后”。而在电影《红色娘子军》（1960）中，吴琼花顽强泼辣同时又勇敢朴实的形象，被这位稚气未脱的女生演绎得淋漓尽致。从此，这个叫祝希娟的女演员成为新中国银幕上一颗璀璨耀眼的明星。

在接下来的电影生涯中，祝希娟感恩着每一个指导过她的老师，例如指导其在《青山恋》（1964）一片中扮演山雀一角的赵丹导演。其实在这部影片中，山雀的设定是一个优秀共青团员，人物的表演并没有突破吴琼花的“舒适圈”。“文革”后期，她获得了难得的机会与桑弧导演合作，拍摄了《无影灯下颂银针》（1974），但真正再一次让她回到电影人民美学视野中的，还是再次与谢晋导演合作的《啊！摇篮》（1979）。这一年，中国电影创作迎来了一个积蓄多年的小高潮，革命浪漫主义的创作思潮成为新的风尚。该片中李楠与萧汉平隐忍、含蓄且热烈的爱情让人动容，亦让人惊讶地发现一个青年女演员在银幕上走向了成熟。而戏剧界普遍认为，祝希娟表演艺术的成熟，体现在话剧《再见了，巴黎》（1981）中。《人民戏剧》评论认为，她所创造的每个角色都力求是

“这一个”，这是一个演员成熟的象征，也是其强大表现力和旺盛创造力的集中体现。

正当观众期待这个已然成熟的优秀女演员，在银幕上为大家贡献更多脍炙人口的角色时，她却毅然决定成为万千深圳拓荒牛中的一位。1983年，她担任了深圳电视台副台长兼深圳电视艺术中心主任，并成为该台第一位节目主持人。在她的指导下，《男性公民》（1985）、《迷人的年轻城》（1988）等展现特区建设热潮的文艺作品，一部又一部地被创作出来，激励了全国人民对改革开放的热情。而这一系列成就的背后，是作为演员的祝希娟被作为台长的祝希娟压在了心底。

直到1998年，从台长位置上退休的祝希娟才重拾起其热爱的表演事业。遗憾的是，此时她能够在银幕上展现给观众的，便只能是一个又一个妈妈与阿姨的形象。但此时的祝希娟却真正进入了她表演艺术生涯中的“自由世界”，无论是《老人的故事》（2006）中的郑阿姨，还是《大明王朝1566》（2007）中的海瑞母亲，无一不是性格鲜明且令人印象深刻的角色。从这一时期祝希娟的表演，我们可以看到她在将自己年轻时错过的表演机会一一寻回。这些剧中的配角老人，在她“这一个”的呈现中，成为进一步锤炼自身演技的“每一个”。直至电影《大雪冬至》（2017），年近八十的她在银幕上淋漓尽致地展现了一位孤寡老人的生活，全片90分钟，跟她演对手戏的却只有其怀中的小狗。此时这位老人，以其高超的演技跳脱了过往对“这一个”的表现，而成了银幕上的“独一个”。

2018年，在佛山举办的金鸡百花电影节上，祝希娟与老搭档张勇手共同获得终身成就奖，这不仅是对其过往成就的表彰，亦是对她当下永不停息的银幕生命的褒奖。

——**陶冶**（暨南大学艺术学院副院长、教授、博士生导师）

黄伟宗

珠江文化学术体系的构建者

人物简介

黄伟宗，男，汉族，1935年11月出生。1958年开始从事文学创作。历任羊城晚报《花地》副刊编辑、广东省作家协会评论委员会委员兼《作品》杂志编辑、中山大学中文系教授等。著有《黄伟宗文存》《珠江文化论》等。其任总主编的《中国珠江文化史》填补了中国珠江流域文化史空白。曾获第四届广东省鲁迅文学艺术奖、广东省优秀社会科学成果奖、第三届广东文艺终身成就奖等。

在60余年文学创作和学术研究生涯中，黄伟宗的“高产”是有目共睹的：迄今为止发表《黄伟宗文存》《黄伟宗珠江文化散文报告集成》等个人专著25部，仅一部《黄伟宗珠江文化散文报告集成》就有150多万字；总主编《中国珠江文化史》《海上丝绸之路研究书系》《珠江文化丛书》等多种书系，共计20个系列156部之多……

他在文学创作、文艺评论和文化学术上都有广泛建树和影响，特别是作为广东省珠江文化研究会首任会长，他率先开拓珠江文化学术领域，为“一带一路”建设作出贡献。

黄伟宗对文化批评与珠江文化的关注，发轫于改革开放以来广东地域文化自觉意识的逐步高涨。1986年，著名作家吴有恒提出“应有个岭南文派”，之后，学者黄树森发起并主持了“珠江大文化圈”讨论，一时间，众声激荡，绵绵不绝。至新千年后，又延拓出“新南方文学”“粤派批评”等回响。

无论是对文化批评、珠江文化、海上丝绸之路的长期深耕，为地方文化建设出谋划策，还是对“珠江文派”的极力主张，黄伟宗的治学历程，归根结底，是在映射改革开放以来，广东本土文化借由自我反思、审视、辩难，从自觉意识苏醒走向坚定文化自信的跋涉演进。这些成果不仅是广东地域文化研究不断活跃、深入的明证，其壮大过程也堪称是浩瀚珠江“广纳众流成就自身”的生动写照。

第一阶段：1958—1992

黄伟宗参军时的照片

我从事文学评论和创作生涯已经有60多年了，大概可以1992年为界，分为两个阶段：1958年至1992年为第一个阶段，这期间我一直在羊城晚报《花地》和广东作家协会《作品》杂志从事编辑和文艺理论批评工作，后来又在中山大学中文系从事当代文学教学研究工作；1992年后为第二个阶段，也即担任广东省人民政府参事之后，这段时间主要进行文化咨询与文化研究开发工作，从文学透视文化，以文化观照文学，学术视野与活动天地比以前更宽广了。

我祖籍广东肇庆，出生在广西贺州一个医药和书香世家。父亲在从医之余，在家族开设了家塾，亲自执教，自定教材，以讲授《古文评注全集》为主，兼授唐诗、宋词，以及袁枚、曾国藩、梁启超等的文章。我的书房取名为“养真轩”，其中有个笔筒，上面有一句题诗：“读书之乐乐陶陶，共赏明月比天高。”父亲带着我们兄弟几个“黎明即起，洒扫庭除”，然后是背诵经典，要背到滚瓜烂熟的地步。这可以说是我的文学启蒙，是我后来走上文学道路的源头。

20世纪50年代初，我响应“抗美援朝，保家卫国”的号召报名参军，当了4年半“没有扛过枪的兵”，主要做文员的工作。部队的革命教育和训练，锻炼了我的意志、品质，使我养成了优良的作风，也增长了我的见识。这些对于以后我走上既做作家、又做学者的道路，是有着奠定基础的意义的。这个时期正是年轻的中国百废待兴、欣欣向荣、朝气蓬勃的年代，同时又是仍然进行着众多的、复杂的、尖锐的斗争的年代。作为“时代晴雨表”的文艺，最能及时地将这些本质和现象反映出来。我不仅热爱文学作品，而且发现自己对作家谈创作的书和文章尤其感兴趣，如茅盾的《创作的准备》、艾芜的《文学手册》、艾青的《诗论》、巴人的《文学论稿》、萧殷的《与习作者谈写作》等等。我还订阅《文艺报》《人民文学》《解放军文艺》等报刊，关注丁玲、赵树理、周立波等名家谈写作体会的文章。

1955年夏，我从部队转业复员之后，决定继续读书深造。当时距离全国统一高考的时间只有三个月了，我也不知是从哪里得来的自信心，雄心满满准备参加高考。每天抓紧一切机会看书、学习、做笔记，连吃饭睡觉时也默念功课，简直到了如醉如痴的地步，用两个月的时间自学完了高中三年全部课本。高考结束后，我接到了中山大学的录取通知，于是来到广州。1958年初，我在中山大学中文系上三年级时，先后在《中山大学学生科学研究》和《光明日报》上发表文章，由此开启文学生涯。

1959年大学毕业后，我被分配到当时刚创办不久的羊城晚报《花地》文艺副刊担任责编。当时的《花地》副刊，是当时广东文化中心之一，见证了许多重大文艺事件和文坛风云，全国著名作家大都在《花地》发表过作品，广东那个时期的名家名作，基本上都是在这里首发或者连载，从而崭露头角的：欧阳山的《三家巷》、吴有恒的《山乡风云录》、陈残云的《香飘四季》、秦牧的《愤怒的海》……陈残云的《香飘四季》是1961至1962年间在《花地》连载的，发表后十分轰动，小说出版时，仅初版就印了十数万册，仍然供不应求，这放在今天是难以想象的；还有1961年，为了一部讲述珠三角农业合作化运动的长篇小说《金沙洲》，广东报刊发起了一场关于文艺“典型”问题的大讨论，时间长达7个月之久，这都是我亲身经历过的。

刚开始参加工作时，我接到一项重要工作，就是评欧阳山的《三家巷》。《三家巷》前几章在《花地》连载，受到读者热烈欢迎。很多市民每天下午排队去买晚报，争相一睹为快，大家都习惯说：“用四分钱买一份《三家巷》。”指的就是买《羊城晚报》。

最开始，领导是希望找全国知名的文艺评论名家来评的。当时文坛最红的两个评论家，一个是李希凡，另一个是姚文元，我把文稿给他们寄去，结果石沉大海。我很失望，也很气愤，我想《三家巷》是多么难得的一部大作啊，既体现了广州的地方风情，又写出了广州各个阶段的革命历史，他们不理睬，干脆我自己来写好了！于是，我就找到了我的同学黄树森一起合作写评论，从此踏上了广东文学评论的道路。一边从事

1962年，黄伟宗（右一）在阳江海边与羊城晚报《花地》文艺副刊同仁留影

编辑，一边从事写作，这种密切结合现实实际和创作实践而进行理论批评与写作的做法对我影响很深，坚持了数十年直到现在。

除了负责文艺评论，我具体经手的工作，一是处理来稿、来信。《花地》在全国颇有影响，刊名是时任中国作家协会主席茅盾亲自题写的。它每天都占报纸的大半个版面，每期发稿约9000字，甚至上万字，每月发稿将近30万字，和当时刚创办不久的、以发表长篇小说为主的大型文学期刊《收获》发稿量旗鼓相当，是全国发稿量最大的文艺副刊。编辑部每天收到的来稿、来信堆积如山，稿件数量两三百份以上，编辑要改稿、画版、看样，每发一稿都要几经修改，字斟句酌，一丝不苟，有时候还要临时赶写稿件，工作十分繁忙，经常加班加点。我每天下班回宿舍，从位于西堤新基路昼夜通明的办公楼走到安静的沙面，一路呼吸着清新、舒爽的空气，沉浸在忙碌过后的轻松、愉悦之中，深深地感受到一种生活的充实和幸福！

还有一项工作，就是与专业作家和优秀的业余作家联系，包括作品连载和评论，大都由我组稿或安排发表。在这个过程中，我有幸接触到许多文坛前辈，像欧阳山、陈残云、黄秋耘、吴有恒、黄谷柳等，让我切身地体会到长者的宽厚、温暖和智慧。还有秦牧，他当时是羊城晚报副总编辑，是直接分管文艺副刊的，我的办公桌就在他位子的对面，所以和他很熟。他那会儿已经是名声在外的大作家，性格却很低调，沉默少言，没有架子，待人接物亲切、随和。每天都能见到他戴着一副深度近视眼镜，认真地审看出版前的报纸大样，用笔在上面批注圈改，字迹密密麻麻。除了看样，他有时还亲自编改稿件，或者撰写文章，他写文章的速度快得惊人，而且不打草稿、不用修改，洋洋洒洒，下笔立就。记得他曾说过自己写文章的诀窍：写作就像是量体裁衣，将布料按照你想要的样式和尺寸剪裁下来。真是妙语！1961年春节我结婚的时候，他还特意赶来参加婚礼。当时正是经济困难时期，副食品都要凭证供应，婚礼用的糖果、饼干，都是用同事的供应票证集体凑起来购买的，仪式虽然简陋，但气氛热烈，前辈和同事们对我的关切和祝福之情溢于言表。秦牧身上有一种传统知识分子的傲骨，我记得他在政治运动中经常挨批斗，每次回来都被打得鼻青脸肿、头破血流，但他仍然迈着大步走回报社，脸上带着笑容，一副气宇轩昂、不屑一顾的样子。

还有一位对我影响至深的前辈作家，就是欧阳山。对于欧阳山和他的创作进行研究，最初我是出于一种好奇，后来则是出于“不平则鸣”的呼喊，因为这个过程，我与欧阳老之间结下了数十年的不解之缘。这为我后来写《欧阳山创作论》和《欧阳山评传》奠定了基础。记得是在1961年秋，《羊城晚报》要办个面向文艺爱好者的“文艺信箱”专栏，请老作家传授创作经验，我们首先就想到请欧阳山来写开栏之作。第一次登门拜访时，我原本很是胆怯，敲门的时候手都是发颤的，没想到，一开门，见到的大作家却是一位面目慈祥的长者，使我很快就消除了局促，和他熟络起来。

在我的心目中，欧阳老是个一辈子追求纯粹和完美、坚持理想信念的人。从童年时代起，他就对文艺有一种自觉的追求，他曾经对我说过，他愿意为文学而献身，为了文学，他宁可“粉身碎骨”！他很早就提出了一个口号，既搞文艺又搞革命，用文艺来搞革命。从过去搞革命工作，到从事文学创作，从早期写爱情小说居多，到后来关注底层工农群众的苦难和斗争，他有官不做、有福不享，甘愿天天埋头“爬格子”，过着一种“寂寞梧桐深院锁清秋”式的生活，就是为了追求艺术的完美、人生的完美、社会的完美。到了写《三家巷》的时候，他已经进入了一种巴尔扎克写作《高老头》时那种系统性创造“人间喜剧”群像的阶段，穷形尽相地描绘世态风俗。他对文学的精神追求，是很高贵的。

他的一生，始终贯穿着一种韧性的战斗精神，不管经历了什么样的大风大浪、严峻考验，他都坚持自己的文艺主张和做人的原则，从不因为“风向”的变幻左右摇摆。有一次，他在研讨会上发言，题目是《应当有浪漫主义精神》，这次的发言其实是他针对有人对他在《三家巷》里把区桃写成“美人儿”、周炳是“美男子”有意见作出的回应。他认为，过去小说里的工农群众总是破破烂烂、肮肮脏脏，应该要改变这种审美偏见，工农兵的形象也完全可以是很美的。在会上，他还提出必须提倡题材多样化，这些意见都给我带来很多启发。在当时的环境里，这些发言是要冒很大的风险的，他却依然不为所动。

我印象最深的，是他在蒙冤受屈、处境落魄的时候，身处一间仅有八平方米、阴暗潮湿的房子里，孑然一身，每日还要强制劳动，但他依旧手拿葵扇，和我谈笑自若。我内心一阵酸楚，不禁眼角湿了。他晚年因为身患重病，视力严重衰退，在双目几近失明的情况下依旧顽强工作。《三家巷》后几部的底稿在运动中被强制焚毁，他只能采用口述录音、秘书整理的方法重写《三家巷》。每当想起这些情景，都让我领悟到在他的作品中贯穿的那种为文艺事业献身的精神，想到一个人在这样的处境里，受这么多的冤屈，仍能如此，使我不自觉地获得了一种力量。

1975年春，我被调到《广东文艺》编辑部工作。1977年底，《广东文艺》恢复原来的刊名《作品》，我也随之到了这刊物编辑部的理论组，并分管广东作协理论批评委员会的工作。1979年，又调到中山大学中文系。我时年刚过43岁，一方面长期处在文坛批评的“风口浪尖”之中，时常有身不由己、担惊受怕之感，又苦又累，于是便有“居安思危”的想法；另一方面，由于长期从事编辑工作，只能业余写点东西，大都是匆匆忙忙急就章，平时无暇看书，只写不学，难有深度，难免有朝一日会山穷水尽。我发现搞理论批评的有两种人：一是像我一样从事编辑或机关工作之余写作的人，一是在大学任教的中青年教师。两者的稿件都各有优势和局限，前者敏感、实际，有的放矢，但欠缺理论深度和系统性；后者理论基础较好，但有脱离实际、较为迟钝之嫌。我想自己有实际工作经验，如果去教书做研究，是不是可以走出“第三条道路”呢？没想到我的本意是“急流勇退”，结果反而是“急流更进”。我的老师、时任系主任的吴宏聪教授，热情地邀请我回校执教，还将我的欧阳山研究计划列入他主持的“六五”社会科学规划重点项目之中，由我负责《欧阳山评传》的写作。这个计划也得到了欧阳老本人的支持。他跟我说，你要去中大教书，一定要记住：一是不能脱离现实，不要做空头学问；二是不能脱离当前的文艺创作和批评实际，要保持关注、积极参与，理论指导实践。文学批评是不能离开文化这个大的参照系的。所谓“务实”，一个是时间的“时”，一个是实效的“实”。这些教诲，成了我遵循一生的座右铭。

那两年，边做研究边讲课，让我深感疲惫，时间、精力上左支右绌，特别为了写《欧阳山评传》要查阅海量的资料，一动笔又陷入发愁的境地。我渐渐对于王国维所说的做学问“三境界”有了一番自己的体会：真是“独上高楼，望尽天涯路”，“衣带渐宽终不悔”实则是无可奈何，“蓦然回首，那人却在灯火阑珊处”的兴奋往往一瞬即逝。我大都是在这种心境下，坚持写完这本评传的。接着，我又完成了《欧阳山创作论》，得了广东省鲁迅文艺奖，算是一种告慰，也算是我对欧阳老的致敬和报答。

随着改革开放后僵化观念不断被冲破，广东文坛也又一次迎来引领潮流的高峰期：“伤痕文学”“创作方法多样化”“寻根文学”“第三种批评”“特区文学”“新都市文学”“打工文学”“女性文学”……这是广东文学史上一个值得大书特书的时期，文学潮流层出不穷之际，各派观点交锋激烈。我非常幸运，能见证和亲历这样一个文化复苏的大时代。为什么广东在二十世纪八九十年代能不断掀起高潮？因为广东不仅是经济发展的前沿地，更是思想解放的先行地。具体的表现包括主政者的开明与魄力，舆论环境的松绑，广东媒体的敏锐与发达，还有代表性作家作品的集中涌现。广东报刊在全国最早为《三家巷》《苦斗》《艺海拾贝》等被错批的作品及其作者平反；率先发起关于爱情描写的讨论，冲破“禁区”，倡导正常批评；1978年底，广东在全国最早恢复文艺团体组织及活动，广东省作协召开创作座谈会，邀请刚刚复出的周扬、夏衍、林默涵、张光年专程莅会发表讲话，萧殷策划组织、黄树森执笔为《南方日报》撰写的特约评论员文章《砸烂“文艺黑线”论，为实现四个现代化而创作》，在《南方日报》头版刊登。这是全国最早否定“文艺黑线”论的文章，极大地促进了全国文艺界的思想解放，被《人民日报》等新闻单位称赞为“三个活跃”，即思想活跃、创作活跃、组织活跃。还有后来开展《我应该怎么办》等“伤痕文学”的讨论，关于“意识流”“朦胧诗”等问题的讨论，都站在时代的前列，展现了一种强烈的历史责任感和主导意识。我的关于“社会主义批判现实主义”“歌德与缺德”等文学思潮讨论，都是在这个时候提出的。

1995年，黄伟宗在欧阳山作品研讨会上发言，他的首部欧阳山研究专著《欧阳山创作论》获广东省鲁迅文艺奖

这个时候也恰逢广东文坛老中青各个年龄梯队的作家群纷纷进入创作上的成熟期，除了前面提到的欧阳山、陈残云、秦牧、萧殷等老一辈作家外，也包括新中国成立后广东第二代作家，包括陈国凯、杨干华、程贤章、余松岩等，还有更年轻一点的都市文学、女性文学作家，例如张欣。这些作家普遍有一种激情、有一种责任心，去创作、去书写时代。陈国凯成名前是广州氮肥厂工人，杨干华当时是农村民办教师，广东“不拘一格降人才”的政策环境，为这些文坛新秀的冒头提供了土壤，真正做到了“英雄不问出处”。因此，广东文学界、文艺评论界能在20世纪八九十年代出现高峰期，文艺思潮、文学创作频频震惊全国，可以说是一个天时、地利、人和的结果。

第二阶段：1992至今

1992年，我57岁时受聘成为省政府文化参事，担任广东文化组组长，主要参与文化调查研究与决策。当时从外部来说，世界兴起了现代文化学，借助《第三次浪潮》，在“大文化”和“海洋文化”意识的推波助澜之下，兴起了一股席卷全国的“文化热”；从内部来讲，经历了80年代“寻根文学”“文化小说”等思潮的持续酝酿、升温，文化领域的决策和研究开发日益受到重视。

我把自己做事的心得总结为一个“六字经略”——“发现、开拓、致用”，也就是说，古为今用、学以致用，用文化研究服务于地方实际建设。归结起来，最重要的两项成果：一是首创“珠江文化”，并创建了广东省珠江文化研究会，建设多学科交叉的珠江文化工程。我最早提出“珠江文化”这个概念是在1988年，但其实，我对珠江文化的思考由来已久。这就要提到一个广东文学大家——《香飘四季》的作者陈残云。当我还在做广东文学批评研究的时候，我发现他所写的小说、散文、电影全部都是写珠江题材的，而且他笔下的文字，特别能体现珠江那种“诸河汇集、八门夺海”天然的开放性和包容性。我自幼是喝家乡的贺江水长大的，贺江是珠江主干流西江的一条支流，我到现在还清晰地记得，贺江的样子好像美女腰上的一条丝带，蜿蜒旖旎，所以我对珠江也怀着很深的感情。我发现“水文化”崇拜在中国各地是普遍存在的，全国省市地名大都是带“水”的，比如四川、湖南、湖北、江苏、海南，中国人还习惯用“母亲河”来称呼大江大河。

二十世纪八九十年代，还流行一种说法，说中国没有海洋文化，我认为是片面的，为什么？我们的珠江，它本身就是海洋文化的一部分。珠江是中国境内第三长的河流，南方最大的水系，它有八个出海口，是内陆文化和海洋文明的连接点。再加上广东省是中国海岸线最长、海疆最广的省，它怎么可能没有海洋文化的痕迹呢？换个角度来看，珠江文化跟长江文化、黄河文化相比，有什么不同的特质？珠江文化和海洋文化，两者有着怎样的关系？为什么连梁启超这样的广东本土的大学者，也很少谈到珠江呢？我开始尝试去深入思考这些问题。随即我发现，其实“珠江”的概念在过去一百年来，一直在不断变化、拓展：早期，人们印象中的“珠江”仅限于白鹅潭到虎门一段，后来渐渐发展到三水到虎门；20世纪40年代，水利部门组织考察以后才发现，珠江水系涉及整个中国南部大部分地区，不仅是两广。也就是说，珠江文化研究还处于起步阶段。意识到这一点之后，我就下定决心，从水文化跟海疆文化的角度出发，去重新审视我们的中国文学和中国文化。

带着这样的思考，我带领以参事馆员为骨干的专家队伍，不断奔赴全省各地对珠江各支系流域进行实地考察研究。一开始，我们从广东、广西分界之“广”在哪里入手，探寻珠江文化源流。1993年，我带队先后三次到广东封开县和相邻的广西梧州市进行考察，从史料和古迹的研究勘查中，发现两广之“广”是指“广信”，公元前111年（汉元鼎六年）汉武帝平定岭南时，设立管辖整个南方九郡的交趾部，以广信县为首府所在地。“广信”之名，来自汉武帝颁布的圣旨中有一句“初开粤地，宜广布恩信”。东汉三国以后，广信渐渐成为两广分界。那么广信原址又在何处呢？我们调查研究后认为，应该是今天梧州的桂江和封开的贺江交汇处一带。

找到古代广信县所在地的意义，不仅在于解决一个历史之谜和一个地名之争的悬案，更重要的是有助于弄清广东和珠江文化的源流及其在古代的发展走向。此后，我们的团队一直坚持肩负着为珠江文化寻根溯源的使命，持续不断有许多新的发现，例如珠玑巷移民文化、广府文化和粤语发祥地、南江文化、鉴江文化、雷州文化等。由我担任总主编的学术团队，

1991年，黄伟宗在陈残云作品研讨会上发言，首提“珠江文化典型代表陈残云”和“珠江文化”概念

出版了包括《珠江文化论》《珠江文化系论》等专著在内的《珠江文化丛书》，填补了中国江河文化史中的空白。

印象尤深的一次，是在南雄市的梅关珠玑巷。这里是中原文化进入岭南、与岭南百越文化汇合，又转向海外的重要中转站，据历史记载，仅唐宋年间就有三批百万以上移民经此南迁开发岭南，并随后移民至南洋、欧美各地。中国的百家姓当中，经由珠玑巷南下广东、辗转至海外开枝散叶的就多达140多个！据此，我们提出了组织珠玑巷后裔联谊会、开展寻根文化旅游等建议，受到当地领导的重视，在海内外引起强烈反响，名不见经传的珠玑巷一下子成了海内外华裔子孙寻根问祖的热门景点。这是珠江文化具有兼容性和开放性的典型实证，也让我看到了工作实实在在的成果，备受鼓舞。

研究了30多年的珠江文化，我对珠江文化特质的思考也愈发清晰。珠江文化是沟通中原内陆水文化和海洋文化的桥梁，用一个词来形容，就是“江海一体”。过去，老一辈的广州人管过江叫“过海”，珠江边叫“海皮”，为什么呢？就是源于广州是珠江出海口，历史上广州城区的珠江水域面积远比今天要宽广得多，浩瀚如海，这就是“江海一体”概念最直观的一个体现。同时，珠江文化从源流到成分都是多元的，与中华民族文化的结构一样，是具有兼容性、包容性的。从地理折射到人的心理，我理解的珠江文化的精髓，就是一种领潮争先的洒脱，以及善于变通的灵活。为什么六祖慧能可以开创禅宗的新局面？为什么改革开放要选择广东作为试验地？为什么那么多广东人“过番”、下南洋，为什么他们可以做到足迹遍布全世界？在我看来，这都是因为广东人的思想观念深受这种江海一体文化的浸润，受到的束缚和羁绊相对较少，故而敢于“向海而生”、打破陈规、另辟蹊径，从而闯出一条新路。

在担任参事期间，我的另一项主要工作是主持《海上丝绸之路研究书系》项目，为“一带一路”建设作出贡献。在考察珠江文化源流的时候，我们从史料中发现汉武帝平定岭南时，即派人从雷州半岛的徐闻起航，经北部湾的合浦到日南（今越南）。这是班固《汉书·地理志》中的记载，很多人都知道，但是没有从海上丝绸之路的角度去看待。2000年，广东省珠江文化研究会正式成立的那一年，在广东省政府参事室（文史馆）的支持下，我牵头组织了多学科专家组成考察团，先后三次到湛江、雷州、徐闻考察，在当地发现了汉井、汉墓、汉代的烽火台、瓦当等文物遗迹；我们还到了广西的北海、合浦，以及福建的泉州。经反复论证，确认在徐闻发现的西汉古港是中国海上丝路最早始发港，这个结论，在2001年11月在广东湛江举行的“海上丝绸之路与中国南方港”学术研讨会上，得到了来自全国各地专家的肯定。由此，将联合国确定的中国海丝史推前1300多年。这就意味着我们认为珠江文化和中华民族文化具有海洋性的观点，找到了历史依据，以历史事实推倒了19世纪德国著名学者黑格尔在他的《历史哲学》一书中提到的“中国没有享受海洋所赋予的文明”、海洋“没有影响中国的文化”等很有代表性的西方观点，因为海上丝绸之路就是典型的海洋文化。这一事件使得徐闻成为投资热点。

由于取得这些成果，2004年广东省政府批准了我们这个学术团队为“广东省海上丝绸之路研究开发项目组”，并赋予考察全省从粤东到粤西、从东南海到北部湾的所有沿海古港的使命。我们在此后一直以锲而不舍的精神，先后到各地港口实地考察，从整体上证实广东的海丝古港是数量最多、历史最久、年代最齐全、沿海岸线最长的海上丝绸之路和海洋大省，也再次证明了珠江文化的海洋性、开放性特质，是自古相传而普遍存在的。

此后，我继续倡议打造六祖禅宗文化、莞香文化、客侨文化、侨圩文化等品牌，为新中国成立60周年国庆大典广东彩车

黄伟宗自1992年被聘任为广东省人民政府参事后，1993年即以参事身份考察南雄珠玑巷，首提寻根后裔文化，由此开始对珠玑巷文化、广府文化的持续研究开发

2000年7月，黄伟宗带队到徐闻考察海上丝绸之路西汉始发港古碑记

游行、广州亚运会开幕式等建言献策。我还以总主编身份推动《珠江—南海文化书系》《珠江文化系论》《海上丝绸之路研究书系》等学术出版工程，并由此建构起珠江文化学术体系，进而提出了“珠江文明八代灯塔”等概念。所谓“八代灯塔”，就是指辛亥革命前粤地社会文化发展的八个阶段，每一阶段的社会演变，都深受中原或舶来文明的外部刺激。无论是北学南拓，还是西风东渐，珠江流域均为风云汇聚之地，自成格局，更是奠定了广东在中国近现代史上革命与文化策源地的独特地位。

我从1992年57岁到现在，被聘为省政府文化参事，一做就是五届，这是我以前没有料想到的，聘期之长在全国也是少见。这些年来，我还一直担任广东省海上丝绸之路研究开发项目组组长，一方面，我们看到广东的海洋文化研究还有很大空间值得探索，有不少短板亟待弥补；另一方面，我们也面临着很多邻近省份关于海洋文化品牌的激烈竞争。为什么大家都这么看重海洋文化呢？我说过，所谓文化浸润力，就是一种环境力、氛围力、孵化力，在这方面，海洋文化体现得尤其鲜明。历史上，从农耕文明到工业文明、再到后工业文明，海洋文化及其所具有的开放、传播、交流、变革特性，在世界演进历程中扮演了相当重要的角色；在今天，江海文化、山水文化，它是一种和平的、优美的文化，也是一种古老的、生态的文化，这样的文化观容易引发全人类最普遍、最深切的共鸣。广东是中国海洋文化大省，拥有广州十三行和黄埔古港、汕头樟林古港、湛江徐闻古港、深圳南头古城、梅州松口古镇等众多海上丝绸之路文化地理坐标。在海洋文化上下深功夫、做大文章，这是我们广东文化界、学术界研究领域的题中之义。

“折腾”了将近30年，学术上的论断分歧、笔墨官司自然也是免不了的，我概括成一句话，就是“自找苦吃”。我这个人谈不上什么伟大之处，我就是想做事而已。俗话说，“人过留名，雁过留声”。我理解“人过留名”的意思，不是为了名气做人，也不是留虚名，虚名是留不下的。“留名”是留实名，是做过实事、好事之名，才能让人记得住、留得下来。所以，“做事过一生”是我做人的信条。三十年前，我在散文集《浮生文旅》后记中写有两句话：“双文化情写天涯，一心耕耘度浮生。”其中，“双文”指的就是论文与散文，也是我做事的主要方式。这组诗里还有几句话：“天生我材必有用，别人不用自己用。山重水复路何方？走得一程是一程。”别人怎么看不要紧，重要的是一如既往，坚持自己的人生态度。

考察之余，我还一直在撰写文化散文和文学评论，将考察过的地方之风土人情和文化底蕴，以艺术形象体现出来，例如《珠江文珠》《香港之“风”》《澳门之“门”》《深圳之“鹏”》《珠海之“珠”》等，这些文章将港澳的文学、文化、社会、历史，与我此前所作的珠江文化研究的结晶融会贯通，从文学的角度体现了粤港澳大湾区人文内核上一衣带水的深厚渊源，也可以说是我个人介入大湾区文学共建的一种尝试。我过去做文学批评的老本行也没有落下，我认为“粤派评论”历史与现状的大讨论很值得关注。任何地区的文学，取决于它所处的时代环境和培育它的民俗、民间的土壤。在厘清相关文学创作脉络、掌握充分的历史文化依据的前提下，将“粤派批评”上升为大湾区文学评论，把“大湾区文学”的定位和内涵搞清楚，找准港澳文学与广东文学的对接点，有利于我们探索地域文化与文学创作的多样化途径。从广东作家群相通之“海气”出发，我又提出了“珠江文派”和“珠江学派”的系统和概念……

黄伟宗旧照

我现在双目青光眼加白内障，眼矇耳背，还是闲不住，总是想做事。三年疫情期间，不便外出，我就在家写文坛记忆录《广东文坛六十秋》，回忆六十余年的切身经历和所见所闻。我还把《红楼梦》重读了一遍，蓦然发现，这是一部“中华文化美味集大成之作”。于是，我就以问答方式断续写出了一部三十余万字的《超脱寻味〈红楼梦〉》书稿。最近，我还把三十年来探索文化批评与珠江文化的开拓性论作进行了整理，结集为《珠江文化综论》一书出版。

新著《珠江文事》是我近三年写的一本散文报告集。我在扉页里写过一句话：“人生如同三更梦，世事不过一盘棋。做事过一生，不做事也过一生。不如做点事，多做事；当然是做好事，做实事；以超脱做事，以做事超脱。”这是我多年创作和做事的切身体会，也是经验的结晶。所谓“以超脱做事，以做事超脱”两句，是指在做任何事的时候，都要超脱出所做的事本身去做这件事，同时，做事都是为了自己超脱。“超脱”这个词，本来是佛教禅学的一个理念。什么叫“禅”呢？就是超脱。超脱是什么？就是要站得高一点，超越当下的具体事物，从中超脱出来的一种精神境界。超脱做事，就是以这种境界做事，做事超脱，就是以做事进入或达到这种精神境界。

回顾我这一生，“生不逢时又逢时，路未走对又走对。自感知足又不足，问心无愧又有愧。”我现在已届耄耋之年还在做事，还在创作和研究，自我感觉很有味、很愉快、很充实。对我来说，做事既是一种精神寄托，也是一种精神享受，这就是一种超脱境界。现在许多老人整天睡觉，或者到处旅游，随自己兴趣吃喝玩乐，这些都是享受，也都算是超脱境界之一种。但我这个人呢，不会唱歌、弹琴，又没有体力四处旅游，只能做做自己想做的事，以求实现自己心目中的超脱。只有不断地做事，人的精神才会充实，才会有一种努力活下去的动力。人的自信跟自觉是相辅相成的，有了自觉的行动，取得了一定成果以后，你就会愈发自信；而有了自信，你就会萌生进一步发展和完善自我的自觉。从自觉到自信，又从自信到自觉，这是一个循环往复、自我激励的心理过程。这算是我的“老生常谈”，一点人生体会吧。

（撰文：郭珊）

（部分内容参考花城出版社《风起岭南——广东著名作家访谈笔记》一书，作者：高小莉）

大家印象

珠江文化论：多学科的触类旁通

我是20世纪90年代回到广州的，不久，就参与由黄伟宗教授领队的封开之行。他根据史料及现场考察，迅速确定西汉前期的交趾刺史部，正位于封开—梧州一带。那时，我很激赏他的决断能力及学术霸气，因为当时即由他作出了决定，由司徒尚纪从历史地理上论证广信的地域意义，由我确认广信乃广府民系之源——因为我一直在做客家源流的论证，张镇洪从考古角度，罗康宁从方言形成以及海陆丝绸之路的对接分别进行论证。为此，我们专门去寻找连接北流江—南流江的、已消失的平陆运河。20多年后的今天，国家已正式把恢复平陆运河列为重大工程。黄教授的历史文化视野，正是在这种多学科扩展中，显示其广度、深度与力度的。

之后不久，他提出了珠江文化的江河文化观念。其时，文化还被视为“小文化”，包含民俗等“边角余料”，文化小说也是这么被理解的。然而，他却从自己的学术实践出发，纠正了这一陋见。其实，在国际上，所谓的culture（文化）与literature（文学）是同一个系，文化更包含了文、史、哲等学科，是“大文化”。

后来，我读到他的《文艺辩证学》，他在书中强调：文艺要认识和反映一定社会和民族的生活，自然必须认识和掌握这些文化内涵，文化批评要对这样的艺术形象和现象进行分析评价，自然也就必须以这些文化存在为参照系。而且，必须首先具有这样的文化观念和知识，这应当是当今文艺批评特别重视的参照系。

至此，作者完成了他从文学向美学的提升，最后则走向了文化的整个理论建构过程，这无疑为他确立“珠江文化论”奠定了坚实的基础。

黄教授经常说，做研究没有数量，哪有质量？没有多学科的功底，怎能触类旁通、有所发现？他的睿智、敏锐、博学及学术上的大气，让我很是受用，能有这么一个良师益友，我深感庆幸。

忆当年，他已年近古稀，依然坚持沿着雷州半岛西岸考察，上广西，过鬼门关，寻古运河，跋山涉水，不输给年轻人。至今，这一切仍历历在目，也鼓励着我砥砺前行！

——**谭元亨**（华南理工大学教授、客家文化研究所所长）

黄树森

广东本土文化研究的『掘宝人』

人物简介

黄树森（林蓓之），男，汉族，1935年1月出生。文艺评论家，从事文艺工作64年。“粤派批评”的重要代表，广东省文艺评论家协会发起人、创始人之一。曾任广东省文艺评论家协会主席。长期从事文艺理论、文化评论和岭南文化研究。代表作品有《题材纵横谈》《手记·叩问——经济文化时代猜想之子丑寅卯》《黄说》《春天纪》《广东九章》《深圳九章》《东莞九章》《广州九章》等。曾获广东省鲁迅文艺奖、广东省“五个一工程”奖、广东省优秀图书奖、第三届广东文艺终身成就奖等。

在广东文化界，黄树森是公认的大家和奇才，是圈子里的“老码头”，素来以眼光“毒辣”、思维“鬼马”、敢于“呛声”、笔力“生猛”著称。

这位擅长“咬破小孔”的文化名人，曾是内地引进港台小说和新派武侠小说的“第一人”。二十世纪八九十年代，他提出的“经济文化时代”“叩问岭南就是叩问当下中国新文化”“珠江大文化圈”等理论主张，多次震动全国评论界。

自21世纪以来，黄树森将目光投向了脚下这片蕴含无穷潜力的“文化富矿”——岭南地域文化。他牵头主编《广东九章》系列，借古今名人之视角，深入探寻和提炼广东“经济强省”光环背后的“人文基因”；为莞香文化、侨批文化鼓与呼，试图从中精准捕捉到广东人独特的文化秉性和风骨；以“粤商文化”作为观察广东乃至中国现代化历程的切入点，打通历史和现实的“穴道”……

他的文化评论深刻地继承了岭南文化海纳百川、融会贯通的传统，既立足于本土文化经验的积淀，又切中时代变革的脉搏，面向未来发声，集开阔的视野、严谨的学风、圆融的风度、诙谐的性格于一体，体现了“粤派批评”一脉相承的勇立潮头、创新务实、开放包容的精神气度，为今天建设文化强省留下了遍地“金句”与宝贵启迪。

1935年，与母亲、哥哥的合影

亲历风云激荡的广东文坛

用今天的话来说，我是一个“新广东人”。虽然我在广东做了超过半个世纪的文艺评论和地方文化研究工作，但我其实是湖北汉口人。要说怎么来到广州的，那就话长了。1935年1月，我出生在武汉一个“铁路世家”，从我父亲算起，我们家三代人有很多都在铁路系统就职，遍布机务、电务、车务、警务、测量等各个行当。1937年，抗日战争全面爆发，日本人就要打进武汉，父亲决定带着全家人“跑反”（逃难），于是我们一家人从武昌站上了火车，跑到湖南岳阳，后来又跑去了广西、贵州。整个过程几乎和日本人打进来的时间是同步的，战争打到哪里，我们就转头往下一站跑，坐着火车南来北往。我的整个童年都是在兵荒马乱、居无定所中度过的，一路上走走停停，光是小学我就读了六所，兜兜转转才在武汉毕业，然后在柳州、桂林读完初中，在衡阳读完高中。

“跑反”途中，我其实没有读到什么书。唯独记得父亲一直带着一本《古文观止》，说一定要让我慢慢背诵。书里的文章，还有一路上听到的京剧《四郎探母》唱段、《隋唐演义》等说书故事，一直伴随流浪漂泊中的我。我真正的启蒙教育，其实是在火车上完成的。长途跋涉、饥寒交迫的生活，不仅让我落得一身是病，头顶生疮，脚底流脓，更是让我从小就见识到三教九流、世相人心的纷繁复杂。铁路就是一个移动的小社会，社会上有的，这里一应俱全，除了火葬场。站台上、车厢里，到处都是洪水决堤一样拥挤的人潮，那种混乱、悲壮、遍地狼藉的场面，深深烙印在小时候的记忆里面。铁路两旁更是满目疮痍，惨不忍睹，卖儿卖女，无奇不有。我写过这么一句话：“人生有三大终极恐怖：死亡、未知、孤独。我的童年和少年，三者有了其二。”这段经历可以说是磨难，也可以说是一种历练，它教会我懂得敬畏，适度忍耐，独立自由……潜移默化中，决定了我以后生命的道路和方向——那就是“体面”和“尊严”。

1955年，我从衡阳铁路中学毕业，准备参加高考。当时，在报考学校和志愿上，我的两位老师存在不同意见：校长建议我报考航空学院，去搞

1950年，摄于桂林逸仙中学

1950年，在南宁参加首届广西学生联合会代表大会（黄树森位于后排左六）

坦克、飞机，因为这些新兴领域，正是急需人才的时候；我的政治老师认为我口才不错，应该去上国际关系学院，搞外交。这时，我的语文老师对我说了一番话，改变了我一生的命运。他对我说，黄树森，你只有语文还可以，其他科目都读得一塌糊涂，除了写文章是个长处，其他全部都是短板。做人要懂得扬长避短，你不适合去学理工科，应该去念中文系，学文学。我听了他的意见，报考了中山大学中文系。那时的我，对故乡湖北早已没什么印象，从没想过要回去；从小又东奔西走到处跑，基本上都在湖南、广西、贵州一带，所以也没想过去北方。来了广州之后，我很快就适应了这里的生活。我对广州的第一印象，是满街的红棉、乌榄、炮仗花，样样都觉得稀奇，唯独在吃的方面不大习惯，不过也就此安顿下来，“此心安处是吾乡”了。

1959年，从中山大学毕业以后，我被分到广东省作家协会旗下的《作品》杂志做编辑。当时欧阳山的长篇小说《一代风流》第一卷《三家巷》在《羊城晚报》连载，我因为工作需要，写了这本书的评论，算是我文学评论生涯的开端吧。1963年，我被调去省委宣传部，在那里工作了10年。现在回过头来想，依我的性格，其实很不适合待在机关里做事。刚去宣传部报到没几天，我就捅了一个大娄子——有次吃饭的时候，我和别人说，毛主席有一首写给彭德怀的诗，“山高路远坑深，大军纵横驰奔。谁敢横刀立马？唯我彭大将军。”这首诗当时还没有公开发表过，有人转头就把这件事报告了领导，领导马上找我谈话，说我不守纪律，思想太活跃，管不住嘴巴。后面发生的事，果真印证了他的判断。在那个特殊年代，我被当成“重点人物”，在韶关花坪干校里关了三年，每天要照看6头牛，接受审查，写交代材料。到了1976年，糊里糊涂回到广州。1983年，《当代文坛报》（后来改名为《广东文坛报》）创办之后，我在《当代文坛报》干了13年，做过副主编、主编。从1983年创办到1997年停刊，《当代文坛报》最高峰的时候发行量达到了130万册，很多搞文学批评的大家、著名作家都在上面发表过文章，或者出席过活动，几乎参与了岭南甚至国内所有

1964年，在阳江海陵岛

重大文学和文化事件的争论。

回顾前半生，有两件事对我以后的人生影响很大。第一件事，就是在中大求学的经历。我的几位导师都是研究古典文学的大家，像教元曲的王季思、教诗词的詹安泰、教戏曲的董每戡，还有教文字学的容庚，每个人在他们各自专攻的领域，都是名头响亮的顶尖人才，这个师资阵容莫说在中大校史上，就是放眼全国同时期各个高校的中文系，都可以说是空前强大、耀眼的。直到进了中大，我才真正感受到什么是“文化”。课余我还加入了董每戡教授组织的戏曲研究小组，进了这个小组有个好处，晚上经常可以跑出来看戏。对于董每戡教授，我曾经在文章里单独写过他，他不仅是一个大学者、一个理论家，他对舞台、对话剧都很熟。他经常说，研究戏曲的人，不光要埋头在文献里面去做校勘、解读，你要懂得舞台，懂得表演。演员在台上，为什么要这样走圆场、要这么去甩水袖？为什么要遵循这些古代戏曲的表演程式？ 为什么说“三四人千军万马，六七步万水千山”？每个角色的一举一动，代表了心里的所思所想，你要看得懂。他还说过，你们读戏曲，一定要把经典作品纵横打通来读。比方说读《西厢记》，就要把董解元的《西厢记诸宫调》，也就是“董西厢”，和王实甫的“王西厢”，对比起来读，打通来读，一直打通到《红楼梦》。《红楼梦》是中国古典小说、古典戏曲里才子佳人故事的里程碑，把它给打通了，才算把这一路给真正弄明白了。在他的熏陶之下，我渐渐懂得了应该怎样去读书，理论和实践怎么结合。后来董教授被打成“右派”，戏剧研究小组也就解散了，我就转到了现当代文学这块。

我印象很深的，还有历史系的陈寅恪，中大校园里有很多关于他的传闻，传得神乎其神。举个例子，据说我国的外事人员曾就某个观点的出处向学术界求教，后来电话就打到了陈寅恪那里，他不假思索立刻作答，在某部书里面的第几页、第几行。我从没去考究过这些传闻的真伪，我只是觉得，以陈寅恪的学术造诣来解答这些问题，绝对是小儿科！陈寅恪双眼失明后，迷上了听京剧和昆曲，曾经邀请著名的程派青衣新谷莺到家里献唱，董每戡、詹安泰也去听。陈寅恪还说，新谷莺唱的《望江亭》与张君秋的版本，只有细微不同。这些老教授之间因戏结缘，包括彼此之间的诗词往来、笔墨交情，成了中大的一个文化现象。他们聊一个戏，可以聊出层出不穷的文化话题来，这是我从来没有接触过的，让我深感震动。还有我的授课恩师容庚、商承祚，他们都是辛勤耕耘，弱冠成名。容庚二十多岁就完成《金

1984年，与中山大学同级挚友回校参加校庆。前排左起：谢彬筹、徐位发、黄树森、许翼心，后排左起：金钦俊、陈汉涛、黄伟宗、张木桂

文编》，商承祚完成了《殷虚文字类编》，承续了罗振玉、王国维的“冷绝”之学，成为中国甲骨学泰斗。“经师易得，人师难求。”感慕他们的风采，我们入校不久便传出消息，说有同学在寝室熄灯后，待在洗手间里发奋用功背《辞海》，有意效法老教授们治学之精勤。容、商两位先生与一贯信奉“独立之精神、自由之思想”的陈寅恪，是中大神韵之所在，也是中大的“独家记忆”，是康乐园里人格和精神的象征。反右最激烈的时候，容庚仍然每天为董每戡他们奔走呼吁，甚至不惜跟校方提出“我不干了”，以示抗争。他还曾说过，“我是一把鬼锁，你们打不开的；我是一匹野马，谁要是想骑到我头上，我就随时会把你甩下来！”当时，我们都说，中大是有学问的地方，是南方的一个学术高地，是文人能真正感受到尊严的地方。这些教授们的学问，还有做人的尊严、风骨，对我们的影响是刻骨铭心的。

另外一个事，我从20多岁进作协，一直到现在88岁。刚去作协的时候，办公地点在文德路69号之一。这是一个应该被铭刻的地址，是一个风云激荡的地标，是中国当代思想解放史上的一个思想重镇。20世纪后半叶，这里发生的一系列大事，直接影响到广东作协在全国作协、中国文坛上的地位，具有十分重大的意义。这其中包括1962年，郭沫若与广州文艺界举行诗歌座谈会；60年代，时任中宣部副部长的周扬到广东访问，他在省作协提出，要把广州打造为继北京、上海之后“中国第三个文化中心”，这既是从顶层设计角度出发的通盘考虑，也是对广东文学艺术的实力、地位的认可。1961年4月一直到10月，广东省作协用了半年的时间，在媒体上发起关于长篇小说《金沙洲》的讨论，在文学创作的“典型”问题和批评方法的问题上，反对教条主义，提倡百家争鸣，遵循艺术规律，在全国文艺界引发轰动。著名作家、文学批评家阎纲在给我的信中说，广东文学“使广东大旗多次飘舞在国家队的前头”。

我们经常说，改革开放是从广东搞起来的，但我想强调的是，首先是从文艺搞起来的！如果要研究，广东的改革开放到底是怎么搞起来的，就必须谈到1978年12月在广州召开的广东文学创作座谈会。这是一件中国当代思想史、文化史，包括新闻史都绕不开的事情，是我亲身经历和见证的，也与《南方日报》有莫大的关系。那时，粉碎“四人帮”才过去不久，改革开放刚刚开始，全国的群众文化团体、文艺刊物还处于停顿状态。在这样一个乍暖还寒的敏感节点，在吴南生、萧殷等人的支持下，广东省作协把挨过批判的“四条汉子”——周扬、张光年、夏衍、林默涵，全部请到广东来参会，能把这四个人集结到一起，是极其罕见的，需要非凡的远见和魄力！我还记得这么一个细节：开会的时候，原本官员们是坐在台上，作家们都坐在台下。时任广东省委第一书记的吴南生来了以后，一看到这个场面，他就招手，让上面的人全部坐到观众席，把欧阳山、秦牧这一帮老作家、老艺术家请到主席台上就坐。在我看来，这个动作是有着特别的历史含义的，它代表着广东省的一种气场，一种开明的文化氛围，代表着对文化艺术的尊重。

在这次会议期间，在萧殷的授意下，由我执笔，撰写了批判“文艺黑线”论的文章。萧殷跟我说，一定要把“文艺黑线”论给彻底否定掉，这个会才能开得起来。于是，我就在东方宾馆住了几天，写了这篇稿子。1978年12月29日，稿子以特约评论员的名义，在《南方日报》头版发表，题目叫《砸烂“文艺黑线”论，为实现四个现代化而创作》。同年早些时候，10月，张光年也在《人民日报》上发了一篇反对“文艺黑线”论的文章，但他是以个人名义发表的。《南方日报》上发的评论员文章，是当时的官方媒体对这么一个重大的政治文化事件发声的第一篇文章，由报纸来承担政治责任，当时没有一家报纸敢这样做。《南方日报》为什么敢这样干？就是因为后面有省委的支持，整个广东的局势已经开始变化了，改革的大潮起来了，谁都拦不住了。事实证明，这是非常具有智慧的一个做法。开完会以后，欧阳山、秦牧就被“解放”了，恢复原职。《人民日报》也用了很大的篇幅，讲广东的思想解放、文化跟社会的活跃繁荣。也就是说，人们在广东看到了思想解放的曙光，看到了中国文化发展的前景。今天，我们说广东文化的特点是什么？为什么是开放、是包容？怎么证明广东文化对全国的贡献？这次会议就是一个非常有力的、具体的明证！

1985年，到西安参加全国文艺刊物主编会议后留影

改革开放之初，全国的文化土壤整体上还比较板结，才“解冻”嘛，有种从麻醉中乍醒过来的感觉。很多新生的事物、新锐的思潮，都是从广东起来的，其中有许多都是我经手过的。那个时候的广东文化，到底有多活跃、多繁荣呢？举个例子。20世纪70年代末，《作品》杂志的发行量有多大？每期要印79万，差不多80万册！1979年，《作品》上面登了白先勇一篇小说，叫做《思旧赋》。这是白先勇的小说首次进入大陆，是文化史上的一个标志性事件，因为之前没有人敢登台湾作家的作品。《作品》刊发的这个版本，是我跟编辑沈仁康从

黄树森与白先勇（中）、中大教授金钦俊（左）

台湾文学社出版的《台北人》小说集里选的，这个版本是1971年4月1日出版，1979年我们就转载了。为了这篇作品，我跟沈仁康检讨了三次，检讨的按语也收录到《作品》里了。因为这件事，我和白先勇先生开始了几十年的交往，后来他搞青春版《牡丹亭》，到各个大学里面去演出，我就和他一起做昆曲义工。他手头的资源太厉害了，交往的都是各个高校的校长级别的人物。有一回，南方日报社老社长杨兴锋做东，我和他一起吃过一次饭。其间最大的收获，就是他讲到汤显祖的《牡丹亭》，男主角柳梦梅是广东人，柳梦梅和杜丽娘的故事，其实是一个像罗密欧与朱丽叶那样经典的广东爱情故事。白先勇很喜欢粤剧《紫钗记》，他还看过白雪仙主演的粤剧《牡丹亭》。

除了白先勇的小说，梁羽生的武侠小说《白发魔女传》，金庸的武侠小说《射雕英雄传》，梁凤仪的财经小说《醉红尘》（写金融圈内幕的），都是从广东最早引进内地的，从此风行全国。由于广东有这样一个大的格局和视野，港台那边的艺术视野、文化观念等，例如版权意识，就通过这些作品进入内地（大陆），通过版权交易，形成内地（大陆）和港台出版业的共振，而且大家都有钱赚，皆大欢喜。像金庸，他的作品版税是非常高的，广州任何一家出版社单靠自身是搞不定的，得联合整个广东出版界的力量才拿

黄树森与金庸（左）合影

得下来。1995年，我到香港金庸家里去拜访的时候，和他说起武侠小说在内地很热，他兴致很高，当即说，你在我这些书里面挑一套，我就把书（的版权代理授权）给你。我选了一本最早版本，他儿子说这本不行，要另选其他版本。所以，他们对版权的概念是非常明确的。2001年5月，我担任广东省文艺批评家协会主席时，邀请金庸访问广州。他在中大做了一次学术演讲，就在梁銶琚堂，现场座无虚席。金庸住在花园酒店，还在酒店里开了一次作品恳谈会。我在欢迎酒会上评价，金庸的作品，是借武侠的形式写人生和文化，通俗其表，严肃其实。他很认同。他对广州印象也很好，他喜欢沙面，也喜欢花园酒店，他还希望中大中文系的学生将他的小说改编成戏剧、电视、电影，他只收1块钱稿费，借此激励文学人才。

我和梁凤仪很熟，她擅长商战小说、财经小说，本人也很有经济头脑，非常精明。她有她自己的一套办法，包括怎么跟出版商谈判，怎么做宣传，刺激市场，把发行量搞起来，当时我们对这些商业操作都不了解，没什么概念。总之，包括我在内，很多人发现，“文化”原来可以这么赚钱，并不是我们后来想的那么艰难，要赔钱去养，我就是通过香港小说才意识到什么叫“品牌价值”的。

不仅是文学作品，广东在其他方面也是走在全国前面的。20世纪70年代末，吴南生有一次曾经私下请我们作协的人到宾馆里看《醉拳》，就是袁和平执导、成龙演的电影。那时，香港电影还不能在内地上映，包括香港电视也是不允许在内地播出的。1980年6月8日《羊城晚报》发表了一篇文章《“香港电视”及其他》，对香港电视是持反对意见的。9月8日，萧殷就带了一批文艺界、理论界的人，有我、黄伟宗、饶芃子、许翼心、金钦俊、李育中、易准、谢望新等，我们20多个人坐着大巴车，专门去深圳考察。我们看了电视剧《上海滩》、综艺节目《欢乐今宵》，还有新闻和广告，边看边喝香港的生力啤酒，吃嘉顿饼干。萧殷胃口不好，特别喜欢喝益力多酸奶。这些在当时只有深圳才买得到。我们从头天中午，一直看到第二天凌晨三四点，亢奋得睡不着觉！香港电视为什么有这么大的诱惑力？那就是出于一种闭塞久了，想睁眼看一看外面的世界的渴望。大家七嘴八舌地讨论，说广东离香港这么近，香港电视有什么看不得呢？怎么就败坏道德风气了呢？萧殷也说没什么问题，可以讨论。饶芃子就推举我来写反驳文章，我就写了《“香港电视”是非谈》，和那篇文章“干仗”，总的态度就是“对好坏参差、良莠不齐的香港电视，应该着眼于调查、研究、分析、辨别，扬善除恶，弹谬纠邪。”1980年10月7日，同样发表在《羊城晚报》上。1980年12月，又在《南方日报》上发了一篇《且慢“且慢”恭喜》，谈的是广东能不能讲“恭喜发财”这四个字。这背后其实关系到一个问题：改革开放是为了发展，那发展为什么不能提“发财”？如果“富贵”必生“歪风”的话，难道“越穷越光荣”？文章发表之后，好多人读了都拍手称快，还有人带着鸡啊、糖啊，到作协来找我，说我给他们出了一口气！

整个七八十年代，广东都在讨论这样的东西。新派武侠小说能不能读？还有唐大禧的雕塑《猛士》，出现了女性裸体，对于这些东西到底该怎么看？我在《南方日报》《羊城晚报》《作品》等报刊上写了很多文章。光是1979年至1982年，就参与了十多起社会和文化论争。我的一个总体观点就是，既然要搞改革开放，就必然会跟外面的世界接触，那么原有的知识结构、文化认知，就必须被突破。如果你的观念还是限制在条条框框里面，铁板一块，你怎么去和外面接轨呢？那什么东西能够在短时间内，把内地的这块冻土给它撬开呢？答案就是一个，“南风”。“南风”吹进来了，就春暖花开了。在我印象中，那个时候的广东，就处于这样一个春天的、启蒙的状态，充满欢笑、充满激情，掀起了一场思维碰撞的盛宴。这个过程中还有很多值得大书特书的文化事件没有挖掘出来，还是零零碎碎的。比方说，关于“朦胧诗”，广东文学界是全国最早发起探讨、影响力也是最大的地区之一，但这方面还没有人专门去整理和研究。

从《广东九章》踏上岭南“探宝”之路

到了20世纪90年代，随着改革开放的深入，《公关小姐》《外来妹》《情满珠江》等广东电视剧，还有广东流行歌曲更加蓬勃发展，广东文化加速挥军北上。我这个人的个性比较外向，喜欢新锐的东西，所以我对新闻特别敏感，有很多记者朋友。我记得有一次，和两个记者讨论了一整天，以后北方会不会出现很多粤菜和潮州菜餐馆？后来我们得出一个结论，粤菜跟潮州菜每年以300公里的速度向北推移。还有个事可以作为参考。20世纪90年代南沙搞了一个学术会议，中山大学哲学系的一位教授在会上发布了一项研究成果，他说1993年全国的货车有1/4是开往珠三角的。这是一个什么概念？证明广东的市场已经蓬勃得不得了了，市场经济是不可阻挡的！所以霍英东才提出来要修虎门大桥，把珠江口东西两岸连接起来，其实就是今天粤港澳大湾区的雏形嘛！交通便捷了，经济就会更发达，而经济的发展又带动了新的人文精神、新的文化形态，从广东兴起辐射全国。

也就是在这个时期，1992、1993年，我开始提出一个观点，“经济文化时代”，主要是探讨一个问题，经济发展起来以后，文学和艺术会不会萎缩？经济和文化到底是一种怎样的关系？我的看法是，经济和文化不是父子关系，也不是兄弟关系，不是说有了经济才去搞文化，而是恋爱关系，你中有我，我中有你，相互促进。现在市场经济起来了，从政治文化时代挺进到经济文化时代，经济是会影响文化的，文化也是会反哺经济的。经济的发展，它一定会带来观念、道德、伦理等一系列的变化。我在《当代文坛报》上组织过一系列讨论，时间长达8年，邀请北京、上海、天津、辽宁、福建等地的学者，一起总结改革开放实践中形成的思想成果，然后，又提出了“珠江大文化圈”的概念。对这些问题的思考，成了我后来去做《广东九章》的一个原点。一方面，我们看到，流行文化、大众文化大量通过广东辐射内地，广东在改革开放中取得的经济成就举世瞩目；但另一方面，仍然有许多文化精英，还在用旧有的、建立在农业社会基础上的观念，来评判新兴的文化形态、文化样式。于是，就产生了所谓广东是“文化沙漠”的说法。现在我们当然知道，这种说法站不住脚，根本是一个伪命题、一种傲慢的偏见。广东在历史上就是文化富矿，尤其是近代史，广东是中国朝着现代化转型的策源地，处于中西文化交流的桥头堡位置。只不过在过去，广东文化并不处于政治文化版图的中心，在清代以前都不为中原所熟悉，被人漠视。陈寅恪

1997年，接受广东人民广播电台记者采访，谈广东的报告文学热

1989年，为编辑广东省作家协会理论月刊《当代文坛报》，在中山长江水库酒店整理图片

说："华夏民族之文化，历数千载之演进，造极于赵宋之世，后渐衰微，终必复振。"这"终必复振"之地，我认为就是在广东，在珠江口。唐宋以来中国经济文化走势是沿东向南，出口就是珠江口，崖山之战、鸦片战争都在这里，中国现代化进军的登陆地也在这里。关于广东地理位置的重要，梁启超、布罗代尔、汤显祖都有论及。所以说，广东从来不缺文化，缺的是吆喝和自信。

还有一件事，对我触动很大。广东作家欧伟雄、钱石昌合写了一部长篇小说《商界》，这是第一部正面反映市场经济的长篇小说，1988年连载于《当代》杂志。我认为，除了茅盾的《子夜》以外，写城市的商品经济的，这是第一部。小说写了商战的激烈，也写了市场经济大潮中商人的彷徨，还有各种复杂矛盾的心态，从题材创作的角度来说，是开先河的。小说出版后，开了研讨会，也拍了电影，但它在长篇里面的影响一直不大。最后还是因为港台那边先出版了《商界》，成了他们了解内地经济动态、社会形势的一面镜子，北京才重新来看待这部小说，20世纪90年代中期才在北京再版，然后开始走红。《商界》的出现，有力地证明了"经济文化时代"的到来。没有改革开放，没有商品经济，不会有这样的文学作品。这就是广东的经济、广东的文学，对中国文学的贡献。

1994年，我与刘斯奋等人发起成立了全国第一家省级文艺批评家协会，成立协会的主要目的之一，就是以文艺批评的方式，去探索改革开放以来广东新文化的特征和规律，从而推动广东文艺繁荣。1997年、2000年，协会两次应邀参加中宣部召开的全国文艺评论工作会议，作了专题报告。1995年，我开始有意识地将改革开放后岭南的新文化现象进行系统梳理，主持出版了《叩问岭南》系列丛书，1996年获得了广东省鲁迅文艺奖的文艺批评奖。

2000年后，我受聘为省政府参事。来到这里有一个好处，就是能够把你在地方上发现的东西以参事建议报上去，直达决策层面，有机会获得采用，这样从下到上就形成了一种通话的机制。我举一个例子，我写过一篇反映“韩流”的文章，就是韩国的电视剧进来以后，有一段时期是很火爆的，我当时分析了这种现象，探讨韩国人为什么可以把电视剧提高到文化产业的角度，甚至作为一种文化输出的国策。后来省领导看到了，就提出来，说要用好文化资源来推动文化产业的壮大。

《广东九章》这本书，是广东人民出版社首先提出来要做的。当时有一个背景，就是广东要建文化大省。金炳亮在那里当社长，他就提出了一个命题，就是全国各地、古往今来的大家对广东到底说了什么？刚提出来这个想法的时候，大家心里是比较没谱的，最开始以为就是一种语录的汇编。这个时候，我就提出来，编这种书，如果没有一些编辑的理念在里面，会做得很平淡。我当时就选了一批古典文学、现当代文学和民俗学方面的博士，还有一些有相关工作经历的人，七八个人，集中在一起，在番禺住了几天，一起讨论，把书的主题定下来：用今天的眼光，对广东的历史文化进行一次重审、反省和提炼，重新去认识、去剖析历史积淀中形成的广东文化，再吸收市场经济所催生的新的文化基因，实现创造性发展，为广东新一轮的发展寻找到新的人文支撑。书的名字也定了，就用《广东九章》。在古人眼里，“九”就是至大之数，没有比它更大的了，“九章”等于说是全面总结的意思。通过古往今来的文化名人对广东说了什么，来展现广东和广东人。而且不能是众口一词地赞美广东，而是要众声喧哗地解读广东，要允许有批评、有期盼。所以你看，书里面有张爱玲过罗湖桥时写的文章，因为她穿旗袍参加上海文代会，结果被夏衍、丁玲批评，她就很不满，马上就去了香港。这篇我们也留了下来，收在《深圳九章》里，用来说明广州跟香港两地，制度、文明、人情上的种种不同。包括胡适准备到中山大学做演讲，结果又被取消了，广东的文化到底包不包容？像这些争议，《广东九章》里面都有。

至于我本人，从“咬破小孔”转到岭南地方文化研究，我一直是处于一个为广东文化、岭南文化辩护的姿态。在七八十年代，可能“破”的成分更多一些，就是破除很多社会和文化思潮里面的一些陈腐的、教条主义的东西，打破思想的牢笼。比方说唐大禧的《猛士》，我替它辩护，跟人家论战；20世纪90年代末，我就开始转入到建设和发展上面。无论是“破”是“立”，我都一样充满热情。对于广东文化，我觉得要抓住三点：第一点，它的根在市场经济；第二点，广东已经萌发了一种新的经济文化形态，文化不仅是软实力，它也是硬实力，有附加值，像《功夫熊猫》，一个品牌出来以后，会衍生出一连串的产业；第三点，新的人文精神。文化形态的变化，归根到底是因为文化精神这个层面起了变化。我在东莞采访了18个镇、100多个人，跟很多民间博物馆的馆长做过采访。其中一个人说：“我在改革开放以后赚了很多钱，但是我将来留给儿子的遗产不是钱，而是这个瓷器博物馆。我会把博物馆交给儿子来经营，我留给他的是文化。”你必须懂得文化，用文化来经营，才能够从遗产里面获得利益。这就是一种新的伦理观念。这三点，我觉得就是广东文化的立身之宝。

现在讲大湾区文化，什么是大湾区文化？仅仅是地理上的概念吗？显然不是。这里面还有文化上的纽带。最能够说明这一点的，就是东莞的沉香文化。唐宋时期，广东沿海曾经广泛种植莞香树。上好的莞香是皇家贡品，价值连城，号称“一片万钱”。海禁以后，清政府不让种树了，所以莞香树就渐渐消失了。从清代中后期开始，它曾经断绝了160年。今天很多人都不知道，莞香树就是以东莞命名的。香港为什么叫“香”港？就是指的莞香。明清的时候有很多香港人以种香、制香、运香为业，香港的石排湾（今香港仔）码头，由于大量莞香的囤积，香气久久不散，所以被称为“香港”，运输香料出海的水道就是香江。有一次，我在东莞考察，结果就碰到一个香农，他种了几十亩莞香树。他跟我说，我们这里祖祖辈辈就靠莞香吃饭，他还跟我提到了明代的冒辟疆和董小宛，他们两个人谈恋爱的时候，冒辟疆送给董小宛的礼物之一，就是东莞的女儿香。这个香摘下来以后，戴在女孩子脖子上，出嫁的时候就是陪嫁品。后来在《东莞九章》里，我就把莞香提出来，作为东莞的城市文化密码。现在据说，东莞的莞香树已经有5亿棵，海南、广西、云南、福建也有，东南亚也有很多。日本的救心丸要添加沉香，很多宗教场所每年也都要烧这个香，很多高档香水也要用到沉香精油，形成了一个很庞大的世界性产业，同时，它也是把港澳和珠三角连接起来的一个精神纽带。

《广东九章》后来又出来一系列衍生书，除了《深圳九章》《东莞九章》《广州九章》，还有《上海九章》《广西九章》等。《广东九章》是很多省委领导到广东以后首先要翻的一本书，广东的地方志也把这本书收录进去了，发行量很大。此外，我还推出了一套《地道广东》系列，包括茶道、花道、味道、艺道、拳道、香道等。这个系列是体验式的，就是通过每个作者的亲自体验，讲他们在广东怎么饮茶、怎么赏花、怎么品香，通过这些来宣传岭南文化。还有一套是讲流行文化的，叫“流行蛊系列丛书”，也出版了6本，分四个方面集中反映岭南文化的世俗化、通俗化、大众化特征。2022年3月16日，第三届广东文艺终身成就奖获奖名单公布，《南方日报》给了我这样一个评价：“广东本土文化研究掘宝人”，回头仔细一想，算是名副其实吧，发现、挖掘、弘扬、传承广东本土文化，的确是我毕生的事业。

黄树森部分作品

《广东九章》最开始出版是在2006年，到现在过去了十多年，我们对广东本土文化的认知肯定是有提升的，广府文化、潮汕文化、客家文化、华侨文化……各地都越来越重视。网络兴起来之后，也给我们认知和判断文化提供了一个新的思考维度。比如说，前些年江门召开陈白沙学术研讨会，后人把他的文体总结为“白沙体”，特点是短小、精辟、有“禅”味。几句很形象的话，就把一个深刻的理论问题讲出来了。后来在广东文学界形成了一种现象，像吴有恒《榕荫杂记》、秦牧的散文，都写得言简意赅，很有文采，又能给人家一点启迪，看了不会烦闷，可以看成是对“白沙体”的一个传承。我读书的时候，对曹丕的《典论·论文》、钟嵘的《诗品》、严羽《沧浪诗话》、石涛《画语录》，还有鲁迅的杂文特别感兴趣。这种文章给人耐嚼的空间很大。我的评论大都是杂文、随笔、散文之类，我写东西也很随意、自由，写到哪里算哪里，“风吹哪页读哪页”，追求的是创见、是好看。我觉得现在的网评，实际上就汲取了从“白沙体”到民国时期短文的一些精髓特点。在网络上，你不能搞长篇大论，搞那些峨冠博带的东西，你必须快、准、狠、灵，一步到位，开门见山。网络评论还不仅是价值判断，它本身也是一种传播，有延伸的功能，会衍生出一系列新的价值。

如果说广东文化、文艺评论面临的挑战，那就是人才代际的问题。你像“粤派批评”这个口号提出来了，这是好事，但它还没有形成一个舆论的聚焦点或者暴风眼。其中一个原因还是在人才上面。这个口号提出来的时候，实际上我们这一辈人就已经老了，后面一辈的人要跟我们这一辈的人起码在知识结构上或者文化观念上，大家要能够接轨、延续下去。你看梁启超、孙中山有很多对于文化的看法，放到整个近代史上都是走在时代前列的，但他们和黄秋耘、萧殷那一代隔了一层；萧殷这一代，又跟饶芃子、黄伟宗和我隔了一层；我们跟后面的人，还隔了一层。怎么把几个代际的力量聚合在一起，形成广东文艺批评队伍的合力？这是很值得思考的一个问题。

我很看好在网络评论上取得成就的一些年轻人，因为他们头脑敏锐，看问题的角度很新，而且敢于提出问题，有正义感和胆气，敢于破旧立新。如果能推出十位这样的网评人才，整个广东的文化舆论环境就会不一样。这里面就牵涉到要有一种激励机制，给年轻人一个舞台、一个机会、一些方便，对年轻人给予关怀。

我到了晚年，有一个乐趣是很多同龄人都很羡慕的，就是我现在还有一大帮三四十岁的朋友。他们当中有些人还在大学读书的时候，我就愿意写上万字的文章去推荐他们的作品，去扶持他、鼓励他。

我和他们的交往也有很多故事，比方说我在1958年大三时校勘的一本明清传奇——清代李玉的《清忠谱》，1959年由中华书局出版。我早已遗忘此事。不想65年后，学生刘中国竟然在古旧书摊上淘得，也算是一段师生之间的奇缘了。

我曾经对文学评论总结过一套心得，其中最重要的一条，就是八个字：正心诚意，与人为善。我一直说，好的文艺评论，就像一个人想要过河的时候，我刚好有船，就把你渡过去；你需要睡觉的时候，我就给你一个枕头。我对自己的定位就是这么一个摆渡人的身份。所有的文艺批评实际上就是一种辩论和交锋，不是非得争个对错输赢，主要还是一种观念上、看法上的交流和切磋。何况文艺评论唯一可以确定的，就是它的不确定性，没有谁的意见是绝对正确的。多元并存，众声喧哗，这本来就是岭南文化的一个鲜明特点。

其次，我觉得想要从事这一行的年轻人，应该要有一种很强的胆识和魄力，它是一种命运的挑战，对个人的发展，也是一个很重要的契机。表面上它是在评论某种现象，实际上关乎整个世界、社会、人心的走向。有时候关注一个作家、一个作品需要几十年的时间。刘斯奋的《白门柳》，我关注了超过30年。《当代文坛报》在20世纪90年代初，选了《秋露危城》一章来登，而且开了6个研讨会，我就参加了其中5个。还有白先勇的作品，我们关注他的作品里的历史真实、社会意义，还有审美价值。不光是对作品，还要对作家，对这个人的文章风格、个性爱好、作品流露出的学问修养，都要有一个判断。这个判断是漫长的，需要时间淘洗和积淀，不是看一下书就行的。这个过程会有满足的愉悦，但也会很疲劳，需要耐得住寂寞，熬得住冷清，不能够急躁，不能搞“大跃进”。想要立竿见影，这是不可能的。

广东文化有个很显著的特点，就是学问都是从烟火气里面出来的。你像改革开放以后，顺德人说“靓女先嫁，不要等到更年期”，深圳人说“一个女人美不美，不用天天照镜子，看男人的目光就可以了”，这些说法都是烟火味很浓的。所以在广东做文艺批评、搞价值判断，一定要接地气。不能搞成理论上的“空对空”，而要追求务实性的“地对空”。在这方面我也是受到了我的老师的影响，除了前面提到的董每戡，还有萧殷，他也是很看重理论联系实际的。在我眼里，文艺批评是价值判断、艺术判断里最需要智力的，它的背后，是时代的大江东去和小桥流水。无论是作家还是评论家，都要深入生活，要有烟火气，要有大文化的视野，不能把自己局限在一个很小的圈子里，只是把得奖作为目标。要看到外面的风景，保持思路的开阔。每次提笔，永远只是一个开端，而结束是很久以后的事情。

（撰文：郭珊）

（部分内容参考花城出版社《风起岭南——广东著名作家访谈笔记》一书，作者：高小莉）

大家印象

"老细"的细节

1992年春，我很想推荐陈振昌加入省作协，便约请黄树森一起做介绍人。电话打过去，黄问："陈振昌？是不是和平县那位业余作者？""对对对，"我高兴得又答又问，"你认识他？""没见过面。"过了片刻，黄接着说，"想起来了，大概1978年，我给他写过一封信，对他的杂文来稿提了修改意见。羊晚刚复刊时，我还读过《花地》上他写的小说《'牛皮运'升官记》，文笔老辣，蛮幽默的。"陈顺利加入省作协，后来还当选为河源市作协首任主席。前不久，在萧殷学术研讨会上，未见到黄树森，振昌很遗憾地对我说："一直想当面感谢黄老师啊。"

记得那次在省出版高评委会议上，有人说叶曙明学历低，不够格评副高。黄树森却力挺叶曙明，列举出叶责编及创作的一串书目，激动地说："如果连叶曙明都评不上，那就只能说明我们评委水平低，不够格了！"两天前，我与曙明微信聊天，问他知道此事否？"不清楚，"他即回复，"我记得黄树森是一直着力栽培我的，20世纪80年代初期，我初出茅庐，他创办的《当代文坛报》就给我开了专栏'明记快镜'，还说开我的作品研讨会，我因患有社交恐惧症，不敢参加。"

1979年，黄树森在大陆最早评介、选载白先勇小说。后来还促成青春版昆曲《牡丹亭》来中山大学上演，因而，人称他是"昆曲义工"。其实，他还兼任"码头义工"。黄陪白在广州搜罗了一大批图书史料。

受白委托，他去黄埔港办理运书事宜，书装满集装箱，海运至美国，成为文化交流的使者。

黄树森任省参事室文化组组长时，带领我们去东莞、高州、徐闻等地，调研莞香文化，采集荔枝传说和探寻汤显祖史迹。一路真做学问，深阅粤海，叩问岭南，他甚至问得很“刁钻”：“一骑红尘妃子笑，无人知是荔枝来。当年遥贡长安的荔枝是如何保鲜的？”在大岭山上，问及莞香种植历史，却发觉未带本子，他当即拆开烟盒反转速记。他一路夜读，钻研古籍，网查史料，竟然描出汤显祖入粤路线图及途经逗留的天数……

黄树森是粤派批评的主帅，又是生猛风趣的大侠。常与青春结伴，聊天点拨，率真幽默，笑口常开，连林墉作的文题都直呼“我很看重黄树森的笑容”。“楚骚客”是黄老的微信号，楚乃楚人，《离骚》的骚，客居岭南一甲子有余。他像客家人一样，很客气做人，不客气做事，遇水搭桥，逢山开路。他也委实是铁路子弟，铁路的秉性赋予他生命的钢筋铁骨，刚毅正直，紧贴大地，风雨无阻，负重前行。所以，我们都很亲热地用粤语敬称黄老为“老细”，老是老板、老师，细指“细佬”后生似的心态，更何况他“润物细无声”。

24年了，每年1月10日左右，黄“老细”都盛情举行“我们在一起”的新岁欢聚。正值红棉吐蕾，华灯初上，穿过“江湖夜雨十年灯”，斟满“桃李春风一杯酒”，我们齐齐向黄“老细”致意祝福！

——**陈俊年**（广东省新闻出版局原党组书记、局长，广东省作协原副主席）

黄俊英

相声是开在粤语土壤上的花

人物简介

黄俊英，男，汉族，1936年10月出生。曲艺表演艺术家（粤语相声），从事文艺工作71年。著名粤语相声表演艺术家、国家一级演员，享受国务院政府特殊津贴。他功底深厚，才艺出众，有“粤语相声大师”“开心果”“广东最受欢迎笑星”等美誉，是岭南家喻户晓、有口皆碑的艺坛常青树。代表作品有《冒牌医生》《关公大战方世玉》等。曾入选“当代岭南文化名人五十家”，获第五届、第七届广东鲁迅文艺奖，第三届广东文艺终身成就奖，是广府文化代言人之一。

黄俊英老师年已87，却仍然演出、活动不断，为他的从艺70周年专场晚会，前后忙碌了几个月，之后又回故乡罗定演出。对于一个87岁的老人来说，这显然是一个不小的工作强度。

采访是在荔湾的黄俊英工作室。黄老精神矍铄，对后辈亲和而温煦，语言幽默，时而普通话，时而粤语，时而说，时而唱，多年前的演出细节，甚至台词，仍然记忆清晰，表述生动，持续两个小时的采访有趣而温暖。

对于生活在广东的读者和观众来说，黄俊英大名鼎鼎，用家喻户晓来形容毫不为过，他多年的演出生涯中，给太多观众带去了欢乐。这些经典的演出节目，作为粤语文化的重要载体，成为几代人的共同记忆。而对于广东之外的观众来说，他的相貌，他的表演风格，他粤语味道十足的普通话，是如此的个性鲜明，如此的接地气，如此的阳光与开朗。黄俊英，作为粤语相声的代名词，让广东乃至中国关注并记住了这个名字。

如你所知，相声是发源于京津两地的民间文艺形式。相声如何与粤语相结合，黄俊英又是如何走上这条长达70年的从艺道路，他对粤语相声，以及粤语文化的认知、推广、收获、反思与见解，对每一个关心文化传承者来说都是宝贵经验与财富。让我们听黄俊英老师娓娓道来。

我是罗定人，但是出生在广州。2023年3月刚刚结束了我的从艺70周年专场晚会，要问为什么可以坚持从艺70年，那就从我开始从事粤剧行业说起吧。

刚开始接触粤剧的时候，其实我并不懂曲艺，但是我的父母喜欢看粤剧。那个时候也不叫粤剧，叫“大戏”，看粤剧，即为看大戏。广州有很多大戏院，遍布全市，仅仅是在西关、荔湾区，就有平安戏院、乐事戏院、大众剧场等戏院，其他的还有太平戏院、天星戏院、海珠大戏院、光荣剧场、东乐戏院等。除周一日场没有演出，夜晚都排满了戏。

那个时候有很多的剧团，大型的剧团有我后来进的以罗品超、文觉非为代表的珠江粤剧团；以靓少佳和郑绮文为代表的新世界粤剧团；以吕玉郎和楚岫云为代表的永光明粤剧团。这三个都是大型团，一个团有160多个人。这几个团影响力比较大，各有各的粉丝，各有各的观众。那个时候粤剧十分兴旺，每个剧团都是整个月排满了戏，很少出现没有演出的情况。

我的爸爸妈妈喜欢看大戏，所以经常会带我去看，但并不是每晚都能够去，因为要花钱买票。后来我自己迷上了粤剧，就不需要他们带着我去了。那自己去戏院又怎么进场呢？我便拖着大人的衣角，静悄悄在后面跟着，守门的员工不清楚我是不是跟着前面大人的小孩，也就让我进去了。进场之后，如果有位置我就坐下，没有位置我就在戏院里走来走去。当时我还是小孩子，好奇心重，心下觉得，那些演员怎么会这么漂亮？大扣插着背旗，花旦珠光宝气的，化装化得花枝招展，非常好看，我就很好奇他们卸了妆的样子，所以散场之后，我还不愿意离开，就在戏院门口等着，等到那些“大佬倌”出来后才心下了然，知道这位演员是谁，那位演员又是谁。后来我跟随罗品超老师学戏后，我还是喜欢散场后留在门口，等到各位“大佬倌”出来并上了车，我才会回家。

20世纪50年代，我一个人去香港，那时我才十几岁，独自住在一间酒店，去普庆戏院买票看红线女的演出。从这些经历可以看出，我当时真的很迷戏曲，以至于这么小的一个人，就敢自己坐火车去到深圳，下车后再步行至转车，乘上另一列火车前往香港。

后来因为我实在是喜欢听大戏，那个时候罗品超老师是我的偶像，所以想向他拜师学艺。在我家的隔壁，住着一位艺名为“吕布七”的老前辈。他跟我爸爸关系很好，经常来我们家喝茶、饮酒、打康乐球。我们跟吕布七前辈熟悉了之后，就知道了他是一位老艺人，于是我们千方百计地跟他打探罗品超的消息。

后来，我们打听到罗品超老师的住处，在多宝路与龙津路交界处，就是后来昌华街卫生院的所在地。罗品超老师就住在那里的一个很小的地下套间。我爸请吕布七带我去他家登门拜访，去到的时候，他正在吃饭，然后吕布七就向他自我介绍：“我是老艺人吕布七。”罗品超十分尊敬老艺人。吕布七开门见山跟他说：“有个小男孩，想要跟你学戏。”然后，罗品超就当场考我，问我会不会唱粤曲。我很小就会唱粤曲了，比如“何非凡”那出戏的主题曲，《红花开遍凯旋门》《风雪访情僧》《情僧偷到潇湘馆》等。我记得我当时就唱了这些曲子给他听，他听了之后拍手叫好，还夸我很灵敏，反应快。然后罗品超老师对我说：“我们珠江粤剧团准备招新了，很快就有演出了，你就跟着我吧。”

当时没有任何正式的拜师仪式，只是简单的方式：你跟着哪个老师，哪个就是你的师傅了。

我拜师是1952年。我那时才16岁，我今年都87岁了，从艺71年了。从我16岁登台，到去年86岁，刚刚好是70周年，本来2022年举办了一个70周年的晚会，只是后来因为疫情，推迟了好几次，最后才选定在2023年3月25日在中山纪念堂举办。

回到刚才的话题。我进入珠江粤剧团之后才发现，罗品超老师实在是太忙了，以至于他没办法专心专意地教我们唱戏和动作，所以他就找了其他人来教我们走圆台、翻跟斗。那时候我们天天早上5点钟就起床练嗓子，一直练到大晚上，其他各方面都练，没有停下来的时候。

那个时候每天日场都有演出，日场的演出不是由“大佬倌”负责。每周一的白天是装台，周二、三、四、五这几天我们这些次要演员（即第二文武生、第三花旦）都要负责日场演出。演完早上的日场，我们还要继续练功练到中午12点。每天都汗流浃背，大毛巾都被汗浸湿，甚至可以拧出水，很辛苦。以至于练完之后吃饭，我能吃四五碗饭，真的是付出了太多。

20世纪50年代，黄俊英（左）与师傅罗品超（右）在家合影

吃完饭之后，我们就会去到锣鼓棚学锣鼓，我们叫作发报鼓。以前在农村演出，当观众听到这个发报鼓的声音时，就知道大戏即将开场了，而演员也可以通过鼓声，知晓距离上台还有多长时间，所以我们每天日场演出之前都需要用到发报鼓。

那时候白天我们要跑龙套，即是手下，负责里里外外地跑场帮忙，开戏时就站两边，我们被称为“趯七划”（“手下”二字共七划，而“兵”字也是七划，所以“趯七划”也就是跑龙套的意思）。我们做完日场之后，还要负责夜场。吃过饭后，我们也不能休息，因为要合音乐，去配合“梅香”（女配角）们唱戏。以至于后来我去到曲艺团，就“七手八脚”的，指的是我每样技艺都会一些，又会掌板，又会玩音乐，对艺术方面的技能掌握比较全面。这些都是学艺时我自己主动去看、去练、去学的，因为没有人会专门教你这些技艺，更没有人会逼你去学。

有些学员在没有演出的时候，会在后台三三两两扎堆喝茶、玩扑克、下棋。我不一样，一旦有了空闲时间，我就站在木闸前面偷师，看那些“大佬倌”演出，日积月累，我能够把他们表演的戏整套背下来，位置该如何走、唱腔该如何拉，我都心知肚明。以前有个习惯，我们这些次要演员要专门去演“大佬倌”已经演过了的戏，以《梁山伯与祝英台》为例，次要演员可以在日场演两三个小时的祝英台。由于我已经将戏看得烂熟于心，知道该如何走位、如何拉唱腔，所以在排戏的时候，有些演员遇到不会的问题，就会来问我。

虽然是跑龙套，但是我对这些戏其实都已经很熟悉了。所以我现在就经常强调，艺术是没有捷径可走的，一定是一步一个脚印，经过勤学苦练成就的，不要总想着一朝成名，这是不可能的。

我还没入行前，肯定是没想到之后会这么辛苦，说白了，就是不了解这个行业。小孩子好奇心重，看完戏，回家后就自己拿条毛巾裹着，站上床，手上拿着棍子，嘴里咿咿呀呀学着唱而已。后来进了剧团之后我才知道，原来学戏这么辛苦，当然了，我从来都没有后悔过。因为我自己有一个奋斗目标。那个时候我们跑龙套的工资是5角钱一晚，7晚一个台期，7晚就结账了，一共是三块半。那个时候因为要练功，所以不得不吃早餐，买早餐的钱就从工钱里预支。而且我们晚上是没有宵夜的，一般都是演出完，洗个澡就上床睡觉了，第二天一早，5点多又起床练功，日复一日地练。

那时我师傅是大明星，是文武生的主要演员，他的粮票是厚厚一沓的，我看到之后，羡慕不已。那个时候我还没有这么高的境界，不会想着总有一天要出人头地、为人民服务、为“百花齐放、推陈出新”作贡献，我只是想着有一天，可以赚到比我师傅那一摞还多的工资。

罗家宝开了一台“小绵羊”，我心里十分羡慕，在那个年代开“小绵羊”可是很了不得的；吕玉郎开了一台幸福牌的“大水牛”；他们全部都有电单车，就是我们说的摩托车。后来我自己去了民间乐团，见到了大喉演奏家白燕仔和音乐家刘天一，他们有188块钱的工资，我当时惊叹不已：“这么多钱，怎么花啊？”我当时一个月也才赚51块钱，他们的工钱比我多了两三倍，我当时就暗暗下决心一定要努力奋斗。

正是因为我自己有了这个奋斗目标，所以我才有足够的耐心、竞争力和动力去学习更多新东西。我师父教我，他说：“你进了剧团，跟着我学艺，千万不要只把我当作你的师父，其他比你早入团的，哪怕是只早一天的那些人，也都是你的老师。你在这个团一定要听话，不要吝啬自己的工作，样样都要付出。我们广州话叫做：不要惜身。无论谁叫你去做事情，你都一定要去做，不要觉得别人不是自己的师傅就不以为意。”所以我在剧团其实很受宠，很多人都很喜欢我。

他们知道我很听话，所以愿意把自己的本领教给我。如果你脾气暴躁、高高在上、目中无人的话，那么别人就会不愿意教你技艺。教我翻跟斗的那个人都没有收我的钱，每天早上，他就是无偿教我；我去锣鼓棚学音乐，也是因为我听话，而且好学，所以掌板师傅就愿意教我。这样一来，不就相当于钱财已经装入囊中了吗？因为他们把自己的技艺传给了我，而且还是免费传授，这是很难得的。

刚开始我学的是粤剧，但后来转去了曲艺团。之所以会转去曲艺团，是因为1958年进行机构改革，民营剧团与国营剧团合并。当时，以白驹荣为代表的演员作班底的广州粤剧工作团是国营剧团，我们珠江粤剧团则属于民营性质，两个团合并，就要对人员进行重新分配。我这种五短身材，并不是学粤剧的料，虽然有师父罗品超带着，但还是逃不掉被裁的命运。

我被裁掉之后，那个时候很彷徨。不过还好天无绝人之

1962年粤曲弹唱《天仙配之结缘》（黄俊英、刘婉芳）

路，天生我材必有用。那会儿江门新会的“大跃进”运动开展得轰轰烈烈，政府向文艺团体下达了任务，广州6个文艺团体都要去新会、演新会、写新会、唱新会、颂新会。而广东民间乐团去到的就是新会的大泽公社。其时，当地正在搞车子化，要消灭扁担，不让农民那么辛苦，他们全部用车子来搞运输，鸡公车、三轮车、独脚车，什么车都用上了。广东民间乐团的艺术指导、《月圆曲》的作者、音乐家黄锦培，他多才多艺，为此写了一首叫《万车游行》的曲子。但由于团内仅有杨达一个男演员，当时他已经有任务在身，要负责演唱《富饶的荷塘》，实在分身乏术。因此这首曲子完成后，一时竟然找不到男演员来演。为难之际，有个文化局的局长出现了，他找到了黄锦培，说：“珠江粤剧团有个小男孩，叫做黄俊英。他很聪明，你们可以找他来唱。”

我当时很困惑，不知道他为什么会认识我。但是因为他的这句话，我就被调派到新会加入了广东民间乐团。民间乐团需要会唱、会音乐的多面手，而我既会掌板，又会弹扬琴，还会弹奏三弦，符合乐团的要求。这也让我拥有了施展才华的平台与机会。广东民间乐团可以算得上是我落地生根的地方。

那个时候在剧团，我已经比其他学员要突出了，因为我比较聪明，年轻的时候长得也俊朗，不像现在，身材五短还枯瘦，像吃不饱、生活困难一样（大笑）。我现在去买西装都买不到现成的，因为最小的码数对我而言都太宽大了，骨架也撑不起这套西装。之前，我们出国到罗马尼亚演出，每人可以有两套西装，当时我在广州定制好了。由于要审查节目，我们先去到了北京的西单，住在当地的一家饭店里，西装挂在店里，莫名其妙就被人偷走了，重新定制肯定是来不及的，买来的又不合身，很是尴尬和狼狈。后来是来自福建省文化厅的带队老师，把自己的西服借给了我，因为我们俩的身材差不多。

后来我唱《万车游行》，竟唱出了名头来，这首曲子非常受欢迎。该曲是用当时比较流行的开平卖鸡调写成的："万车游行咯，实出奇，气势如龙壮大无比。"旋律很流畅，语言又很通俗。《万车游行》的演绎要边演边唱，通台走，而我之前在剧团又正好学过这些，所以发挥得很好。

1958年，文化部举办了第一届全国曲艺会演，我选择《万车游行》作为参赛曲目。记得那天在北京长安戏院演出，周总理来观看广东代表团的演出，正巧就看到了我的演出，真是运气太好了。后来，周总理在怀仁堂接见我们全体代表，他来到草坪上，注意到我，就问："你是广东的吧？"语气很是亲切。我觉得自己好幸福，竟然有机会见到周总理。

那段时间，对我来说，最重要的一件事，是我遇到了我的太太崔凌霄。她是大美人，我要去追，是肯定追不到的，所以我说是她追的我。说出来都没人信。

当时她比我红，比我出名，因为她会唱民歌，节目很受欢迎。曲艺团是去到哪儿就唱到哪儿的。那会儿广东民间乐团出省演出，比如去到河南，她就去学了河南梆子，唱了一首《红娘》，曲子短小精炼，当天学，当天演，在当地广受观众的喜爱。去到四川，她又学一段四川清音；去到粤北，她又去学莲花板。我们团自己创作了许多曲调，她去到一个地方，就去学人家当地的特色，然后用粤语把它们唱出来，所以她大受欢迎。我们广东的曲艺，多数都是站立着演唱粤曲，形式多为独唱与对唱，很少有这种小演出，她和杨达又很喜欢表演这种小演唱。例如说，表演《新风气》，杨达找了两支铁筷子，将其扭成螺丝状，借此进行打碟，整首曲子通俗易懂，观众觉得很新鲜，节目更为受欢迎。

当时我妻子很漂亮，又刚从香港回来。她打扮得很朴素，不太会臭美，她不喜欢铺张浪费，也不喜欢奢侈，她有一种自然美。我和她的故事开始在珠江粤剧团。那个时候我还在剧团里，她就跟着她的老师过来，她的老师是《鸟投林》的作者易剑泉。她在香港跟着易老师学习跳舞、唱歌。1956年，易老师回到祖国，她也跟着回国。因为易老师的女婿是文化局的干部，所以女婿带着易老师去各个文艺团队参观，并挑选自己喜欢的乐团参加。后来易老师的女婿成了曲艺团的团长，这都是后话了。

他们来参观我们珠江粤剧团的时候，我们正在东乐剧院演出。他们一进来，刚经过音乐棚的时候，乐棚里的人皆眼前一亮，感叹于崔凌霄的美貌。我还记得她当年穿着一袭枣红色的背心裙，内搭一件白色的衬衣，略施脂粉，很是好看。她知名度很高，工资也比我高。当时一罐煤气很贵，但是用她的名额去买的话，就很便宜，因为这是政府配给她的，我都没有这样的资格。她还可以去到高级餐厅饮茶，吃虾饺、烧卖。我工资又低，样貌又不出彩，节目又没有她的受欢迎，而且我的工资还有一部分要用来养父母，毕竟家境不好。而她从香港回来，工资可以自由支配。你说以我当时的条件，怎么能追到她呢？我们结婚的时候，家里那张大床都是她出的钱。

后来大家在同个曲艺团里工作，我就有机会跟她多接触。当时成立了一个青年团，团里只有七个人，你说七个人怎么完成一场演出呢？又要唱，又要打，又要敲。邓凤玲唱《穆桂英挂帅》，我就负责教崔凌霄掌板，我们在进行艺术交流、传授的期间就擦出了火花，两人暗生情愫。她看出我是可塑之才，真是有眼光（大笑）。

那时，我们都是共青团员，谈恋爱要向组织汇报。她就去找团长汇报，说："我打算跟黄俊英发展。"团长大吃一惊，难以置信，问她喜欢我什么，认为我配不上她。她说："我喜欢他的才华。"所以，我觉得姻缘这种东西都是天注定的。当时她的条件真的非常之好，有很多人追求她。她太耀眼了，以我当时的条件，不可能追得到她，所以我才说是她追的我。

马季来到广州，有一晚跟崔凌霄同台演出。后来他的拍档唐杰忠问他："小黄的爱人是谁呀？"马季告诉他："就是昨天晚上，跟我们同台演出的那个唱民歌的崔凌霄。""啊？不是吧？"唐震惊。这里的潜台词就是：我配不上她。

到现在都还有人会问我，说："你跟你的妻子都一起度过了这么多十年了，沧海桑田，但你们两个还是这么恩爱，怎么能够保持得这么长久呢？在男女关系方面又没什么绯闻，夫妻关系如此和谐，你是怎么处理这一段关系的呢？"

我会跟他说："你要常常回想起自己的妻子当年是什么样子的。"

虽然说岁月不败美人，但是她现在跟当年比起来还是有差距的，我现在回看妻子年轻时候的照片，都还是会被她的美貌惊艳到，所以我要经常回忆起她年轻时候的模样，这样我心里就会感到很满足，愈发觉得我的妻子值得自己尊重。她是提前退休的，退休后，她专心专意地做好她的后勤工作，我在外面辛苦工作，回到家，就能吃上热腾腾的米饭，喝上一口味道鲜美的靓汤，我对此感到很舒服。所以要记住妻子对自己的好，对自己事业的支持，对自己生活的照料，思及此，我都会很感恩她，并深受感动。

学相声的由来

马季老师对我学习相声的影响很大，我从他身上学到了很多。那个时候还没有相声，而且在广东也没出现过相声。我们是通过第一届全国曲艺会演，才了解到相声为何物。马季于我而言，亦师亦友。先讲讲我为什么会从曲艺行业转到相声行业。因为我和李丹虹在曲艺团都属于是改革派，我们两个当年都是副团长。我们当年自己搞创作，可以将毛主席的诗词《沁园春·长沙》，写成一首粤曲。“独立寒秋，湘江北去，橘子洲头”我把这三句写成了手板。整首词唱起来、听起来就是粤曲，很舒服。我们那会儿很有创作热情，除了这首词之外，还创作了很多新作品，当然曲艺以前也有扬琴自弹唱，刚刚过世不久的谭佩仪，我们叫她“子喉王”，她在扬琴自弹唱方面造诣颇深。

我当时通过《万车游行》参加全国曲艺会演，之后，文化部想要扩大全国曲艺会演的影响，选取了一批优秀节目，成立两个团，一个团北上，一个团南下，我的《万车游行》就刚刚好抽中成为南下的那个团的表演节目。我随团南下到广州演出，刚刚好碰上福建前线炮轰金门，所以文化部就指示下来，要求我们这个团改名为首都各界人民赴福建前线慰问团第五分团。因此，我们前往福建。

去到部队演出，最受欢迎的是相声节目，我当年参演的

《万车游行》就没什么机会演出。去到东山岛那边，因为广东士兵比较多，所以《万车游行》才得以开演，反响热烈。后来，代表团的首长动员各代表团表演更多的相声节目，当时有相声节目的团体只有两个，湖北代表团是小立本和杨海荃的《社会主义好》，黑龙江代表团是师胜杰和于世德的《天上与人间》，这些都是现代题材的节目。

动员后，黄锦培很是大胆，他积极道："广东代表团可以！"其实我们根本就没有演出经验。很多人都不知道我第一次演相声是用普通话的，我（20世纪）50年代就可以说普通话了，你想想这是什么水平？虽然现在还是讲得不好。我们就挑了一个普通话"返场"的节目，我们后来将其更名为《文化水平》，就是猜字。我们拿了把扇子，头低下来，这就是一横；两手平伸，脚就轻轻勾起一点，你猜这是什么字？是"干勾"于，不对，这个字不念"于"，念"平"，不对，"平"有两点，我的耳朵就是两个点。这就是肢体包袱。

于是我们当晚就去到了炮兵阵地演出，那里管控得很严，不允许开车头灯，只能靠月色来照明，因为开灯怕海峡对面发现目标，万一打炮过来就麻烦了。我们的车开到阵地，为几个炮兵演出。我们用广东"不三不四"的普通话表演，节目效果非常之好。这之后，我就尝到了演相声的甜头。后来回到广州，我就和杨达一起开始了我们的粤语相声生涯。

那个时候广东应该是没有相声的，但是有人说，1958年前就有相声了。为此我们互相争论过，有人说："我们（20世纪）30年代就讲相声了，还是讲粤语相声。"但我1936年出生，没有见过专业的曲艺演员演相声。在我看来，专业的曲艺演员演相声才是专业对口，（20世纪）30年代的那些是业余的，所以我一直都很强调，我们这儿是1958年之后才有相声表演的。当然，这些学术性的东西，没必要非要争出个结果，大家各有各的观点。

初时，因为广州的观众没听过相声，我们还是演《文化水平》一类比较浅、包袱比较多、接地气的相声。如果我们那时就挑了那些思想内容很有深度的相声节目来表演，抑或是包袱少的相声，那么观众就会觉得相声十分无趣，可能就会影响我们粤语相声的推广和发展。

相声的内容一定要与平民百姓的生活息息相关，包袱都要从生活中来。所以，我的观点是，我们的相声，无论是表演也好，创作也罢，题材都要与时俱进，适应现代社会的潮流。这并不等同于跟着别人的步子走，而是说要会捕捉热点。比如说现在有很多网络语言，如果我在相声里加入网络语言，观众就会很受用，包括年轻的观众。

有一年元旦在友谊剧院演出，我突发奇想，就在小品里面加入了一些网络语言。那一年“有钱任性”一词很热门，我说出这个词后，台下掌声热烈。当时有句台词是：“我将整个机场的飞机全部买下，是不是很任性？”说罢，台下的观众皆捧腹大笑，效果极佳。所以说，我们一定要适应这个社会，不可以脱离它，用现在的语言来说，就是接地气。

刚开始从事相声这个艺术的时候，我们都算新人，很多时候是翻译、改编别人的本子，特别是马季老师的《三打白骨精》《舞台风雷》《友谊重》《海燕》《山鹰》等作品，因为他有很多的包袱。

虽然北方和广东的情况不一样，所使用的方言也不一样，但门道、结构、包袱都是一样的，都包含了三翻四抖和说学逗唱，只是方言不同而已。我们在马季老师身上学到了很多东西，他对我们也是毫无保留。他来到广州一定会来找我们，一起吃饭、饮茶。

1983年，第一个广州相声艺术学会成立，马季老师和赵炎两个人亲自来广州向我们表示祝贺，还带来了侯宝林的贺信。他们觉得自己说了这么久的普通话相声，都没有成立一个正式的艺术学会，广东在这么短的日子里能够建立起一个专门的相声艺术学会，他感到很好奇。我说，因为广东没有流派，而天津有天津的流派，北京有北京的流派，沈阳那边又有沈阳流派，你们这么多流派，都互相不服，而我们广东相声才刚刚起步，没有这么多竞争。

1983年5月，我们还成立了相声团，是国营的，属于曲艺团的分支。为什么会成立这个相声团呢？

80年代的时候，港台的流行曲在广州盛行，广州的年轻人对流行曲的态度十分狂热，全国各地都在唱粤语歌曲，传播范围很广，但是曲艺就没人听了，我们团全部变成了歌队，出现了红珊瑚乐队、红玫瑰乐队、红棉乐队，唱粤曲的艺人都去改唱流行曲。

那我们要怎么办呢？相声不能够没有演出场地，而粤曲的人都去歌厅唱流行乐去了。后来我就萌生了一个想法，就是在歌队里加入相声，即在歌厅的演唱节目里插入相声节目。我们第一次在东方宾馆翠园宫的表演列表里插入了相声节目，结果反响极佳，比平时我们在曲艺场演出的效果还好，说明青年人还是喜欢听相声，喜欢能够带来欢笑的节目。因此就萌生了想要成立一个专业的广州相声艺术团的想法。

那时只有我、杨达、林运宏和崔凌霄四个人，后来荔湾区业余相声队的何宝文、周志雄、郭逢凯等人加入我们的行列。平时我跟他们也有交流，何宝文、周志雄两个人有时会很“冒昧”地来到宝业路的三楼，就是我住的地方，演相声给我们看，说是要拜师。

当时相声都还没流行起来，粤语相声发展的时间比较短。我们叫上何宝文他们加入一起建立了相声团，成立后，我们就到处去演出，成为一个专业的团队，演出场次就增加了，反响也很好，很多人喜欢听。我们甚至有了经纪人，他负责到处给我们找演出场地，并且算好一场演出的支出和收入，而后卖票，赚多赚少都是他自己的事。

我们当时除了在广州演，还会去珠三角的其他地方表演，主要也是在珠三角活动。为什么我们在珠三角会这么火呢？因为当时的电台有点唱节目，很多年轻人就喜欢点我们的相声和小品，当我们真人去到演出时，他们就肯定会来买票看我们的表演。

我们都敢跟世界杯决赛那晚“叫板”，世界杯决赛夜我们照样演出，

1987年，黄俊英（右）与杨达表演相声《打破常规》

台下依旧座无虚席。香港小姐决赛那天，我们在石岐的中山纪念堂演出，场地依然是门庭若市。世界杯决赛的那一次，我和杨达站在台上对观众表示了深深的感谢之情，同时还开玩笑式地跟观众宣布世界杯的赛况，台下的观众直拍手叫好。

我们在很后期才开始创作，算是一种二度创作，当然前期表演的本子也不是完全照搬。

我、杨达和林运洪，和马季、唐杰忠、赵连甲一起去海南岛采风，一起学习，一起同台演出，马季演《海燕》，我和杨达演《友谊重》，这也是马季老师的作品。马季老师听过我们对《友谊重》的演绎之后，问："小黄，我们演这个地方的时候，都没有包袱，怎么你们这里就加了包袱呢？"我回答道："我用的是地方语言，用广州话讲的相声。""狗仔鸭仔呱呱叫，湿水棉花冇得弹"，这是广东话里特有的俗语。我们把别人的作品翻译后，会为其注入广东话的特色，加入一些包袱，我把这些解释给他听。

所以我们移植别人的剧本也不能照搬文字，因为这不一定会好笑，一定要通过自己的思考，运用自己的语言去进行二度创作。譬如我后期写的相声《广州话趣》里写到"高栋栋、矮滴滴、肥腾腾、瘦蜢蜢、红当当、黑麻麻、黄澄澄、青BB"等这些叠词，全都是广州话里的特色语言，所以我将它们写进了

1996年3月，赴新加坡演出小品《投其所好》（左起：李艳玲、何宝文、黄俊英）

相声，在里面的包袱一个接一个，很是火爆。

姜昆和唐杰忠听后，不解："怎么你们的相声这么多包袱呢？"他们把我和杨达叫到宾馆后，拿出一个小型录音机，把我们的相声录了下来，想要去研究研究为什么我们的相声能有这么多包袱。其实他录了也没用，因为当他用普通话说出这些话时，就不好笑了。你看，"黄袍咁熟""奄尖声闷"，用普通话翻译之后就不好笑了。可见，广州有自己的方言系统，体系丰富，而且很接地气。所以我刚才说，我们的相声题材、表演形式都要与时俱进，不能脱离现实生活圈。

《关公战秦琼》是侯宝林老师的名段，相声中的两个主角是不同朝代的人，后来关楚梅老师将它改编成了《关公大战方世玉》，为什么要改成这个名字呢？因为秦琼的知名度并不高，而方世玉是我们广东的代表。我们说市桥的李郎鸡，因为他是市桥的"土皇帝"，大家都知道他，所以效果就好。

讲这个相声，一定要学过粤剧，否则就会没有效果。侯宝林的京剧造诣很深，如果你不了解京剧，那你就演不了《关公战秦琼》。不了解粤剧，也演不了《关公大战方世玉》，关公的形象是长须，一出场就气势十足，而方世玉的形象也需要去塑造，如果你没有粤剧的底子，你就演不出来效果，所以相声作品一定要与时俱进。

我用语言去表达我的相声，我就要选择一些大家都听得懂的语言，比如：南番顺，即南海、番禺、顺德；四邑，即台山、开平、恩平、新会，这些大家都能够听懂；还有下四府、化州话、高州话。你如果用潮州话和梅州的客家话，那么学得越像，别人就越听不懂，这就是无效的。所以一定要了解当前的社会和观众。有些观众好心写信给我，叫我写个关于广东音乐的相声节目，不是我做不到，而是写出来之后没效果，因为买票听相声的观众来自五湖四海，他们不是每个人都熟悉广东音乐的。

相声是语言艺术，所以相声演员要对语言有很专业的研究，我这个人对语言的接触较为敏感。我的父亲在阳江做盐生意，所以我六岁就跟随他去到阳江读书。那个时候，从罗定去阳江要坐船，你可能很难想象，船是由几个船夫来拉，一个船夫负责撑的。从阳江回罗定的时候就要坐轿子。去到阳江的第三天，人家就以为我是阳江本地人，所以我对方言的接受能力很强。

我在阳江参加演讲比赛，参加了好几次，每次都是冠军。那时才6岁，矮矮小小的一个孩子，也不识字，我爸爸叫他的朋友写了一篇稿子，写好后就在我面前念，念8到10次我就可以背下来了。那时的演讲比赛可不是儿童比赛，有成人参赛的。我读书那会儿，名字叫黄居正，每次演讲比赛大家见到我都会不自觉地感叹："第一名肯定又是他，又是这个黄居正。"我每次拿冠军之后都会拿到很多奖品和奖旗，走起路来都带风，全校的学生都跟在我的身后。我现在去到顺德、四邑和湛江吴村，跟当地人说，我是土生土长的本地人，他们全都会信。

我们相声演员演小品，跟话剧是不同的，话剧演员没有这么好笑，因为他们不会运用相声的包袱，我们相声演员演小品就会加入很多相声的包袱。

我举个例子，有个小品叫做《自作自受》，文本由侯宝林老师所创作。他写的时候构想，写一个青年，在公交站想跟女孩子搭讪，"嗨！靓女，在等车吗？半夜三更，很危险的喔，但是不怕，有我在，我这个人见义勇为，助人为乐，很厉害的。《羊城晚报》英文版的头版头条登的都是我的英雄事迹。"这样说，就没有包袱。如果用相声的语言去说，则是："靓女，在等车吗？你一个人，很危险的喔。但是有我在就不用怕了，我助人为乐、见义勇为。你是不知道，前几天的《羊城晚报》头版头条登的都是我的英雄事迹啊。"女孩子回复：

1997年7月15日，在"群星璀璨庆回归晚会"上表演相声《一对一》（左起：何宝文、黄俊英）

“是吗？我每晚都看《羊城晚报》，怎么看不到呢？”男子道：“哦，因为我上的是英文版嘛。”这样一调转，就有包袱了。你提早说定了“《羊城晚报》英文版的头版头条登的都是我的英雄事迹”，就没有包袱了，把它的内容调一调，效果就出来了，这就是相声的魅力。

《七十二家房客》的舞台剧在佛山粤剧院开演，彭炽权饰太子炳，梁淑卿饰八姑，花旦梁筠菱饰阿香，丁凡饰发仔记，我就扮演三六九。倪惠英通过摄影镜头看了整场戏，她说：“黄老师，这个三六九就只有你能够演好。”我问她为什么，她解释：“你就算找粤剧丑生，无论多优秀的丑生，都演不出你的效果，因为他们不会运用你的相声包袱。”

我再举个例子，局长带着三六九去到七十二家房客，想让阿香当自己的小老婆，他带着人马，开着花车，准备把阿香抓上车，怎知去到之后找不到人，因为阿香被七十二家房客带走了。如果我们的设定是这样的，三六九破门而入：“等我来！我去搜！”里里外外搜过后，无果，急匆匆冲出门，道：“报告局长，找不到人！”那么就没有包袱。如果用相声语言去演，我会在搜索无果后，出门，喊：“报告局长！阿香！阿香……找不到。”台下的观众捧腹大笑。相声里三翻四抖讲的就是要有铺垫，这里的“一翻”是：“跟着我来，进去！”；“二翻”是：“阿香！”；“三翻”是：“阿香……找不到。”；最后“四抖”抖出包袱。

这是对艺术的把握能力，是天赋，需要很高的悟性，要靠自己去琢磨，再把它表现出来。

广州有很多人对粤语相声感兴趣，但是学生倒不是很多，真正来学相声的也不多。我还有其他的学生，比如说，电视台的主持人宋嘉其、毛毛和马粤慧，他们都来拜过师。

主持和相声，其实有很多共通之处，主持和相声都是靠语言。作为一个主持人，幕布没拉开，大家就已经把视线聚焦到你身上，你一出场，除了形象之外，语言的亲和力也很重要，一定要接地气，要让观众乐于去听你介绍节目。念台词也不能太死板，要让观众感受到自己的亲和力，自然地进行台词衔接。春晚的主持人，他们是有提词器的，但是他们却能把主持内容说得如此流利、自然，根本就不像是背的，这就是成功的主持人需要具备的能力。我们相声也有台本的，但是如果两个人出场后像是在念台词一样，那么就没有包袱，一定要让人感觉我们好像两个“傻佬”在台上聊天，你一言我一语，一问一答，这样才亲切，才有真实感，做到这样就算是成功了。

相声演员还有一个特点，就是反应很快。为什么符合讲相声条件的徒弟不是很多呢？因为思维敏捷是演不出来的，这是天生的，是一种天赋。语言可以练，口齿伶俐也可以练，我给你一张报纸，报纸上的内容全都是化学名词或机械名词，你把它念出来，只要你日复一日地坚持念，那就可以达到炉火纯青的地步，但是反应快，就没办法练。这是天赋。

粤语文化的传承

先不说相声，如今，就连粤语文化都已经面临着危机。我很担心将来的某一天会出现广州人不会听广州话的现象。粤语是被联合国承认的语言体系，全世界有两亿多人会说粤语，粤语文化传承了几千年，蕴含在古诗词中。据我所知，上海的中小学生都以说上海话为荣。但是，在广州，无论是在农村的生日晚会，或是集团、社团换届活动，许多参与的人们从头到尾都是讲普通话，但当我到场时，他们却用广州话跟我交流，可见他们都会讲广州话，只是没讲而已。我认为，这件事应该引起政府的重视，并不只是有关粤语相声这么简单。

其实我们国家的语言这么丰富，而我们的粤语文化在全世界都流行，在美国、加拿大、新加坡这些地方都有很多人会说粤语。我去过这么多地方，说台山话、四邑话都有人能听得懂。比如，有次我和杨达去美国和加拿大，杨达用台山话跟别人谈天问好，每天晚上回到酒店，会收到很多问候红包。所以说，粤语文化拥有这么多年的历史，博大精深、源远流长，怎么能够失传呢？当然，我清楚，普通话作为我们国家的官方语言，受众广，这是无可厚非的。黎子流就很大胆，他建议在广州实施双语教学，他说："香港也是双语教学啊，英语和粤语嘛。"我是认同他的，双语教学确实是一个好建议，应该让政府部门和家长一起配合，家长是很重要的一环。我的孙女说粤语很厉害，因为她回到家就只讲粤语，我觉得父母、长辈的责任是很重大的。

我刚刚做完从艺70年的专题晚会，我会一直演到自己身体不能演了。身体不好的话，想演也力不从心了，但如果身体好

2004年10月3日，在“南国欢歌曲艺晚会”上表演相声《说羊论羊》（左起：何宝文、黄俊英）

的话，我就想一直演下去。为什么呢？我曾经在很多媒体上表达过，我离不开粤语相声、小品，粤语相声、小品也离不开我，我会为粤语文化事业奋斗终身，奋斗到最后一刻。因为我亲身经历过很多例子，是一个个很动人的故事，我在很多地方都讲过这些故事。

我们相声团刚成立一年还是两年那会儿，我每天白天都要演四场，晚上就在农村或者中等城市，比如说肇庆这些地方演两场。有一天晚上，发生了一段故事，演到中场的时候，剧场经理带着一个40多岁的妇女来找我，那个妇女背上背着一个孩子，手里还牵着另一个孩子。我问经理发生了什么事，经理介绍，这个妇女是从农村踩单车来的，冒着大雨，骑了一个多小时的单车，才来到这里，仅仅是因为她想听相声，想来看杨达、黄俊英的相声表演。但是当她来到剧场的时候，票已经售罄了，妇女觉得很可惜，不想白来这一趟，所以就恳求经理带自己进来见一见黄俊英和杨达。这多令人动容，说明我们讲的相声真的很吸引人。当我们得知了这个情况之后，就安排她坐在场内观看，直至散场。

还有一次，我们在四会的一个山区演出，也是演两场，晚上六点半开场，到开场后的第二个节目时，场馆突然停电，但是台下的观众却很安静地在等待，一直等到十点多来电。而第二场的观众则排在门口，举着火把，像一条火龙，全都安安静静地等在门口。本来是九点半左右开夜场的，门口的观众应该八点多就要出门步行至这里，结果第一场演完都已经十二点了。无奈，凌晨十二点，才开始第二场演出，当第二场散场之时，已经三点多了。你想想，他们八点多就出门了，一直到第二天三点多才回家，就只是为了看黄俊英和杨达的演出，多感人。这样的观众和经历，让我永生难忘，这让我愈加热爱粤语文化，愈加想要投入更多精力在粤语相声、小品。

我上一年拿了终身成就奖，再次见到黄壮谋。我在1952年进入珠江粤剧团，进去当跑龙套，而那时，黄壮谋老师就已经坐在头把交椅，是音乐家，擅长吹萨克斯。他一家几口全都是学乐器的，他的父亲黄不灭会吹喉管，他的弟弟黄继谋吹小号，他还有个妹妹叫黄英谋是打扬琴的，他们家是音乐世家。没想到70年后，我竟然能和黄壮谋老师一起同台领终身成就奖，我的感触很大，很感慨。省里专门给我们颁了一个终身成就奖，就说明现在大家很重视粤语文化的发展，这是对粤语艺术的一种认可，我觉得领了这个奖之后，我的责任就更重大了，要更努力地推广粤语文化，并将此作为我毕生的工作，有生之年，我一定要为粤语文化的传承、发展、推广做出自己的努力。

近几年，我们在南海把粤语相声引进了幼儿园，这个传承的工作一定要从娃娃抓起。不仅如此，我们还要让幼儿园的教

2003年8月27日，“笑坛倾情五十载——黄俊英表演艺术欣赏会”谢幕（左起：杨达、马季、黄俊英、罗品超）

师都爱上粤语文化，我曾经给越秀区、荔湾区的幼儿园教师们上课，我跟他们讲传承粤语文化的重要性，要让教师们知道粤语文化的影响之大，让他们重视。现在有个别幼儿园开设了粤语课教学，东风东路小学也有教授粤语童谣，这些都是一个好的开端，希望日后可以得到政府的重视、社会的支持。

（撰文：刘炜茗）

大家印象

“达者”黄俊英

所谓达者，是指在某方面有专长、有成就的人，他们无论遇到多大的阻力，永远乐观旷达、奋勇向前，广东音乐曲艺团的著名粤语相声艺术家黄俊英就是这样一位“达者”。

第一次认识黄俊英是在20世纪70年代，马季老师带我观看他的表演，他用粤语说唱，观众对他的表演那股欢迎的热烈劲儿给我留下深刻印象。70年代，他把马季老师和我的相声作品翻成粤语进行表演，我们每一次看他的表演都有一种惊喜。时至今日，这位年届耄耋、曾经做过心脏支架手术的艺坛前辈，仍然东奔西跑、不辞劳苦地坚持在第一线演出，为广大城乡的观众送去欢笑和快乐，这在我视野所及确实是稀少的。

黄俊英是粤语相声的拓荒者、实践者，同时又是一位孜孜不倦的研究者、传播者、推广者，也是一位名副其实的领军人物。1958年，黄俊英第一次认识了很受观众欢迎的北方相声，并深深领略其中的妙趣。回到广州后，他与同事们一道，决心把相声引进来，丰富广东曲艺的表演样式，从此开始了漫长艺术之路，今天，粤语相声已经成为广东老百姓所熟识、喜爱的艺术品种，也成为广东音乐曲艺团一个响当当的艺术品牌。

几十年来，黄俊英创作和改编过几十个相声作品，表演过上百个相声段子，在舞台和荧屏上表演的小品和曲艺谐剧数不胜数，他的作品题材多样、内容丰富，以嬉笑怒骂的手法，夸张与漫画式的形象来鞭挞、讽刺生活中假恶丑的人和事。黄俊英在相声表演上功底深厚，说、学、逗、唱皆能，“捧”“逗”兼佳，他的演出，无不令人捧腹大笑，并在笑声中受到教益。

黄俊英能够在粤语相声、小品方面取得卓越的成绩，我想除了必备的勤奋之外，还有几个原因：首先，黄俊英有着丰富的生活阅历，见多识广，这对艺术创作具有莫大的帮助。其次，方言相声源自北方相声，必须进行本土化处理，黄俊英他们从一开始就注意到这一点，并依托自身对粤语方言有较深研究和对岭南风土人情十分熟悉，创作出具有鲜明岭南特色的作品。再有，黄俊英有早年在戏曲团体学艺的经历，有唱做念打的基本功和舞台表演经验，艺术积累丰富，使他在日后的创作上能够得心应手。黄俊英擅长把小品的表演手段加入相声，又把相声的“包袱”设置融进小品，以增强作品的喜剧效果，从而形成了他独具一格的特色。

1983年5月，黄俊英和一班有志之士成立了广州相声艺术团，黄俊英出任团长。常言道“观众是最权威的裁判”，黄俊英和相声艺术团到农村演出，不少观众不惜走几个小时的路，甚至冒着倾盆大雨就是为了看他们的演出，演出时剧场内座无虚席，连过道上都站满了人，这种景象是观众对文艺工作者的最大肯定。此外，他们还深入矿山、工厂、军营、学校，甚至殡仪馆做慰问演出，到监狱对在押人员进行帮教活动，体现出他们崇高的使命感和责任感。

古人说：“老骥伏枥，志在千里。”黄俊英虽然年届耄耋，但他身体健朗，思维敏捷，步履轻盈，雄心犹在，继续为广大观众创造欢乐，这是黄俊英之福、广东音乐曲艺团之福、广东观众之福。

——**姜昆**（相声表演艺术家，中国曲艺家协会原主席）

黄壮谋

为一代粤剧名腔发展推波助澜

人物简介

黄培（黄壮谋），男，汉族，1926年11月出生。戏剧艺术家（音乐设计），从事文艺工作80年。粤剧唱腔设计大家。对粤剧大师红线女“红腔”艺术流派的形成，产生了重大的影响和作用。代表作品有粤剧曲目《楼台会》中的“罗帕曲”、《春香传》中的“爱歌”、《绣襦记》中的“莲花落”等。设计《黄飞虎反五关》《春香传》《荆轲》《柳毅传书》《山乡风云》《沙家浜》等。发表学术论文《浅谈红线女唱腔的艺术成就》《红腔拾翠》《不断攀登的新成果》《情景交融，多姿多彩》《浅谈罗品超唱腔的艺术成就》等。曾获第五届中国戏剧节“优秀唱腔设计奖”、第七届广东省艺术节“唱腔音乐设计奖”、第三届广东文艺终身成就奖。

黄壮谋照片

黄壮谋的从艺之路跨越近一个世纪，从动荡的战乱年代走来，他经历了粤剧的种种起伏，始终以一颗初心坚守热爱的粤剧音乐事业。他以渊博的粤剧音乐知识、谦虚平和的待人之道、敬业勤奋的创作态度，为后辈所称道，大家都亲切地称呼他为“壮谋叔”。

“壮谋叔”早年跟随父亲黄不灭习艺入行，因对音乐节奏有成熟的把控，颇得业内赏识。20世纪40年代初起，他在20岁出头的年纪，就先后在名伶白玉堂、廖侠怀、陈锦棠、靓少佳主持的剧团里任“头架”（即高胡领奏员）。

从艺之路上，黄壮谋不断拓宽个人艺术边界，在长期的粤剧音乐伴奏实践之外，还进行了大量剧目的唱腔音乐设计。1958年，广东粤剧院成立后，黄壮谋除了继续担任乐队“头架”，也开始为马师曾、红线女、罗品超、罗家宝、林小群等名家设计音乐唱腔，为马腔、红腔等一代名腔流派的发展推波助澜，从此迎来创作高峰。

由他参与唱腔设计的《山乡风云》《沙家浜》《黄飞虎反五关》《柳毅传书》等作品，经过几十年的时间淘洗，至今仍常演不衰，堪为粤剧精品。红线女曾亲笔写下：“壮谋兄在粤剧艺术上一直支持、鼓励我。黄家父子音乐名家和我的粤剧艺术合作有着唇齿关系。”

黄壮谋一生对粤剧唱腔艺术孜孜追求、守正创新。他博采众长，对其他艺术形式进行借鉴，尤其注重从现实生活中吸收创作营养。他演奏的高胡，一经推弓引弦，平稳中既显细腻，又有深沉风味。他所设计的唱腔不拘泥于传统，追求在保留传统唱腔韵味和特色的基础上，进行革新创造，使旋律优美顺畅。

已过耄耋之年的他讲起粤剧依然神采飞扬、思路清晰。对于时代新元素，他亦保持开放心态，鼓励后辈在改革创新中贴近生活，贴近时代，不断努力，不断突破，推动粤剧艺术再登高峰。

乱世入行，父亲“领路”

我当时可以说是“乱世入行”。在我小时候，父亲只身跑到香港“揾食”，给白玉堂、桂名扬等粤剧名家伴奏、做音乐，也曾跟随粤剧艺术大师马师曾去美国演出。后来，他赚到一点钱，就把我们一家人接到了香港，住在九龙上海街。我也在香港读中学。

可惜，平静的日子没过多久，战争来了。日本攻打香港，社会一下子动乱不安，百业凋零。戏没得做，我们书也没得读，整天还饿肚子。

到后来，因为艺人也要生活，白玉堂就组戏班做戏，让我父亲担任头架。参与演出的人，不论大小老幼，每人能领到两斤米。名演员也是两斤米。当时我十几岁，家里有母亲和三兄妹。为了生活，父亲就将我也报上去，两人一起合着能拿四斤米，一家人吃，挺好。那时是1942年，我16岁。

刚入戏班时，我是滥竽充数。父亲叫我弹班祖（Benzo，一种西洋弹拨乐器），那时我还不叫壮谋，叫黄培。父亲说：“阿培，你抓着这个班祖，按着就行了。我吹（我父亲是吹喉管的），你弹，我不吹时，你别弹。”我也不会弹，就做样子。当时大家都很穷，看在我父亲的面子上，也不计较。我还记得第一次演出是在香港元朗，饿了几十天，没有一餐饱饭，演出完一下就吃了三大碗。俗话说：“宁做太平狗，莫做乱世人。”这一点我是有切身体会的。

我起初入行是为了讨生活，但也不能一直“混”下去。父亲就开始教我们了。先学什么呢？从粤剧的传统牌子、小曲学起。小曲就是短小好记的曲目，例如《梳妆台》《送情郎》等。之后就学二黄、梆子，一路学下去。以前是没有谱子的，学起来不容易，要自己用心去记。父亲唱，我也跟着唱，然后配乐、演奏。

父亲还教我，要懂得锣鼓：冲头、急急风、五槌（粤剧的锣鼓点，也叫锣鼓经），不同的锣鼓点各有用途。这些规律都要靠在实践中慢慢积累、熟悉。

（在香港）做戏不到一个月，香港就沦陷了。我们全家搬去澳门，但澳门只有三个粤剧戏班。有戏做时有了钱，我父亲就赎东西，没戏做就典当东西换钱，生活很艰难。但父亲仍然坚持教我们学音乐。当时我们在谭兰卿的戏班，父亲是头架。谭兰卿看我乐感不错，让父亲教我学色士风（萨克斯）。于是我又学起了吹奏乐器。

父亲的艺术风格对我影响很大，他既是父亲，又是师傅，对我们三兄妹循循善诱，将我们培养成材。他言辞不多，但家教家规十分严厉。在艺术方面，他总是以身作则、言传身教。他少时在茶楼、歌坛及八音班偷师学艺，博采众长。除领奏二弦外，还兼吹奏喉管和色士风，是个“多面手”。在对我的培养上，他也鼓励我“多多涉猎”。我手指修长，一开始主要往弹拨乐类发展，后来高胡、色士风、竹提琴都有涉猎。作为乐队头架，多了解不同乐器不可谓不重要。

父亲常告诫我们，作为棚面（粤剧乐队）成员，要做的是伴奏，而不是演奏，不能喧宾夺主，而伴奏讲究的是“感悟”。父亲善于给演员托腔保调，能根据不同的角色吹出不同音色和音量：旦角、小生，轻柔洒脱；老生、花脸，雄浑刚劲；且随腔、伴腔、补腔、引腔各种手法皆精。这也形成了我对粤剧音乐伴奏的初步理解。

父亲亦很早就尝试革新粤剧音乐，弃用工尺谱而使用简谱进行创作，还能帮助演员创造新腔。他与粤剧艺术大师马师曾、红线女合作多年，《搜书院》《关汉卿》《思凡》等粤剧代表剧目的唱腔音乐，都有他的心血。他设计唱腔音乐注重革新创造，讲究深入角色，抒发内心感情，旋律优美顺畅，雅俗共赏。有这样一位严父良师在身边，对我来说是一笔宝贵的财富。我后来与名伶合作、设计唱腔时，父亲勇于革新的精神也默默鼓舞着我。

熟悉粤剧，打下基础

当我开始用功地学习粤剧传统音乐，用心地钻研时，慢慢就领略到了粤剧的魅力。音乐家马思聪说过：“你玩音乐十年以上，也就会配器乐了。”粤剧也一样。例如，南音的椰胡幽幽凄凄，弹拨乐器则活泼欢快，了解这些特点，以及学会传统粤剧音乐里的构思、句法等，然后才能开始创作。为什么有些人乐器玩得好，但是味道稍欠呢？就是因为缺了“熟悉粤剧”这一环节。

何为“熟悉粤剧”？指的是对于曲牌、唱腔传统、梆黄等理论知识应了如指掌。事实上，从20世纪20、30年代至今，粤剧音乐、唱腔经历了几次大变化，一是梆黄合流，二是加入牌子、小曲、杂曲、歌谣等与原有的板腔体系相结合，并不断丰富，一步步建立起了完整的粤剧唱腔音乐体系。

粤剧演奏员、音乐家需要明白，戏曲中的一切器乐，都是为了剧本主题的体现、戏剧矛盾的开展、人物性格的塑造、思想感情的抒发和舞台气氛的渲染等而设置。

戏曲伴奏，首先是为演员的演唱伴奏。精彩的伴奏不仅能对动人的演唱给予有力的烘托，还能创造某种意境。其次是与演员的表演相配合，无论是演员的念白或身段动作，都需要器乐的帮助，以突出其音乐性与节奏感。再者可以描写环境，渲染舞台气氛。传统戏曲一般不用或很少用实物布景，主要依靠音乐来形成一种环境气氛。第四是调节与控制全剧的节奏，戏曲的舞台节奏需要器乐部分予以贯穿。一出戏从开场到剧终，场与场之间的转换，唱与唱之间的衔接，其节奏的转折、变化，全由器乐引导与贯穿。这样就能使全剧各段落之间层次清楚，节奏鲜明，重点突出，起止明确。

戏剧伴奏的领奏者，也即我们说的“头架”，在乐队中居于主导的地位。他对每一出戏、每一段唱的感情起伏转折和高潮处理，必须是胸有成竹的；并且要十分了解演员的艺术个性、特长与不足，这样彼此的合作才能得心应手、配合默契，并在长期的合作中，形成独特的艺术风格。

立足“棚面”，与名伶密切合作

跟随我父亲入行后，我一边学习一边演出，领悟粤剧音乐知识，掌握各种器乐的演奏技能，后来逐渐在粤剧“棚面”立足。新中国成立之前，我先后在粤剧名伶白玉堂、廖侠怀、陈锦棠、靓少佳领衔的剧团担任“头架”，与不同名伶的合作，可以说加深了我对粤剧音乐的理解，以及对各种器乐演奏技能的精进。新中国成立后，我加入珠江粤剧团，与罗品超、文觉非、郎筠玉等共事多年；广东粤剧团、广东粤剧院成立后，我一方面担任乐队“头架”，另一方面也与马师曾、红线女、罗家宝、林小群等名家合作，设计音乐唱腔。

戏曲伴奏，首先是为演员的演唱伴奏，其次是能与演员的表演相配合。不同的演员，演唱和表演风格都不尽相同。因此就需要演奏员随机应变，不能以一个万能公式套用。

2006年，黄壮谋与粤剧大师罗品超

我和白玉堂合作了两三年，后来跟着陈锦棠。我就发现，给白玉堂伴奏和给陈锦棠伴奏是不一样的，不能用同一套东西。陈锦棠是武状元，专门做打戏，打的是北派，演黄天霸之类，而且他从不唱西皮（一种板腔曲调）。白玉堂只打南派功夫。南派很有味道，也有新意。

演员各有各的唱腔风格，我们的配乐要去适应他们。例如马师曾创造的“马腔”就很有性格，非常有个人风格。有段时间，马师曾的头架是高容升，高容升不是坐前排，而是坐后面吹萨克斯风。因为他和老马最有默契，能跟上“马腔”。但如果让高容升搭薛觉先，是要烧炮（指“开除”）的。所以我父亲同我讲，头架，尤其是名家的头架，并不容易，不仅自己的技术要过硬，还要有超强的领悟力，能适应不同演员的唱腔风格。

我逐渐领悟到，在伴奏过程中要讲究起承转合，把演员的唱腔衬托得丝丝入扣，融合和谐，才是出色的伴奏。如何才能同演员配合好？最重要的是，要体会演员对人物的理解。演员要对剧中的人物进行理解，伴奏员也要通过演员唱、做的一招一式来理解人物。演员的喜怒哀乐、抑扬顿挫，伴奏员都要了然于胸。演员理解人物，我们理解演员，这样才能伴奏得好。

以前把伴奏叫“拍和”，讲究音乐师傅与演员的和谐。伴奏音乐很多时候在于伴奏员现场的取舍，比如二黄过门，多加几个音或少几个音，只要节拍正确都可以。又如曲谱上都标有渐强、渐弱的符号，但如果只看谱，看不到演员的表情、情绪，没有现场的交流，伴奏就没有办法在表达感情上和演员契合。伴奏讲究的是感悟，感悟演员表演人物的感情，这样才贴切顺畅。感悟是没办法教的，只能自己意会，无法言传。

黄氏一家，探索粤剧创新

我们三兄妹自幼都跟随父亲学艺，可谓耳濡目染。在粤剧界有“粤乐之家”的称号。我们一家风格各有所长。最开始，我吹色士风，弟弟继谋吹小号，妹妹英谋打木琴。我们一家就是一个团队，知道彼此的路数，配合默契，所以演员都比较满意，也就经常请我们伴奏。

弟弟黄继谋有着开放的思维和旺盛的创造力，擅长演奏高胡和琵琶，色士风、扬琴、二胡，打击乐也样样都行，是难得的多面手。他演奏的高胡，弓法刚劲明快，推弓短促有力，扎实明亮。弹奏琵琶亦十分出色，十指流音，通透流畅。继谋既是演奏家，也是唱腔音乐设计家，他参与唱腔设计和作曲的剧目有几十个。

妹妹黄英谋11岁入行，深得家传。父亲和我们两兄弟，都曾教授她乐器和乐理。她还跟随扬琴演奏名家方汉学艺。她聪颖好学，先学木琴，后学扬琴，演奏技法纯熟，伴奏游刃有余，是粤剧音乐伴奏的实力行家。在她小时候，因为父兄都要到乡村演出，无人照顾她，父亲便把她带在身边学艺。旧时不许女性在粤剧棚面走动，于是父亲给她剪了西装头，每天都穿男装，扮成“男仔”在棚面学琴、打琴。行业人说，这桩“女扮男装”的往事，成就了她“粤剧界第一位女乐师”的美谈。

我和家人对粤剧改革的探索，一直都抱定一个宗旨：粤剧的改革可以熔中外古今于一炉，但决不能抛弃粤剧板腔这个本质的东西。我们做粤剧音乐，都是在这个思想的指导之下。

新中国成立后，我们三兄妹曾在广东粤剧团、广东粤剧院共事。在艺术上，我们各有所长，经常一起切磋设计，互相扶持。在许多作品的创作上，都是大家一起探讨。我们都共同为红线女等名家做音乐、设计唱腔。英谋与我主要设计了《山乡风云》的音乐唱腔。女姐（红线女）对于英谋的谱曲工作，很是赞赏，说她十分用心，对曲辞的意境、人物的感情，都处理得细腻妥帖。但英谋一直都回应说，是因为红线女善唱，把曲子唱活了。继谋在《刁蛮公主憨驸马》里写的一首曲，女姐也很喜欢，拿去唱了。20世纪70年代，根据京剧移植《沙家浜》时，女姐要拍电影（饰演女主角阿庆嫂），其中的主唱段（“如风声紧”一段），是继谋和我为之设计的。另外，《春香传》《天仙配》等作品的音乐创作，都有我们兄妹共同的心血。

创作《山乡风云》：突破传统，自成一格

1958年，广东粤剧院成立后，除了继续担任乐队头架外，我开始为马师曾、红线女、罗品超、罗家宝、林小群等名家设计音乐唱腔。

粤剧《山乡风云》剧照

说到创作，演奏家同时也是作曲家，演奏过程即作曲过程，演奏家在对传统曲调进行加工处理时，处理唱腔或乐曲的方法与技巧，往往就包含有朴素的作曲法。

这一阶段，我尝试与名家共同切磋，参与音乐唱腔设计。要说印象深刻的创作，莫过于《山乡风云》和《沙家浜》这两部现代戏，我与女姐如切如磋，倾注了非常多的心血，在音乐唱腔方面，努力实践出一条继承传统、突破创新的道路。

《山乡风云》被视为粤剧现代戏创作的一座重要里程碑，至今仍常演不衰。这部戏改编自广东著名作家吴有恒的长篇小说《山乡风云录》，讲述了解放战争时期广东五邑地区游击队与当地反动武装斗智斗勇的故事，首演于1965年。

首先要讲下时代背景。为了配合政治宣传及各项运动，文艺界掀起了排演现代戏的风潮。为了赶时间，有些戏既不好看，又没有传统韵味。因为要越快越好，大家便引用小曲小调，没时间琢磨梆黄这样的传统板式。戏曲走向了“话剧加唱”的路子，大家不知道怎么用传统形式表达现代戏。

为了扭转这个不利于戏曲发展的潮流，当时主管文化的领导高瞻远瞩，指示我们创排《山乡风云》的一个宗旨就是，不能丢弃传统，要使用传统的梆黄，不用小曲。

这也给我和英谋出了一个难题。唱腔需要为人物性格服务，并增色添彩，塑造人物形象。传统的梆黄多用于古装戏，但现在用于现代戏，要描写英勇的女游击队长刘琴、忠厚老成的农民奉叔、机灵的奉叔之女小春花以及为人耿直的刘黑牛等众多个性不一又特色鲜明的人物角色，该如何改良传统板式，又不失韵味，又能为人物服务？

梆子、二黄的传统过门经过历史的千锤百炼，已经形成相对固定的调式，要做改动并不容易。但是，传统的过门太拖沓，对人物性格、思想感情的深入刻画极为束缚。我们便根据剧情和人物刻画的需要，创造与之相吻合的新的过门，如《山乡风云》中的“梆子慢板”“十字清”“中板”等。刘琴的开场曲“望群山/接青天层峰险峻，群山下/天昏暗烟雾纵横”便是一段快节奏的梆黄，将观众带入紧张刺激的战争氛围。

再以刘琴的一个主唱段为例。“我本是个女兵，掩住刀光剑影”，上半句为表现主人公的自信乐观情绪，破格用了四拍的长过门来衬托，至“刀光剑影”没有落到旦角的（5）音，而是改成（2）音，唱腔有动感之势。再到下一句“装成淡定娉婷”，又唱出低回恬静的行腔，运腔一动一静，表现女主人公的胸有成竹，感染力很强。到下一句“惯从杀气学刀兵，哪有闲心爱夜静”，又有创新突破。按一般花旦唱法，会显得软绵绵，不合人物性格。改革后的唱法大有改进，以男、女腔混合而成，糅合自然，听来流畅动听，又展现刘琴这位女连长的飒爽英姿。以一拍唱出“惯从杀气”后，严格重复唱腔过门，“学刀兵”唱了个（3）音，过了四拍的长过门，这里破格较大，花旦腔未有这样拖腔的，这正是唱腔要服从人物塑造的需要。

这部戏只用了一首小曲，就是“跳花鼓”，其他的唱段都是梆黄。当时一位编曲师傅问我：梆黄的东西似乎都用完了，只能放小曲，但领导又说不准，大家也很犹豫要不要用。我说我负责，试一试，不行就改。后来就用了小曲“跳花鼓”，算是诚惶诚恐的。后来出来效果也不错，可以算是成功。

《山乡风云》首演即大获成功，做到了三个满意：群众满意、行家满意、领导满意。1965年，这部戏进京公演10多场，周恩来总理接见了女姐等主创团队成员。这部剧还收获了“北有《红灯记》，南有《山乡风云》”的高度评价。

《山乡风云》的成功是多方面的因素。有行内专家评价，这是一部以传统地方戏曲形式讲述现代红色故事的创新典型，在粤剧表现手法与现代人物故事的结合上，做了许多有益的探索。一方面，演员的表演既贴近生活，又符合戏曲规律，不生硬；另一方面，唱词唱段也充满时代和生活气息，同时能充分发挥粤剧特长，“访贫问苦”“刘琴抒怀”等段落都久唱不衰。

这当然离不开整个主创团队，包括导演、编剧、演员等台前幕后各个职位，对于“从传统中提取精华、再根据现代戏需要进行创新”的创作思路的坚守，让《山乡风云》打破了“粤剧现代戏演不好，观众不爱看”的偏见。

我负责的只是其中“唱腔设计”这一小部分。经过这次实践，我自己也收获良多。最大的体会是，梆黄也能塑造这么多不同的人物形象，不用整鬼整怪（做小动作，搞花样）也可以做到。戏里大大小小的角色好多，每个角色都有自己独特的唱段。

经过改革的伴奏，既可以衬托氛围，又给予了演员自由发挥的空间。我领悟到，创新不能脱离传统，乱改是不行的。经过这么多年，梆黄的生命力依然很难被打倒，它保存到现在，有什么东西能侵蚀它呢？所以说，《山乡风云》作为现代戏，以梆黄为主，但适当创新，这个创新也是在梆黄的基础上创新，要有所依据，要根据人物形象，提取传统的精髓再进行创新。

改良再创新，并非易事

《沙家浜》又是另一段故事了。这部戏创作于20世纪70年代，由京剧样板戏移植而来。我主要负责设计主角阿庆嫂（红线女饰）的唱腔，英谋做一些小段的音乐。当时我年轻，有灵感。样板戏是“没有激情就没有样板戏”，风格要高昂。粤剧二黄抒情，梆子昂扬。我想着要激情，就先写了一小段给领导听。“不由我心潮起落似长江/战士们/要杀敌人冒险出荡……”领导很满意，认为既有传统味道，又有创新意识。

我们根据行腔和结构，把《沙家浜》改编得符合广东粤剧。京剧《沙家浜》中，流传最广的唱段之一是《风声紧》。那时每天都在播京剧“风声紧雨意浓天低云暗”。我听了之后想，（京剧皮黄）和二黄是基本相同的，我就根据传统样式做了一些小的改动，把它改成了粤剧唱腔的结构。“风声紧雨意浓天低云暗，不由得人一阵阵坐立不安”，刚好又能合上粤剧的结构，干脆没有大改。又如，“毛主席/党中央指引方向”这一句，（京剧）收do音，粤剧二黄下句是re，我说那就用回粤剧的。就这样，根据唱词所表达的情绪，每一句每一句推敲。后来林锦屏拿这首曲子参加华东样板戏比赛，拿了一等奖。

在传统唱腔的基础上进行创新，并非易事。说到这，我想提一提《胡不归》这部经典粤剧。这出戏首演于1939年，当时我尚未入行，至今仍常演不衰。这出戏很特别，因为它非常传统，又非常创新。最后一场戏《哭坟》里的“胡不归”，是首新创作的小曲，运用了三拍子。粤剧中很少用三拍子，尤其在那个年代更少，还是一首小曲，虽然是三拍子，但旋律的调式是乙反，乙反非常有广东味道。例如《凤阁恩仇未了情》里的“一叶轻舟去”这句，可以唱慢板，又有梆黄味道。《胡不归》在唱腔方面体现了传统和创新的结合。当时是一场新戏，后来成了经典。

这对我启发很大。创作离不开梆黄。创新要在梆黄本身的基础上，先巩固，再丰富、改良。

20世纪70年代，我做样板戏《海港》，由京剧移植而来，讲述了码头工人的故事。有首曲叫《数九天》，节奏和结构与《沙家浜》一样。我想，既然是诉旧社会的艰辛，那么唱抒情乙反比较好。领导听了以后，大加赞赏。他问我：你何以有这样的意识呢？他没有听过这样的。我当时想，用乙反来描写旧社会很适合，有着悲凉的情感，不能用激情的旋律。有时候就是要出奇制胜。

与女姐：切磋共进，打磨唱腔

我同女姐的合作，大概从20世纪50年代就开始了。女姐写过一封亲笔信："壮谋兄在粤剧艺术上一直支持、鼓励我。黄家父子音乐名家和我的粤剧艺术合作有着唇齿关系。"

这封信由她亲笔题在《红线女艺术研究》特刊第3、4期合刊。当时我在这本特刊上发表了《红腔艺术拾萃》一文，应邀分享了自己对红腔艺术的心得体会。想不到女姐如此客气，如此热情，专门写了一番感谢的话。所以，我也复信说了说自己的心意，表示会继续和她"同舟共济，无怨无悔"，为发展粤剧事业出力。

我与女姐合作多年，两个人切磋共进、打磨唱腔。我们经常是你唱一句，我唱一句。有时候大家聊一下，灵感就来了。大约20世纪50年代，陈冠卿写了《荔枝颂》给女姐唱，女姐叫上我和英谋去沙面录音，一路走，一路唱。唱到"珠江两岸歌声起"时，我说："女姐，这里可不可以拖长一点音，抒发欢乐的情感？"她试了一下，又加入西洋滑音，发现效果不错。

女姐在唱腔中喜欢使用滑音，多姿多彩的滑音是红腔的特色唱法，但她不是为了特色而特色，而是有目的性的，只有对人物感情能增添光彩时才使用。

我总结女姐的"红腔"艺术特点，是动听、感人、富有创意。动听，包括声音和节奏，她的歌声明亮清丽，高雅圆润；节奏十分稳健，又富于变化。感人，源于她的唱腔一字一腔都

黄壮谋与红线女（中）、黄英谋（右）合影

从人物出发，演绎的每个角色各有特征，感情融入唱腔之中，做到声情并茂，引起观众共鸣。创意，她继承粤剧传统唱腔根基深厚的特点，又善于吸收西洋和民歌唱法，融入自己的唱腔并加以发挥；能在继承传统唱腔的基础上，进行创新的演绎，以此来丰富人物的思想感情。

女姐给我最深的印象是一丝不苟、严肃认真的创作态度。为了圆满完成创作演出任务，她可以忘餐废寝、夜以继日。人们都说红线女的唱腔曲曲新声，脍炙人口，其实她的每一句唱腔，都凝聚着她的滴滴心血、缕缕情思。红腔的艺术成就，我们是辅助，绝对不敢说是我们的功劳。女姐是牡丹，我们就是绿叶。受父亲影响，我们安安分分做好自己的本职工作，拒绝旁门左道和阿谀奉承，也从不妒忌演员。

不断革新，推出新作

多年在剧院工作，艺术生产搞得好不好，自己也有一份责任。近年来，广东粤剧院编演的《惊世缘》《啼笑历劫缘》《谯国夫人》等新戏，我都有参加唱腔设计。最近的一部戏是2019年，与青年音乐员梁妙翠合作，为广东粤剧院、广州粤剧院联合出品的现代粤剧《谯国夫人》做唱腔设计。导演张平要求唱腔保持原汁原味，既有传统味道，又有新意。妙翠能接触到外界，所以由她来传达，现在流行什么、大家喜欢听什么。我们友好合作，一起琢磨谱曲。

我一生对粤剧音乐情有独钟，在今天这个多元文化发展的时代，我认为粤剧音乐最大的特色，就是梆子、二黄。运用得好的话，梆黄就可以把剧中人描写得很好。《山乡风云》里的音乐全是梆黄，但很成功地表现了黑牛、春花的个性、感情。之前有人问我，你们粤剧怎么唱《四季歌》那么搞笑的？我说：这是粤剧唱腔体系里的“小曲杂曲”，粤剧包容性很强，但也有自己的特色。听红线女的曲，你就会发现，都是梆黄，很少杂质；“薛、马、桂、廖、白”的成名作也都是唱梆黄。

当然，也有唱得不好的。这跟现在的时代曲一样，唱的人千千万，唱得好的也就那么十来个。有人说粤剧不好听，那当然，有的人唱得一点韵味都没有，怎么能好听呢？合板、音准，还有最重要的一点，韵味。红线女唱和别人唱就不一样。我记得《沙家浜》里有一句唱词“敌兵部署无更变，送去的情报图一目了然”，当时粤剧版是我谱的曲，演出时坐我旁边的北京来的专家就说：“曲不甚好听，但是红线女一唱就不一样了。”艺术就是这样需要再创造，换别人就是学不来。

另外，粤剧音乐的一大特点是开放包容，能容纳东西洋的不同元素。在20世纪早期，粤剧大量引进了西洋乐器，多的时候达到40多种。我当时亦提出，粤剧的唱腔、梆黄板式，与萨克斯是贴合的。最后经过时代的洗礼、行家的使用，保留下了大小提琴、萨克斯等，也令粤剧音乐与其他剧种相比，别有一番风味。

“粤剧音乐是伴奏，是衬托，而不是演奏”

为什么过去的粤剧好听？那是因为经过了几十年的筛选，去芜存菁。以前的粤剧，有很多人写了很多的曲子，但也并不是首首都好听，好听的才会流传。“一叶轻舟去，人隔万重山……”这首粤曲很流行，出自《胡地蛮歌》，很有梆黄的味道，唱慢板也很好听。比如《郎归晚》，是新中国成立前的曲子了，可它音乐优美，很好地表达了妻子盼丈夫归来的心情，所以一直流传到现在。又比如广东音乐，写的人很多，流传下来的也只是《赛龙夺锦》《雨打芭蕉》《平湖秋月》《凯旋》等，并不多。现在的流行音乐也一样。

旧时候，粤剧音乐多数是纯伴奏，基本上是锣鼓、五架头。现在流行大乐队，光有锣鼓是不行的。每个戏的人物都有配器，然后要写曲。各有各的好，现在的音乐亦有气氛。但话又说回来，虽然改有改的好，但我有时候听苏州评弹，只有两个人，也有丰富的舞台效果，表现力强。

看现在的一些戏，我常感觉配乐的声音太"抢"，大概因为演奏员不熟悉演员唱的什么。其实，该收敛的时候就要适当收敛，要有强弱对比。配器的演奏员是否熟悉粤剧很重要。另外，音乐描写感情要到位，比如表现高兴、悲壮、伤心等情绪，要尽量发挥音乐特性。但是在演员唱的时候，乐器就不应该喧宾夺主了。此外，有的演员声音很响，有的演员声音不太响，演奏的时候都要注意配合。所以，做粤剧音乐要记住的是，我们是伴奏，是衬托，而不是演奏，不是主角。

有人说粤剧因为过去多在农村搭棚演出，锣鼓很大声，现在进了剧院了，音量需要调整，以适应现代观众的欣赏习惯。我同意这个意见。因为以前在农村演出，场地很大，又空旷，锣鼓喧天也不会感觉太过，但进了剧场，锣鼓的音量就需要有意识地控制。但也要熟悉戏里的气氛、强弱、人物，要有体现。譬如罗品超的《荆轲》，荆轲走进去要刺秦王的那一段，大锣大鼓都用上了，但是在当时那种气氛下，音乐很好地衬托出了荆轲一往无前的气势。观众并不会觉得吵，反而觉得很好地表现了人物的心理，纷纷鼓起掌来。但是有些场景人物动作不大的，比如只是左右看一下，也一样用大锣大鼓，就不合适了。

谈创新："粤味"是始终要保留的

粤剧是一个很包容的剧种，既有西洋元素，又有传统韵味，在创作时，会借鉴其他剧种，但不能太多。粤剧包容性很强，古今中外的乐曲都可以用来填词唱。这激发我们对其他艺术形式进行借鉴，从现实生活中吸收创作营养。但粤剧姓粤，"粤味"是始终都要保留的。

创作《山乡风云》中的刘琴、《沙家浜》中阿庆嫂的音乐形象时，我曾借鉴京剧、沪剧等剧种的音乐元素，将之融汇于粤剧的梆、黄板腔之中。在创作《风雪卑田院》的“莲花落”一曲时，我从在茶楼卖唱的盲艺人唱出的凄楚小调、街头小贩沿街叫卖的痛苦无奈的吆喝声中，得到创作灵感。

我写给黄少梅的《王十朋祭江》就吸收了其他剧种。它的叙事有新鲜东西，过门那一段又有民俗味道。《春香传》的《爱歌》也吸收了朝鲜民俗元素。但唱出来，又有广东音乐味道。鼓是按照朝鲜族民俗的风格来打的，音乐就不需要按朝鲜民俗风格了，所以这首曲依然有很浓的粤剧味道，挺受欢迎。写曲子，顺的时候很顺，但有时候也像《山乡风云》的创作，要找很久灵感。

现在的粤剧有时会用到电子音乐，对现在这些新形式，我认为要交给时间来评论，很难肯定它是不是对的。重点还是要熟悉粤剧音乐，顺应了传统，自然就会流传下来。可以弄新东西，但行不行，就很难说。当然，一直唱以前那些东西，也是不行的。所以还是要交给时间来定论。

对于粤剧创新这一话题，我认为实际上粤剧一直是个开放进取的剧种，粤剧音乐亦从未停止发展与创新。从20世纪的西洋乐器，再到对传统板腔的点滴改动，皆是一代一代粤剧人为推动粤剧音乐发展而做出的不懈努力。包括刚刚讲的电子音乐，亦是一种创新的尝试。首先，我们不能否定这些尝试。许多经典的曲目，在问世时，也被认为是创新甚至是离经叛道。但经过时间的淘洗，能流传下来的，就是经典。

如何推动粤剧音乐在传承中突破创新，在创新中守护传统？我认为，做粤剧音乐，首先一定要懂得并熟悉粤剧本身的规律，包括梆子、二黄，要打好基础。否则，脱离了传统与基础的创新，容易变成“四不像”，是乱来。注重传统，方能创新。在传承中，做到守护传统、突破创新，这样粤剧的路子才能越走越宽。今天的粤剧音乐，不能离粤剧太远。同时，创作也要符合故事情节、人物个性，一定要紧跟当下，具有时代特色。

有人问我，是否会担心传统粤剧音乐逐渐流失的问题。我认为，粤剧的曲很多，好听的自然保留，不好听的自然淘汰。比如我在《楼台会》里写的一首《罗帕曲》，很好听，香港还在唱，但是就没署我的名了，也有人拿这首曲子填词，因此又有别的版本了。所以，粤剧的牌子、小曲太多了。粤剧以梆黄为主，曲牌为辅，更吸收了广东的民间说唱艺术，如南音、龙舟、木鱼等，这些曲子穿插在梆黄里，就会生色很多。

寄语后辈：不断提高自身素质

艺术家我不敢当，只是前辈。像我们家族，家父和我们兄妹三个为粤剧事业做了一些工作，不算很大贡献，但也得到了文艺界领导和同人的支持鼓励，我很欣慰，也代表我的家族表示衷心感谢。

另外，我16岁开始做粤剧，事业是波浪式的。我对粤剧抱有希望，因为现在的舞台和以前不同了，现在的很多戏也和以前不一样了，很有朝气，有唱功，创作也很好、有新意。我一直觉得粤剧是好看的，买一张票，欣赏到戏文的好文采，也很享受；此外，唱得好、做得好、布景好，也是好看的，是一种艺术的欣赏。

我对粤剧充满期望。学者范文澜以前谈到梆黄，说梆黄是一种“野生艺术”，来自民间，充满活力。希望后辈努力，在社会及各级政府的支持下，不断提高自身素质，助力粤剧继续兴旺发达。

（撰文：徐子茗　丘瑜）

大家印象

粤剧界少有的理论与实践紧密结合的音乐家

初识黄壮谋，此兄目透灵光，十指修长，暗自忖度，此人莫非奇人异士，抑或雅士高人。后来在红线女老师组织的由红线女艺术中心召开的一些会议上，有幸与壮谋兄在一起切磋探讨，听其言、观其行，赏其曲、审其音，方知此人实实在在是粤剧音乐界的一位高人。后来更在为《红线女艺术研究》筹划文章、编发稿件的过程中，发现壮谋兄是十分难得的粤剧音乐界的一位理论与实践紧密结合的音乐家。

何以见得呢？

首先，黄壮谋是全面称职而又有独立见解的粤剧乐队的领奏者。

从漫长丰富的从艺经历和先人父辈的谆谆教导之中，黄壮谋深深领略到戏曲器乐的有力作用，掌握了指挥协调乐队各个成员充分发挥各自本领的领导能力。人们普遍认为，这位粤剧乐队的首席伴奏员和资深音乐设计者，无论伴奏还是创作，都具有鲜明的质朴、细腻、严谨的风格。黄壮谋擅长演奏高胡、色士风、竹提琴及弹拨类乐器，有识者认为，他演奏的高胡有色有味，色者粤乐之特色也，味者广东本土味也。与他长期合作的演艺人员都交口称赞，正是由于他的音乐节奏稳定而鲜明，不仅在为演员演唱托腔保调时配合默契，而且还能带动整个乐队伴奏的和谐协调，从而为全场演出增色添辉。

其次，黄壮谋是艰苦卓绝而又默默奉献的著名唱腔音乐设计家。

黄壮谋在长期的粤剧音乐伴奏实践中好学多思，掌握规律，在细致刻画人物思想感情、正确表达主题思想的前提下，努力继承优秀传统，在保留传统唱腔的韵味和特色的基础上革新创造，进行了大量剧目的唱腔音乐设计，并为人们广泛传唱。他的创腔和作曲，已经形成了独特的个性，既有新意，又有传统特色。

黄壮谋在唱腔音乐设计中改革创新的重要成果之一，就是对粤剧音乐基本腔调梆子、二黄的传统过门进行变革。传统过门经过历史的千锤百炼，已经形成固定的调式，要做点滴的改动都很困难。但是黄壮谋却脚踏实地、呕心沥血地进行改革的实践。早在20世纪50年代，他认为粤剧梆、黄的拖沓过门，极为束缚对人物性格思想感情的深入刻画，于是他便根据剧情和人物刻画的需要，创造了与之相吻合的新的过门，如《黄飞虎反五关》中的“变格霸腔慢板”、《山乡风云》中的“梆子紧板”“变格十字清”“变格中板”等，其中的“梆子流水”“梆子紧板”已经成为新的板式而为同行所使用。

黄壮谋在唱腔音乐设计中，还很注意对其他艺术形式进行借鉴，从现实生活中吸收创作的营养。比如他在创作《山乡风云》中的刘琴、《沙家浜》中阿庆嫂的音乐形象时，曾经借鉴京剧、沪剧等兄弟剧种的音乐元素，将之融汇于粤剧的梆、黄板腔之中。在创作《风雪卑田院》的“莲花落”一曲时，就从在茶楼卖唱的盲艺人唱出的凄楚小调、街头小贩沿街叫卖的痛苦无奈的吆喝声中，得到创作灵感的启发。

再次，黄壮谋是理论联系实际的高明的粤乐名师。

黄壮谋同粤剧艺术大师马师曾、红线女有过长期和谐的艺术合作，从他写作的《“红腔”的艺术成就》一文，约略可以窥测他的音乐理论水平。他的文章论述文字条分缕析，细致入微，令人叹服。

黄家兄妹谈到他们的兄长黄壮谋时都异口同声：从外表看他没有多少秀才味儿，但他确实是全家读书最多的秀才。黄壮谋在工作中不但勇于实践，敢于革新创造，而且勤于学习，积极钻研思考，努力做到理论与实践相结合，不断提高自己的思想业务水平，他不愧是粤乐行中难得的秀才。

——**谢彬筹**（广东省艺术研究所原所长）

NIKE
LAB
X158
海拔
sea level
해발
3900m

董智勇

广东影视『黄金时代』的耕耘者

人物简介

董智勇，男，汉族，1942年2月出生。电视艺术家（影视策划与制作），从事文艺工作60年。著名影视制片人、策划人，担任策划、总制片人、责编的影视作品60多部，创造了广东影视制作的辉煌历史。代表作品有电视剧《情满珠江》《和平年代》《惊涛》《军嫂》《我心飞翔》《东江纵队》《把一切献给党》《情暖珠江》《外来媳妇本地郎》等。作品曾多次获中宣部“五个一工程”奖、中国电视剧飞天奖、金鹰奖、华表奖等一系列国家级奖项，广东省第五届、第十届精神文明建设“五个一工程”奖。个人获中国广播电视学会颁发“全国十大荣誉监制”称号、广东省百佳电视艺术工作者荣誉称号，获第三届广东文艺终身成就奖。

董智勇曾先后任职羊城话剧团、广东省话剧院、珠江电影制片厂，1994年调入广东电视台任台长助理，1998年起担任广东电视台副台长，直至退休。他是广东影视“黄金时代”的耕耘者，亦是走在前沿的弄潮儿。从艺60年，由董智勇担任总策划、总制片人、责编的影视作品多达60余部。从一名话剧演员“入行”起，董智勇如今虽已年过八旬，却仍保持着一名“影视人”的精神面貌：声音洪亮、性格直率，带着敢闯敢拼的勇气。

“一个成功的电视剧，必须要有好的本子、好的班子、好的票子。”这是董智勇在1998年全国电视剧规划会议上的发言，也是他制片生涯中始终坚持的“三好”原则。二十世纪八九十年代，正是国产电视剧佳作频出的“黄金时代”，而董智勇经手的电视剧，频频在众多优秀电视剧中以高质量脱颖而出。《情满珠江》《和平年代》《惊涛》《军嫂》……多部极具代表性的优秀电视剧、电影一度掀起各电视台“黄金时段”收视热潮，从广东走出的原创电视剧由此为全国观众所熟知。

在广东电视台工作期间，董智勇主持策划的广东本土原创电视剧《外来媳妇本地郎》，时至今日已播出4500余集，是中国电视史上播出时间最长、播出集数最多的电视剧，更成为展示岭南文化的重要窗口。2023年7月，《外来媳妇本地郎》更成为吉尼斯世界纪录官方认证的“世界上播出时间最长、集数最多的情景喜剧”。

从话剧演员到影视制片人

我从事艺术工作已经60年了，一开始我是一个话剧演员。怎么当上的话剧演员呢？1959年，我陪同学去考广东戏剧学校（广州话剧团前身）。当时我们都是广州市第八中学足球代表队的队员，也是学校文宣队的成员，他是高三年级，我是高一年级。他告诉我，“明天我要去考广东戏剧学校”，我就说“我陪你去”。

我也没报名，陪他去了之后，我就决定在那溜达溜达。其中有一个老师叫马雨秋，她就是我的恩师。她发现了在那无所事事的我，就问我："小伙子，你怎么不报名？"我说："我是陪同学来的。"她又说："你普通话这么好，你也应该报名。"我普通话说得好，是因为我是北方人。结果我就稀里糊涂报了名，后来我那个师兄没考上，我反而考上了。

广东戏剧学校虽然是中专，但它是田汉先生的"试验田"。田汉先生大家都知道，是国歌《义勇军进行曲》的词作者。在那个特殊的年代，我们这个学校就是他的"试验田"，办了4年。我还记得毕业的时候，田汉先生亲自来看了我们的毕业演出。他看完后非常激动，在台上给我们讲了两个多小时，鼓励我们。

所以我进入这个圈子还是比较早。1959年我就进入话剧这个行当，学表演，毕业之后在广州羊城话剧团工作。后来羊城话剧团解散了，我就调到了广东省话剧团。当话剧演员的时候，我因为身高不够，演不了主角，只能演一些配角，后来便转去做了编剧。

1983年，当初和我同班的一个香港同学到广东来拍电影《南拳王》。《南拳王》的导演是我在广东戏剧学校的同班同学，制片人也是我当初在市话剧团的同事。那会儿他们香港团队来广州拍戏，初来乍到，不熟悉这里的环境，拳脚施展不开，就来找我帮忙。所以我就去了《南拳王》剧组里当副导演和制片，负责管理群众演员，还演了一个小角色——一个疯和尚。

参与《南拳王》的拍摄

那是我第一次参加电影制作，在拍摄过程中，我也意外发现了自己的组织能力还不错。记得当时有一场戏，需要12条龙舟同时投入拍摄，每条龙舟上有88个人，岸上还有1000名观众。那个年代通信没有现在这么发达，我只有两艘快艇、一个大喇叭和1000米的无线报话机，却顺利完成了拍摄调度。

《南拳王》使我认识了电影，踏进了电影圈，也让电影圈发现了我。因为那个时候拍电影很辛苦，《南拳王》拍了8个月才拍完。那8个多月把我晒得特别黑，因为我演和尚，剃了个光头。邻居们还以为我那8个月是被抓进去了，“怎么会剃个光头，还晒得那么黑”。

拍完《南拳王》，那个香港老板就看中了我的组织才能，想让我到他的公司去。但我那时候已经调到省话剧团了，端着“铁饭碗”，怎么可能去呢？我就开玩笑说：“你让我扔下这个‘铁饭碗’跑到你那儿去，除非你给我200万，把底兜住，我才能去。”他也没答应，但是后来又请我拍了一部电影，叫《玩命小子》。

拍完这两部电影，我在这个影视圈多多少少也有点名气了。1984年，深圳影业公司开拍第一部电影，叫《生死树》，我又被聘请去当制片主任。《生死树》的班底放在现在可以说是令人震惊的了：美术助理是冯小刚；摄影是张会军，是后来北京电影学院的院长；韩刚负责美术，也是一级导演，拍了电视剧《钢铁是怎样炼成的》；场记是蒋绍华，后来和周梅森一起拍了反腐剧《国家公诉》。我们那么一个小小的团队，可以说每个人都能载入中国电影史册。

经过了几个电影拍摄的洗礼，我彻底爱上了电影。我正准备扎根深圳发展时，省话剧团有人事变动，让我回来当艺术室副主任，我就听从了团里的安排。

虽然回到省话剧团当了艺术室副主任，但我对电影、电视仍然念念不忘。所以我就带着几个人，成立了省话剧团旗下的“广东省艺术发展中心”，白手起家。当时我们只有一套设备，叫CVC（彩色枪式摄像机），它不是广播级，也不是电视级。但我就凭着这套设备，正式开始了我的电视生涯。

影、视是不分家的。那我们都干什么呢？我们就开始拍纪录片和广告片。因为之前我干了十几年的编剧，认识的朋友比较多，还认识了很多县委书记。我们就到各个县去帮他们拍县里的宣传片，偶尔也接一些广告，以此维持团队的运营。我还记得，健力宝的第一个广告片就是我们拍的。我就带着七八个人这么起家，没有像样的设备，就到处借设备去拍。

我当时提出来，不要国家的工资，要自己养活自己。当时我们不仅要养活自己，收入的40%还要上交给话剧团。举个例子，相当于我们当时赚一块钱，要交给话剧团四毛钱，三毛钱用来发工资，剩下三毛钱留着作为这个单位的发展基金。短短两年多的时间，我们就积攒了20多万元。我们打算用这笔钱来买设备，因为我们没有设备。

但这个时候又发生了一件事，我们以前编导组的一个编剧，被提拔上来当了话剧院的“头”，之后他就一定要拿走我们这二十多万。当时我就不干了，我们是有协议的，而且这笔钱是我们大家辛辛苦苦挣来的，也是准备用来更新设备的，怎么能说拿走就拿走了？但他是团长，虽然我是艺术室副主任兼广东艺术发展中心的执行总经理，可我也才是个副科级。这样闹僵了之后，我一气之下，就不想再在这个单位干了。

我这辈子换了几个单位，几乎每次都是因为这种事情走的，我这人脾气就这样。

后来有一次我去珠江电影制片厂开会，当时我还是广东电影剪辑协会的理事，开会的时候我跟我的朋友刘岩说起这事儿。刘岩是当时珠影电视部的副主任，我跟他提出我想去珠影发展，他问我“真的假的”。因为虽然我们“广东省艺术发展中心”是个小单位，但在广东的影视圈内多多少少有点名气，因为我们能挣钱。我告诉刘岩，我真的想离开省话剧团，去珠影工作。他说：“好，我明天就向领导反映。”

一个星期之后，珠影的调令来了。我就到珠影工作，正式开启了影视制片人生涯。

一波三折的《情满珠江》

1987年，正式调到珠影之后，我当了电视部的制片室主任，负责整个生产安排。那个年代还是录像带的年代。那时候珠影电视部已经开始拍一些录像带，比如和省纪委合作拍一些反腐题材的作品，但还没有太像样的电视剧作品。

《情满珠江》的诞生背景有点特殊，和《渴望》有很大的关系。1990年，由中央电视台推出的电视剧《渴望》火遍大江南北，给我们广东的文艺创作带来了很大压力。北有《渴望》跨长江，广东当时作为改革开放的前沿阵地、岭南经济中心，也须推出一部既能反映时代变化，又能展现广东文化实力的电视剧，让它也跨过黄河。于是，当时的省委书记谢非指示，我们广东也一定要拿出一部能在全国叫得响的作品。

省委宣传部便向整个广东文艺界发出号召，“一个剧本大纲奖励一万块钱”，动员广东电视台、珠江电影制片厂、广东省戏剧家协会、广州电视台等单位进行创作。珠影在这方面还是有比较好的人才优势，我们就集结了珠影的“精兵强将”来创作《情满珠江》这部作品，包括当时的副总经理王进、文学部主任贺梦凡，七八个人组成一个策划班子。《情满珠江》的三个编剧廖志楷、李彦雄、戴沛霖，也都是我们珠影的。

经过一段时间的体验生活，我们很快就写出了一个剧本大纲——《红棉树下》，这是《情满珠江》一开始的名字。它讲

在珠江电影制片厂

述的是知青下乡返城创业的故事。我们把这个大纲拿去投标，结果真的中标了。

中标之后就开始了漫长的创作过程。这个创作过程是一波三折，非常艰苦的。我是《情满珠江》的总制片人兼责任编辑，要带着三个编剧去体验生活、补充资料。这个故事要有锱铢必较的算计、棋高一着的智谋、古道热肠的仁义，主要情节源自生活，又要更适合在电视剧上呈现。于是我带着他们采访了无数个企业家，还有一些县委干部，深入地补充材料，完善剧本。一边写剧本，一边组班子，因为要争取时间。

组班子主要是找演员，因为导演、编剧和其他工作人员都是我们珠影的。第一批演员我们找了陈宝国、史可、陈红，当时我们创作班子和演员也集中到一起了，但这个剧本一直需要完善。在这个完善剧本的过程中，演员可能就等不了那么久。演员等不了怎么办？因为王进是副厂长，他就组织了这些演员里的大部分人，在《情满珠江》的创作和待命期间去拍了一部电影，叫《女子戒毒所》。

整个剧本的修改工作前后持续一年有余，原定的一批演员实在等不了，就退出了，《情满珠江》的主演换成了左翎、巍子、王琳、陈锐等人。

剧本创作得差不多的时候，我们又遇到了资金上的困难。《情满珠江》是一个这么重要的戏，我这个制片人的主要工作就是到处去“化缘”，除了做日常的制片管理工作之外，我大量的时间都在为筹集资金奔波。我这个人很“冒失”，为了争取足够的资金，我就写了一个报告，报告很长，措辞还有点出格。写完之后，我半夜开车去找当时的省委宣传部部长黄浩。黄浩的秘书一看就说：“老董，有你这样写报告的吗？”我说：“你就这样给我交，我豁出去了。我不能再等了，再等这帮演员又要走了。”

最后省委给了250万，广东电视台给了80万，但还是不够。其实那时候中央电视台决定要参与《情满珠江》这个项目，但一直也没投钱。考虑到《情满珠江》要在中央电视台播出，我就去找了当时的中央电视台台长杨伟光，请他吃饭“化缘”。他是客家人，我爱人也是客家人，我会说几句客家话，“杨台，我是广东来的，自家人”，就在电话里把这个关系拉近了。他说他新闻联播要值班，我说我等你到七点半，请你吃饭。我记得那次吃的是一顿肥牛火锅，人均100块钱，已经是我能负担的费用极限了。好在那次交流之后落实了中央电视台的第一笔投资，是100万。

到了正式拍摄时，我们的戏有一部分要去香港拍，得拍半个月，资金又出现缺口。中央电视台再追加了50万的投资，但还是不够。我就把自己所有的资源贡献出来了，包括我的亲家、我的恩师和她的弟弟，都帮了《情满珠江》很大的忙，解决了去香港拍摄的这部分经费问题。我的亲家是当时顺德一家公司驻香港分公司的总经理，我们剧组一行十多个人到香港勘景的所有费用，都是他们公司赞助的。我的恩师马雨秋，她的弟弟马志明是当时香港中旅集团的总经理，我们整个摄制组到香港拍摄半个月的住宿、饮食、交通和道具等所有费用，都是由马志明先生和香港中旅集团赞助。

1994年，《情满珠江》在中央电视台和广东电视台播出，轰动一时。这部剧还获得了中宣部第三届精神文明建设“五个一工程”优秀电视剧奖，第十二届《大众电视》“金鹰奖”（中国电视“金鹰奖”前身）优秀长篇连续剧奖，第十四届全国电视剧“飞天奖”长篇连续剧一等奖、优秀导演、优秀女主角、优秀女配角等奖项，还获得了当年中央电视台颁发的全国青少年最喜爱电视剧奖。

《情满珠江》得奖之后，很多同行都说“你们广东多的是钱”，但我作为制片人，其实没有那么好运，也没那么好的条件。我拍的好几部戏，都要为钱去努力。所以我提出“好本子、好班子、好票子”，“好本子”是关键和基础，“好班子”和“好票子”也不能缺。这一点我深有体会，不具备这三者，你怎么能拍好戏？

信心十足的《和平年代》

在我还没调到广东电视台的时候，我就介入电视剧《和平年代》的创作了。因为我在电视剧制作方面多少有些经验，省委宣传部也很重视我，在我还在珠影的时候就开始让我介入了。

《和平年代》第一次开会的时候，那会儿请的导演还是冯小宁。冯小宁是一个很有才华的人，但电视剧它毕竟是一个综合性的艺术。冯小宁这个人的最大特点就是在一部作品里身兼数职，他在《和平年代》之前拍的一部电视剧叫《北洋水师》，他兼了导演、编剧、制片主任、摄影、剪辑、美术设计……起码六个职务。我当时就建议广东台，《和平年代》这部戏最多只能让冯小宁兼任三个职务。但是后来闹掰了，冯小宁就离开了，这时候我也刚好调到广东台任台长助理，正式接手《和平年代》的筹备工作。

剧本是一剧之本。在《和平年代》的筹备中，剧本创作又成了第一大难题。《和平年代》的四个编剧都非常优秀，他们是广州军区的文艺创作者，把自己亲历的生活写成了《和平年代》的故事。但他们是第一次写电视剧，还不太懂得电视剧的语言。电视剧需要语言和动作的配合，不能是平平静静的，那样观众没法看。就像电影一样，要先有一个文学本，到了导演手上还要有一个分镜头的本。

这几个作家他们都有丰富的生活，但他们不懂得电视剧怎么写。举个例子，一开始的剧本，一句台词就能占满一页纸。我这个人在创作上就是这样，锱铢必较。看完剧本之后，我就向他们提出了我的意见，问他们是要自己改，还是在不侵犯版权的情况下，我找人帮他们改。他们说要自己改，我就安排他们到珠影的影星宾馆，开了四间房。他们在那修改了一个多月，再把剧本拿给我看，我看了之后觉得还是不行。他们是很好的作家，提供了很好的剧本基础，但他们还是不懂电视剧的语言。所以最后他们也赞同我找专业的编剧来做这个剧本。

《和平年代》的导演是当时珠影电视部的两个年轻人，李舒和张前。

《和平年代》首映式

当时交给我这个任务，他们俩也知道这个事儿，就到我那儿去“请战”。我知道他们俩的实力，就决定用他们。结果几个单位都反对，因为他们是新人，没有名气。我就跟我们台长说：“我知道他们俩的水平，而且这个电视剧的剧本这么扎实，谁拍谁火。要不你就听我的，要么你另请高明。”台长说：“好，要是拿不到奖，唯你是问。”

就算“唯我是问”，我也还是坚持要起用这两个年轻人做《和平年代》的导演。事实证明，李舒和张前是有能力把《和平年代》拍好的，中国电视“金鹰奖”和全国电视剧“飞天奖”给出的两个最佳导演奖项，就是对他们最大的肯定。后来，李舒执导了《军歌嘹亮》，张前执导了《亮剑》。从《和平年代》走出去的他们，都有了各自的代表作。

结果剧本和主要团队码好了，又遇到了资金问题。广州军区当时只提供军事装备和协拍，省委宣传部给到台里的经费只够承担一半的摄制成本，那另一半怎么办？我当时还是台长助理，兼任广东电视台企业管理中心的总经理。这个中心管理了很多企业，其中有一个彩色印刷厂，我就用这个印刷厂作为抵押，向中国人民银行贷款600万。我现在想起来觉得自己很傻，为了拍戏去贷款，万一还不上怎么办？贷款还不上，“乌纱帽”不就没了？但当时也许是年轻，有冲劲，也就这么干了。

然后我还是去找了中央电视台台长杨伟光，这次他们没有

获第17届中国电视剧“飞天奖”

投钱，却破例给了我1分15秒的广告时间，让我可以去拉广告赞助。用这1分15秒的广告其实也要冒很大风险，因为只有央视一套黄金时段的广告才值钱。万一这个戏没能排到央视一套黄金时段播出，就亏死了。我运气也比较好，虽然没时间一个单位一个单位地去拉广告，但我用800万的价格统一外包给了北京的一家广告公司，最终解决了《和平年代》的摄制经费问题。

我每拍一部戏都会为了资金奔波，但前提是这个戏的剧本值得我去奔波。2018年，《中国电视剧60年大系》丛书正式出版，我有幸被收录其中。当时每个人要做一个简介，写一篇论文，我的论文主题是“一剧之本决定成败”。好剧本是基础，没有好剧本，有再好的导演和演员都没用。而且有了好本子，整部戏的成本也会降低，特别是演员片酬这一块的成本，因为聪明的演员都会选好本子。

我对《和平年代》的剧本是很有信心的。1997年，《和平年代》正式播出，又拿下了当年的中宣部“五个一工程”电视精品奖、第15届中国电视“金鹰奖”最佳长篇电视剧一等奖和第17届中国电视剧“飞天奖”长篇电视连续剧一等奖等多个国家级电视剧奖项。优秀作品往往拥有很强的生命力。而它们作为文艺精品也可以影响几代人。想到这里，我就觉得一切付出都很值得。

开拓创新的《外来媳妇本地郎》

《和平年代》之后，我也拍了很多戏，包括《惊涛》《军嫂》《我心飞翔》《东江纵队》《把一切献给党》《情暖珠江》……这里面的故事太长了。但我最想说的是《外来媳妇本地郎》。

《外来媳妇本地郎》是我在担任广东电视台副台长时主推的项目，是我为广东电视台这支人才队伍量身定做的。当时我到台里已经有三四年的时间，对这支队伍有了一个比较深的了解。那一年是1998年，正式宣布我成为副台长的那天下午，我就召集电视剧中心的编导人员、主创人员开会，提出要搞原创短剧。短剧的样式是什么，每集多长，要怎么做——我把所有的要求都提出来，希望大家写。因为当时电视剧部处于一个比较混乱的状态，有些领导甚至提出要把电视剧部取消，所以我们必须想办法把电视剧制作业务盘活。

我首先想到的就是短剧。广东台以前也做过短剧。20世纪80年代末，广东台就有一部红极一时的粤语电视系列室内短喜剧，叫《万花筒》。我觉得他们是有这个创作基础的。另外，广东台有摄影棚，有编、导、演、摄、音、美、化、服、道等一整套创作的软硬件，但资金相对不足，长剧生产能力有限。因此，制作成本低、周期短、时效快、栏目化的室内短喜剧是再适合不过的了。

广东台拥有宝贵的频道资源，但如果不具备品牌意识，打造出自己的名牌产品，这一优势就会化为乌有。我们搞粤语电视系列室内短喜剧，从一开始就是冲着“广东台的名牌”这一方向努力的。但是当时台里给电视剧部的经费有限，不少人可能都担心稿酬问题。我当时提出给编剧每一集的稿费是3000块，一定会按期支付。在20多年前，3000块一集是市场价，短剧一集大概也就半小时。个别领导说：“老董，你干嘛给这么高的稿费，他们是职务创作。”我说：“现在都什么年代了，你还让大家吃‘大锅饭’？现在时代变了，我们必须要用这种手段来激发大家的积极性。”

经过一番动员之后，编剧们初步创作出来5个故事大纲，有以旅店为背景的，有以婚纱摄影室为背景的，也有以居民小区为背景的。后来我选中了3位女编剧王萍、王丹丹、许丹华合创的剧本大纲，也就是《外来媳妇本地郎》的雏形。选中她们的创意之后，经过两年的磨合和耕耘，先写出了《外来媳妇本地郎》的前30集剧本。我认为剧本可以准备先拍60集了，就向梁浩泉台长汇报了这个情况，希望能给我每集3万，总共180万的经费试一试。梁台长同意了，但这件事最终还得通过班子决

与《外来媳妇本地郎》演员合照

议。在会上，我提出《外来媳妇本地郎》这个议案之后，马上有三位副台长反对，反对的理由是："现在去市场上买一集45分钟的电视剧，也不过就是2万块一集，你这30分钟的电视剧一集要3万块？"

花这笔钱，是为了创作、生产我们广东台自己的品牌剧。陷入僵局之际，梁台长破例抢先发言，表示应该做好广东台自己的品牌，这180万值得用来"放手一搏"。有了一把手的支持，大家就不再反对，转而支持《外来媳妇本地郎》的拍摄计划。《外来媳妇本地郎》就是这样诞生的。我这辈子的命好像就是这样，干任何事儿，没有经历磨难就都成不了事儿。

《外来媳妇本地郎》非常具有广东特色，既传统又开放——在一座西关大屋共同生活的"光宗耀祖"四兄弟，机缘巧合之下分别娶了四个外地媳妇，从而引发一系列的家庭故事。其实，改革开放在某种意义上就是中国人的大迁徙，各种各样的人集中到城市来，这个传统的大家庭可以衍生出很多故事。

2000年，第一个系列60集播出后，《外来媳妇本地郎》真的火了，不仅为广东台打响了自制品牌，也让广东观众久违地看到了粤味浓厚的情景喜剧作品。我还记得演康祈宗的郭昶当时开玩笑说："要是收视率突破40%，我围着电视台裸跑一圈。"结果真的破了40%，他就真的只穿着短裤跑了一圈。

转眼间，《外来媳妇本地郎》已经播出20多年了，收视率最高的时候曾经达到过42%。现在《外来媳妇本地郎》的集数还打破了吉尼斯世界纪录，这是一件非常重要的事，令人振奋！然而，我本来的设想不是这样的"长寿剧"，而是同一时段能有两三部不同题材的短剧交替播出，这种季播模式能够形成良性的互动和竞争，更好地维持这个粤语情景喜剧品牌栏目的活力。就像机器一样，运转时间长了总会有磨损，就需要休息。

艺术一定要永远保持新鲜感、紧扣时代脉搏才能做到"长青"。我们必须与时代同步。每个人的命运都在发生变化，这座大屋还可以衍生出很多未来，而精彩的故事，需要依附于时代、敏锐捕捉当下的生活热点进行艺术加工，才能抓得住观众。

心系影视，步履不停

目睹了影视行业这几十年的风云变幻，我时常感慨，影视行业步入"市场化"必定伴随着资本的裹挟和环境的浮躁。但我仍然相信，观众永远会为好作品买单。

我年轻的时候就有一种不服输的劲儿，做话剧演员时，我曾因身高演不了主角，就改行当了编剧。在后来接触到电视剧制作行业的时候，也是这股劲儿推着我走下去。

退休之后，我还一直在做影视。2017年，我参与策划的革命历史题材电视剧《爱人同志》正式播出，那时我已经75岁了。我花了6年时间来打磨《爱人同志》的剧本，唐栋和蒲逊这两位编剧也做了很大的努力。虽然这部剧在中央电视台黄金时段播出后获得了很高的收视率，但我仍觉得有很多遗憾。遗憾在于，现在播出的剧集里少了很多广东味。

2022年，我获得了广东文艺终身成就奖。能在80岁的时候得到这个奖，对我的心灵和艺术生涯是一个莫大的安慰。我依然非常热爱影视行业。现在我的手头上还有一个很好的题材，是一个女刑警的故事。这是我在生病之前就开始创作的一个剧本，故事原型是北京的一个女刑警，但我想把它搬到广东来。

7年前，我被确诊患上了直肠癌。这些年来，我一直在跟癌症做搏斗，却始终没有放弃这个故事。做电视剧剧本是不能急功近利的，一定要提前准备，细细打磨。现在剧本已经完成了百分之三四十的创作了，我还想再深入生活，找到合适的编剧、作者，多补充一些材料，加入一些广东的风俗民情。

虽然这个故事耗费了我大量的心血，但我有时候也会想，都这把年纪了，不如就放弃吧。退休这么多年了，你让我死皮赖脸地去求人帮我拍出来，我也不愿意。只是如果有机会的话，我还是想把它做出来，我觉得它会是一个很好、很正能量的作品。

还记得当年《和平年代》在北京人民大会堂开发布会时，全国顶尖的文艺评论家仲呈祥提出，中国电视剧行业是“三足鼎立”，这“三足”指的是北京、上海和广东。广东的影视产业有过辉煌，是我曾亲身经历过的。直到现在，我仍希望它能重现昔日荣光。我们这些老影视人，虽然年纪大了，但头脑还可以，也想为广东的影视产业出谋划策。

广东正处于振兴电视剧的节点上，发展还得靠人才。影视创作固然不能闭门造车，我们不仅要发挥资金优势，更需要打造具有广东特色的实力品牌，打造一批本土的优良班子。广东不是没有影视人才，但是要想振兴广东的影视，还是要多挖掘人才，也需要把出外发展的人才都吸引回广东来，特别是导演、编剧等主创人员。演员我们可以在全国范围选，但主创人员应该还是尽量用广东的人才。题材方面，也可以多挖掘一些广东本地的故事。我们广东的故事，还是很出色的。

新媒体时代的观众，对影视娱乐的需求已经不仅仅是简单看“哪个台”了，更重要的是看“什么内容”。剧本创作永远是第一位的，剧本是一剧之本，是创作的源头。离开了这个基础，什么都建立不起来。没有好剧本，即使拥有再好的演员、再多的资金，也是大厦将倾。要具有前瞻性，舍得下苦功夫，才能做出真正的好剧本。时代在变，艺术的基本规律不会变。做影视，基本功一定得扎实。此外，我还想呼吁主管影视和文艺创作的部门，让专业的人干专业的事。“外行领导内行”对影视行业的发展始终是不利的，要多听听创作者、从业者的声音。

（撰文：张思毅）

大家印象

粤产电视剧辉煌时代的优秀制片人

翻开20世纪改革开放后的广东电视剧历史卷，董智勇的名字与《情满珠江》《和平年代》《惊涛》《军嫂》等获奖大剧紧密相连。他的艺术生涯纵横话剧、电影、电视三界。就是他，主持策划了广东本土原创长寿电视剧《外来媳妇本地郎》，他辛勤耕耘打造了众多优质“爆款”，让粤产电视剧走向全国乃至世界。

2022年，董智勇老师获得广东文艺终身成就奖，如今83岁的他热情开朗：“好剧本是底气十足的源头！”谈起当年粤产电视剧何以能够出一部红一部，将飞天奖、金鹰奖、“五个一工程”奖悉数收入囊中，董老深有感触：“二十世纪八九十年代，民间竖起的鱼骨天线接收到了香港电视的信号，收视被分走大半，央视的《渴望》《编辑部的故事》等电视剧又强势抢占了部分市场。地处改革开放前沿地带的广东，处于南北夹击之中，从省委领导到电视剧制作实体都非常重视电视剧的创作，铆足了劲要拍出好剧，由此汇集了一批优秀的人才，共同造就了粤产电视剧的辉煌年代。”

董老是真正意义上的广东影视行业黄金时代的弄潮儿，当年参与制作电视剧《情满珠江》和《和平年代》时，他是一身挑起两份责任：责任编辑和总制片人。他说：“一个成功的电视剧，需要有好的本子、好的班子、好的票子。”这是董智勇在1998年全国电视剧规划会议上的发言，也是他制片生涯中始终坚持着的“三好”原则。

有了“好的本子”，还需要“好的班子、好的票子”。在拍摄《情满珠江》《和平年代》的过程中，董智勇也遇到了不少“插曲”，但他都凭借着有勇有谋的魄力和不服输的架势，逐一化解。他力排众议，慧眼识珠，大胆起用新人导演李舒和张前，最终李张二人凭借《和平年代》斩获“飞天奖”优秀导演奖，《和平年代》也成为中国军旅剧历史上的一面旗帜。

原创广东本土电视剧《外来媳妇本地郎》，时至今日已达4000多集，被定位为“中国第一长寿剧”，打破吉尼斯世界纪录，是广东几代人眼中的“神剧”和美好记忆。

董智勇对于广东影视行业的发展，至今仍然有自己的见解：步入互联网时代，衡量一部作品的标准并不绝对或者唯一，收视效果、话题讨论、IP改编、热搜指数等指标层出不穷，各种数据更是五花八门。但董智勇始终坚持着心里的那把标杆，就是“扎扎实实地按艺术规律办事”。

《“十四五”中国电视剧发展规划》为加快推进中国电视剧高质量发展，建设电视剧强国指明了方向。面对电视剧发展的重要战略机遇期，董智勇呼吁加强广东本土创作人才队伍建设：“广东正处于振兴电视剧的节点上。影视创作固然不能闭门造车，我们不仅要发挥资金优势，更需要打造具有广东特色的实力品牌，打造一批本土创作的优良班子！”

——**邢瑛瑛**（中国电视艺术家协会理事、广东省电视艺术家协会专职副主席）

后 记

口述史：一场与时间赛跑的人文接力

对文艺大家的口述记录，就是一场与时间赛跑的接力。这次口述史从筹备到执行长达近两年时间，进展过程一波三折，如赵宋光先生因身体状况不佳，口述迟迟未得到落实；甚至在前期沟通过程中，汤小铭、宁根福两位先生已永远地离开了我们，为采访留下了巨大遗憾。我们深感悲痛与惋惜，也更相信，为文艺名家做口述史记录是一件极有价值且刻不容缓的事。因此，我们在对他们个人进行口述采访之外，亦对其身边的亲眷、学生等进行采访，结合其传记、采访、著述、影像，以确保完整呈现他们的艺术人生与艺术追求。在某种程度上说，这是一部立体的“口述史”。

做口述史不易，要做好相关专业知识的积累，要查阅文艺名家的著述、作品、采访、传记，再准备提纲、约定口述时间。口述史定稿前要反复查勘资料、审核、校对等等，工作并不轻松。于我们而言，本书的采写是一次难得的学习经历，更是一次获得文艺名家亲炙的宝贵机会。在此过程中，我们深深感受到他们身上所传递出来的人格魅力，他们能有耀眼的成就，是个人的天赋、努力、勤勉、敬业的集中体现，更与在祖国大地发生的伟大进程息息相关。可以说，他们每一位的奋斗历程，都是大时代壮丽诗篇中的一则，如同百川归海、奔腾不息，一直向着中华民族伟大复兴的目标前行。

此次口述史项目得到了各位文艺名家及其亲友的鼎力支持。特别需要鸣谢的是：林墉先生身体尚在康复之中，就接受了我们的采访，夫人苏华和女儿林蓝提供了细致入微的帮助；王静珠女士及其家属和我们反复沟通，斟酌细节；刘选亮与陈翘伉俪此次一并接受了我们的采访，二老言语间相互补充，充满琴瑟和谐之趣，二人不单生活中相濡以沫，艺术生涯亦是如影随形；黄俊英先生忙碌完他的从艺70周年专题晚会之后不久，就接受了我们的采访，他一面翻阅老照片，一面为我们讲述自己的故事，历历如昨；黄树森先生精力充沛，让漫长的口述过程变得生动有趣，整理成文后还亲自逐字逐句审订；叶春生先生行动不便，家属与学生不辞辛劳，为我们提供了大量学术资料、个人工作与生活片段，令人感动；王佳纳导演说起自己的作品时，那种沉浸于其中的喜悦之情，让我们直接感受到她对艺术的投入与热爱；祝希娟与其子侯亮为采访提供了细致入微的帮助，成稿后也认真审阅每个细节，并认真修订……还有许许多多的热心人士，在本书的成书过程中为我们提供了热情的帮助，在此一并致谢。

“实现中华民族伟大复兴，需要中华文化繁荣兴盛。”当我们的口述史进入到结集成书的最后阶段时，叶春生先生、黄伟宗先生、黄壮谋先生、赵宋光先生去世的消息又陆续传来。黄伟宗先生曾在《浮生文旅》后记中这样描述他的从艺之路：“山重水复路何方？走得一程是一程。”这也颇似我们在采编过程中的心境——长途跋涉、坎坷不断，书中难免存在疏漏谬误之处，敬请方家指正海涵。我们能做的，唯有尽心尽力而已。文化高质量发展正当时，愿风起岭南、潮涌珠江，岭南文化奋楫争先、向海而生，以告慰逝者，催人奋进！

南方日报文体新闻部写作团队

2024年8月